Nebenabreden im Gesellschaftsrecht
Außersatzungsmäßige Bindungen von Gesellschaftern
und die Willensbildung in der GmbH

Europäische Hochschulschriften
Publications Universitaires Européennes
European University Studies

Reihe II
Rechtswissenschaft

Série II Series II
Droit
Law

Bd./Vol. 1650

PETER LANG
Frankfurt am Main · Berlin · Bern · New York · Paris · Wien

Martin Dürr

Nebenabreden im Gesellschaftsrecht

Außersatzungsmäßige Bindungen von Gesellschaftern und die Willensbildung in der GmbH

PETER LANG
Europäischer Verlag der Wissenschaften

Die Deutsche Bibliothek - CIP-Einheitsaufnahme

Dürr, Martin:

Nebenabreden im Gesellschaftsrecht : außersatzungsmäßige Bindungen von Gesellschaftern und die Willensbildung in der GmbH / Martin Dürr. - Frankfurt am Main ; Berlin ; Bern ; New York ; Paris ; Wien : Lang, 1994
(Europäische Hochschulschriften : Reihe 2, Rechtswissenschaft ; Bd. 1650)
Zugl.: Frankfurt (Main), Univ., Diss., 1994
ISBN 3-631-48144-6

NE: Europäische Hochschulschriften / 02

D 30
ISSN 0531-7312
ISBN 3-631-48144-6

Printed in Germany 1 2 3 4 6 7

Inhaltsverzeichnis

Literaturverzeichnis

Assmann, Heinz-Dieter	Der faktische GmbH-Konzern, FS 100 Jahre GmbH-Gesetz 1992, S. 657
Ballerstedt, Kurt Friesenhahn, Ernst Nell-Breuning, O. v. (Hrsg.)	Recht und Rechtsleben in der sozialen Demokratie, Festgabe für Otto Kunze zum 65. Geburtstag, Berlin 1969
Baltzer, Johannes	Der Beschluß als rechtstechnisches Mittel organschaftlicher Funktion im Privatrecht, Beiträge zum Zivilrecht und Zivilprozeß, Heft 14, Köln, Berlin 1965
Bartholomeyczik, Horst	Der Körperschaftsbeschluß als Rechtsgeschäft, ZHR 105 (1938), 293
	Die Anfechtung der Stimmabgabe zum Körperschaftsbeschluß, AcP 144 (1938), 287
	Anm. zu RG DR 1941, 333, aaO S. 337
Barz, Carl Hans	Anm. zu BGH GmbHR 1968, 99, aaO S. 100
Barz, Carl Hans Brönner, Herbert Klug, Ulrich Mellerowicz, Konrad Mayer-Landruth, Joachim Schilling, Wolfgang Wiedemann, Herbert Würdinger, Hans	Aktiengesetz Großkommentar, 3. Aufl. Berlin, New York 1973
Baumann, Horst Reiss, Wilhelm	Satzungsergänzende Vereinbarungen - Nebenverträge im Gesellschaftsrecht, ZGR 1989, 157
Baumbach, Adolf Duden, Konrad Hopt, Klaus J.	HGB, 28. Auflage München 1989
Baumbach, Adolf Hueck, Alfred	GmbH-Gesetz, 15. Aufl. München 1988
Baumbach, Adolf Lauterbach, Wolfgang Albers, J. Hartmann, P.	Zivilprozeßordnung - mit Gerichtsverfassungsgesetz und anderen Nebengesetzen, 51. Aufl. München 1993

Baur, Jürgen F. Hopt, Klaus J. Mailänder, K. Peter	Festschrift für Ernst Steindorff zum 70. Geburtstag am 13. März 1990, Berlin, New York 1990
Becker, Theodor	Anm. zu RG JW 1936, 2873, aaO S. 2876
Behrens, Peter	Stimmrecht und Stimmrechtsbindung, FS GmbHG 1992, S. 539
Beuthien, Volker	Treuhand an Gesellschaftsanteilen, ZGR 1974, 26
Beuthien, Volker Gätsch, Andreas	Vereinsautonomie und Satzungsrechte Dritter (Statuarischer Einfluß Dritter auf die Gestaltung von Körperschaftssatzungen), ZHR 156 (1992), 459
Blaurock, Uwe	Einfluß im Unternehmen und die gesellschaftsrechtliche Haftungsstruktur, FS Stimpel 1985, S. 553
Boesebeck, Ernst	Abstimmungsvereinbarungen mit Aktionären, NJW 1960, 7
Boujong, Karlheinz	Zur Auslegung und Fortbildung des GmbH-Rechts in der neueren Judikatur des Bundesgerichtshofes, GmbHR 1992, 207
Brodmann, Erich	Zur Frage der Erfüllung von Abstimmungsverträgen, JW 1929, 615
Bürkle, Annegret	Rechte Dritter in der Satzung der GmbH, Frankfurt/Main, Bern, New York, Paris 1990
Busse, Andreas	Zur Problematik von Stimmbindungsverträgen bei Personengesellschaften, BB 1961, 261
Damm, Reinhard	Einstweiliger Rechtsschutz im Gesellschaftsrecht, ZHR 154 (1990), 413
Dietz, Rolf Hübner, Heinz (Hrsg.)	Festschrift für Hans Carl Nipperdey zum 70. Geburtstag 21. Januar 1965, Band I, München, Berlin 1965
Dölle, Hans-Christoph	Die Beteiligung der GbR an einer GmbH, Beiträge zum Privat- und Wirtschaftsrecht, Heft 45, Karlsruhe 1984
Dreher, Meinrad	Die Auslegung von Rechtsbegriffen in AGB, AcP 189 (1989), 342
Eder, Karl	GmbH-Handbuch, Centrale für GmbH Dr. Otto Schmidt (Hrsg.), Gesellschaftsrecht, 13. Aufl. Köln 1992 (Losebl., Stand März 92)

Erman, Walter	Zwangsweise Durchsetzung von Ansprüchen aus einem Stimmbindungsvertrag im Aktienrecht, AG 1959, 267, 300
Feine, Hans Erich	Die Gesellschaft mit beschränkter Haftung, Sonderdruck aus Ehrenberg, Handbuch des gesamten Handelsrechts, Bd. 3.3, Leipzig 1929
Fischer, Robert	Anm. zu BGH LM Nr. 2 zu § 84 AktG
	Zulässigkeit und Wirkung von Abstimmungsvereinbarungen, GmbHR 1953, 65
	Zur Methode revisionsrichterlicher Rechtsprechung auf dem Gebiet des Gesellschaftsrechts (dargestellt an Hand der Rechtsprechung zu den Stimmbindungsverträgen), FS Kunze 1969, S. 95
	Anm. zu BGH LM Nr. 2 zu § 17 GmbHG
	Anm. zu BGH LM Nr. 1 § 199 AktG
Fischer, Robert Hefermehl, Wolfgang (Hrsg.)	Gesellschaftsrecht und Unternehmensrecht, Festschrift für Wolfgang Schilling zum 65. Geburtstag am 5. Juni 1973, Berlin, New York 1973
Fleck, Hans-Joachim	Anm. zu BGH EWiR § 47 GmbHG 2/90, 701
	Anm. zu BGH LM Nr. 5 zu § 24 HGB
	Stimmrechtsabspaltung in der GmbH? FS Fischer 1979, S. 107
	Schuldrechtliche Verpflichtungen einer GmbH im Entscheidungsbereich der Gesellschafter, ZGR 1988, 104
	Anm. zu LG Mainz EWiR § 47 GmbHG 1/90, 267
	Buchbesprechung Hachenburg GmbHG, 7. Aufl. 1985, ZiP 1985, 1421
	Zur Haftung des GmbH-Geschäftsführers, GmbHR 1974, 224
Flume, Werner	Allgemeiner Teil des Bürgerlichen Rechts, Band I, 1. Teil: Die Personengesellschaft, Berlin, Heidelberg, New York 1977
	Allgemeiner Teil des Bürgerlichen Rechts, Band I, 2. Teil: Die juristische Person, Berlin, Heidelberg, New York, Tokio 1983

Flume, Werner — Allgemeiner Teil des Bürgerlichen Rechts, Band II: Das Rechtsgeschäft, 3. Aufl. Berlin, Heidelberg, New York 1979

Der Gewinn- und Verlustübernahmevertrag im GmbH-Recht, DB 1989, 665

Fock, Jürgen — Stimmrechtslose Gesellschaftsanteile, FS Heinsius 1991, S. 129

Foerste, Ulrich — Die Form des Testaments als Grenze seiner Auslegung, DNotZ 1993, 84

Friedländer, Heinrich — Aktienpool-Verträge, ZfA 1921, 228

Fudenberg, Drew; Tirole, Jean — Game Theory, 2. Aufl. Cambridge (Mass.), London 1992

Gansweid, Wolfgang — Gemeinsame Tochtergesellschaften im deutschen Konzern- und Wettbewerbsrecht, Wirtschaftsrecht und Wirtschaftspolitik, Band 46, Baden-Baden 1976

Gerkan, Hartwin v. — Gesellschafterbeschlüsse, Ausübung des Stimmrechts und einstweiliger Rechtsschutz, ZGR 1985, 167

Anm. zu OLG Koblenz EWiR § 47 GmbHG 3/86, 373

Buchbesprechung Hachenburg GmbHG, 8. Auflage, ZHR 155 (1991), 216

Geßler, Ernst — Sicherung der Herrschaftsmacht bei Übertragung von Geschäftsanteilen, GmbHR 1974, 202

Geßler, Ernst; Hefermehl, Wolfgang; Eckardt, Ulrich; Kropff, Bruno — AktG Kommentar, 9. Lieferung München 1984

Gierke, Otto — Das deutsche Genossenschaftsrecht, erster Band: Rechtsgeschichte der deutschen Genossenschaft, Berlin 1868

Die Genossenschaftstheorie und die Deutsche Rechtsprechung, Berlin 1887

Der Entwurf eines bürgerlichen Gesetzbuchs und das deutsche Recht, Leipzig 1889

Deutsches Privatrecht, Erster Band: Allgemeiner Teil und Personenrecht, Leipzig 1895

Godin, R. Frhr. v. Wilhelmi, Hans — AktG, Kommentar, bearbeitet von Sylvester Wilhelmi, 4. Aufl. Berlin New York 1971

Goerdeler, Reinhard Hommelhoff, Peter Lutter, Marcus Wiedemann, Herbert (Hrsg.) — Festschrift für Hans-Joachim Fleck zum 70. Geburtstag am 30. Januar 1988, ZGR-Sonderheft 7, Berlin, New York 1988

Goerdeler, Reinhard Hommelhoff, Peter Lutter, Marcus Odersky, Walter Wiedemann, Herbert (Hrsg.) — FS für Alfred Kellermann zum 70. Geburtatag am 29. November 1990, ZGR Sonderheft 10, Berlin, New York 1991

Grimm, Helmut — Uneinheitliche Stimmrechtsausübung und vertragliche Stimmrechtsbindung im Aktienrecht, Diss., Köln 1959

Grunewald, Barbara — Die Anfechtung wegen arglistiger Täuschung bei der Übertragung von GmbH-Geschäftsanteilen (Besprechung der Entscheidung BGH ZIP 1990, 371ff), ZGR 1991, 452

Habersack, Mathias — Richtigkeitsgewähr notariell beurkundeter Verträge, AcP 189 (1989), 403

Unwirksamkeit "zustandsbegründender" Durchbrechungen der GmbH-Satzung sowie darauf gerichteter schuldrechtlicher Nebenabreden. Besprechung der Entscheidung BGH NJW 1993, 2246.

Hachenburg, Max — Aus dem Rechte der Gesellschaft mit beschränkter Haftung, LZ 1908, 641

Anm. zu RG JW 1917, 468

Anm. zu RG JW 1930, 3735

Hadding, Walther Immenga, Ulrich Mertens, Hans-Joachim Pleyer, Klemens Schneider, Uwe H. (Hrsg.) — Festschrift für Winfried Werner zum 65. Geburtstag am 17. Oktober 1984, Berlin, New York 1984

Hadding, Walther — Korporationsrechtliche oder rechtsgeschäftliche Grundlagen des Vereinsrechts? FS Fischer 1979, S. 165

Hadding, Walther — Anm. zu BayOblg WuB II C. § 47 GmbHG 1.86

Hansen, Herbert — Die GmbH baut ihren Vorsprung als umsatzstärkste Rechtsform aus, GmbHR 1991, 192

GmbH-Bestand stieg auf mehr als 500.000 Gesellschaften an, GmbHR 1993, 146

Happ, Wilhelm — Stimmbindungsverträge und Beschlußanfechtung - Besprechung der Entscheidung BGH WM 1983, 334, ZGR 1984, 168

Häsemeyer, Ludwig — Die gesetzliche Form der Rechtsgeschäfte (objektive Ordnung und privatautonome Selbstbestimmung im formgebundenen Rechtsgeschäft), Frankfurt am Main 1971

Heck, Philipp — Gesellschafterbeschlüsse und Willensmängel bei der Gesellschaft des Bürgerlichen Gesetzbuchs, FS Gierke 1911, S. 319

Heidenhain, Martin Meister, Burkhardt W. (Hrsg.) — Münchener Vertragshandbuch, Band 1, Gesellschaftsrecht, 3. Aufl. München 1992

Heinze, Meinhard — Einstweiliger Rechtsschutz in aktienrechtlichen Anfechtungs- und Nichtigkeitsklagen, ZGR 1979, 293

Heldrich, Karl — Die Form des Vertrages - Vorschläge zur Neugestaltung des Rechts auf Grund eines Referates, AcP 147 (1941), 87

Henze, Hartwig — Zur Schiedsfähigkeit von Gesellschafterbeschlüssen im GmbH-Recht, ZGR 1988, 542

Hesselberger, Dieter — Entwicklung, Grenzen und Gefahren richterlicher Rechtsfortbildung, FS Kellermann 1991, S. 153

Hochschullehrer der Juristischen Fakultät der Universität Heidelberg — Richterliche Rechtsfortbildung: Erscheinungsformen, Auftrag und Grenzen, Festschrift d. Jur. Fak. zur 600-Jahr Feier d. Ruprecht-Karls-Univ. Heidelberg, 1986

Hoffmann-Becking, Michael — Münchener Handbuch des Gesellschaftsrechts, Band 4, Aktiengesellschaft, München 1988

Hommelhoff, Peter — Vereinbarte Mitbestimmung, ZHR 148 (1984), 118

Anm. zu BGH EWiR § 47 GmbHG 2/86, 371

Horrwitz, Hugo — Das Recht der Generalversammlungen der Aktiengesellschaften und Kommanditgesellschaften auf Aktien, Berlin 1913

Huber, Ulrich
Jayme, Erik — Festschrift für Rolf Serick zum 70. Geburtstag, Heidelberg 1992

Hueck, Alfred — Stimmbindungsverträge bei Personenhandelsgesellschaften, FS Nipperdey Bd. I, 1965

Hüffer, Uwe — Zur gesellschaftsrechtlichen Treupflicht als richterrechtlicher Generalklausel, FS Steindorff 1990, S. 59

Die Gesellschafterversammlung - Organ der GmbH oder bloßes Beschlußverfahren? FS GmbHG 1992, S. 521

Immenga, Ulrich — Die Problematik der Anfechtungsklage im GmbH-Recht, GmbHR 1973, 5

Isay, Hermann — Zur Frage der Erfüllbarkeit von Abstimmungsverträgen, LZ 1928, 1295

Janberg, Hans — Praktische Auswirkungen von Stimmbindungen, DB 1952, 96

Janberg, Hans
Schlaus, Wilhelm — Nochmals: Abstimmungsverträge nach neuem Aktienrecht, AG 1968, 35

Jauernig, Othmar (Hrsg.) — Bürgerliches Gesetzbuch. Mit Gesetz zur Regelung des Rechts der Allgemeinen Geschäftsbedingungen, 3. Aufl. 1984, 6. Aufl. München 1991

Jayme, Erik
Laufs, Adolf
Misera Karlhein
Reinhart Gert
Serick, Rolf
(Hrsg.) — Festschrift für Hubert Niederländer zum 70. Geburtstag am 10. Februar 1991, Heidelberg 1991

Kern, Hans-Günther — Ökonomische Theorie der Langzeitverträge, JuS 1992, 13

Köhler, Claudio — Nebenabreden im GmbH- und Aktienrecht - Zulässigkeit und Wirkung, Diss. Mainz 1992

Kohler, Josef — Ungehorsam und Vollstreckung im Civilproceß, AcP 80 (1893), 141

Kohlmann, Günter — Untreue zum Nachteil des Vermögens einer GmbH trotz Zustimmung sämtlicher Gesellschafter, FS Werner 1984, S. 393

Kort, Michael — Anm. zu BGH EWiR § 293 AktG 1/92, 423

Kötz, Hein	Anm. zu BGH JZ 1967, 287, aaO S. 288
Kübler, Friedrich	Die Autorität der Sachnähe - Beobachtungen zum Verhältnis von Richter und Gesetz am Beispiel des kapitalersetzenden Gesellschafterdarlehens, FS Stimpel 1985, S. 3
Kübler, Friedrich Mertens, Hans-Joachim Werner, Winfried	Festschrift für Theodor Heinsius zum 65. Geburtstag am 25. September 1991, Berlin, New York 1991
Kuhn, Georg	Die Rechtsprechung des BGH zur GmbH, WM 1972, 1142
Langen, Eugen Niederleithinger, Ernst Ritter, Lennardt Schmidt, Ulrich	Kommentar zum Kartellgesetz: GWB mit Erläuterungen für die Praxis unter Einbeziehung des EG-Kartellrechts, 6. Aufl. Neuwied, Darmstadt 1982
Leistikow, Wolfrad M.	Fehlerhafte Gesellschafterbeschlüsse der GmbH im französischen, belgischen, italienischen und deutschen Recht, Bonn 1987
Loewenheim, Ulrich	Zulässigkeit und Vollstreckbarkeit von Stimmbindungsvereinbarungen - BGHZ 48, 163, JuS 1969, 260
Lorenz, Werner	Das Problem der Aufrechterhaltung formnichtiger Schuldverträge, AcP 156 (1957), 381
	Rechtsfolgen formnichtiger Schuldverträge - BGH NJW 1965, 812, JuS 1966, 429
Lotz, Burkhard	Anm. zu OLG Düsseldorf GmbHR 1992, 610, aaO S. 611
Lübbert, Hartmut	Abstimmungsvereinbarungen in den Aktien- und GmbH-Rechten der EWG-Staaten, der Schweiz und Großbritanniens, Schriftenreihe Europäische Wirtschaft, Bd. 48, Baden-Baden 1971
Lüderitz, Alexander	Auslegung von Rechtsgeschäften (vergleichende Untersuchung anglo-amerikanischen und deutschen Rechts), Berkeley-Kölner Rechtsstudien Bd. 8, Karlsruhe 1966
Lutter, Marcus	Zum Informationsrecht des Gesellschafters nach neuem GmbH-Recht, ZGR 1982, 1
	Anm. zu OLG Hamm ZiP 1986, 1188, ZiP 1986, 1195
Lutter, Marcus Hommelhoff, Peter	GmbH-Gesetz, Kommentar, 13. Aufl. Köln 1991

Lutter, Marcus Mertens, Hans-Joachim Ulmer, Peter (Hrsg.)	Festschrift für Walter Stimpel zum 68. Geburtstag am 29. November 1985, Berlin, New York 1985
Lutter, Marcus Ulmer, Peter Zöllner, W. (Hrsg.)	Festschrift 100 Jahre GmbH-Gesetz, Köln 1992
Lutter, Marcus Stimpel, Walter Wiedemann, H. (Hrsg.)	Festschrift für Robert Fischer, Berlin, New York 1979
Medicus, Dieter	Allgemeiner Teil des BGB (ein Lehrbuch), 5. Aufl. München 1992
Mertens, Hans-Joachim	Anm. zu BGH JR 1967, 459, aaO S. 462
	Unternehmensgegenstand und Mitgliedschaftsrecht - Urteilsanmerkungen zu LG Mainz vom 1.4.1977, AG 1978, 309
	Sozialakt und Vertretung - Anm. zum Beschluß des OLG Frankfurt vom 28. April 1981, AG 1981, 216
	§ 51a Abs. 1 GmbHG und die kapitalistisch strukturierte GmbH, FS Werner 1984, S. 557
	Über einige Rechtsfragen ohne grundsätzliche Bedeutung - Anmerkungen zum Nichtannahmebeschluß des BGH im Sirenta-Fall, AG 1989, 241
Mestmäcker, Ernst-J. Behrens, Peter (Hrsg.)	Das Gesellschaftsrecht der Konzerne im internationalen Vergleich, Wirtschaftsrecht und Wirtschaftspolitik Bd. 110, Baden-Baden 1991
Meyer-Cording, Ulrich	Die Rechtsnormen, Tübingen 1971
Meyer-Landruth, J. Miller, Georg Niehus, Rudolf J.	GmbHG, Berlin, New York 1987
Michalski, Lutz	Verbot der Stimmabgabe bei Stimmverboten und nicht nach § 16 Abs. 1 GmbHG legitimierten Nichtgesellschaftern mittels einstweiliger Verfügung, GmbHR 1991, 12
	Anm. zu OLG Hamm GmbHR 1993, 163; aaO S. 164

Miller, Carey Meyers, D. W. (Hrsg.)	Comparative and Historical Essays in Scots Law - A Tribute to Prof. Sir Thomas Smith QC, Edinburgh 1992
Mühl, Otto	Zur Rechtsfindungsmethode des Reichsgerichts und des Bundesgerichtshofes im Gesellschaftsrecht, FS Fischer 1979, S. 509
Müller-Erzbach, Rudolf	Das private Recht der Mitgliedschaft als Prüfstein eines kausalen Rechtsdenkens, Weimar 1948
Münch, Ingo v.	Grundgesetz-Kommentar, Band 1 (bis Art. 20), 4. Aufl. 1992 (Hrsg. Philip Kunig), Band 3 (Art. 70 - 146), 2. Aufl. München 1983
Noack, Ulrich	Fehlerhafte Beschlüsse in Gesellschaften und Vereinen, Abhandlungen zum deutschen und europäischen Handels- und Wirtschaftsrecht, Köln, Berlin, Bonn, München 1989
	Anm. zu BGH DZWiR 1993, 245; aaO S. 247
Ossenbühl, Fritz	Staatshaftungsrecht, 4. Aufl. München 1991
Otto, Hans-Jochen	Gebundene Aktien: Vertragliche Beschränkungen der Ausübung und Übertragbarkeit von Mitgliedschaftsrechten zugunsten der AG, AG 1991, 369
Overrath, Hans-Peter	Die Stimmrechtsbindung, Abhandlungen zum deutschen und europäischen Handels- und Wirtschaftsrecht, Band 7, Köln, Berlin, Bonn, München 1974
	Stimmverträge im internationalen Privatrecht, ZGR 1974, 86
Palandt, Otto	BGB, 52. Aufl. München 1993
Paschke, Marian	Treupflichten im Recht der juristischen Personen, FS Serick 1992, S. 313
Peters, Egbert	Die Erzwingbarkeit vertraglicher Stimmbindungen, AcP 156 (1957), 311
	Anm. zu BGH JZ 1968, 24, aaO S. 27
Petzoldt, Rolf	Anm. zu OLG Koblenz EWiR § 1068 BGB 1/92, 259
Pflug, Hans-Joachim	Kontrakt und Status im Recht Allgemeiner Geschäftsbedingungen, Schriften des Instituts für Arbeits- und Wirtschaftsrecht der Universität zu Köln, Bd. 50, München 1986

Piehler, Klaus	Die Stimmbindungsabrede bei der GmbH, DStR 1992, 1654
Pinner, Albert	Anm. zu KG JW 1930, 1412, aaO
Priester, Hans-Joachim	Nichtkorporative Satzungsbestimmungen bei Kapitalgesellschaften, DB 1979, 681.
	Drittbindung des Stimmrechts und Satzungsautonomie, FS Werner 1984, S. 657
	Satzungsänderung und Satzungsdurchbrechung, ZHR 151 (1987), 40
Raiser, Thomas	Nichtigkeits- und Anfechtungsklagen, FS GmbHG 1992, S. 587
	Recht der Kapitalgesellschaften (ein Handbuch für Praxis und Wissenschaft), 2. Aufl. München 1992
Rebmann, Kurt Säcker, Franz Jürgen (Hrsg.)	Münchener Kommentar zum Bürgerlichen Gesetzbuch in 9 Bänden, 2. Aufl. ab 1984, München
Rechts- und Staatswissenschaftliche Fakultät Rheinische Friedrich Wilhelms-Universität Bonn	Festschrift zum 70. Geburtstag von Walter Schmidt-Rimpler, Karlsruhe 1957
Rehbinder, Eckard	Konzernaußenrecht und allgemeines Privatrecht (eine Rechtsvergleichende Untersuchung nach deutschem und amerikanischem Recht), Wirtschaftsrecht und Wirtschaftspolitik Band 8, Bad Homburg v. d. H., Berlin, Zürich 1969
Reichard, Ingo	Anm. zu OLG Hamburg EWiR § 47 GmbHG 1/91, 899
Reichert, Jochem Winter, Martin	Vinkulierungsklauseln und gesellschafterliche Treupflicht, FS GmbHG 1992, S. 209
Reinhardt, Rudolf	Die Vereinigung subjektiver und objektiver Gestaltungskräfte im Vertrage, FS Schmidt-Rimpler 1957, S. 115
Renkl, Günter	Der Gesellschafterbeschluß, Stuttgart, Berlin, Köln, Mainz 1982
Reuter, Dieter	Privatrechtliche Schranken der Perpetuierung von Unternehmen, Wirtschaftsrecht und Wirtschaftspolitik, Band 32, Frankfurt am Main 1973

Reuter, Dieter — Stimmrechtsvereinbarungen bei treuhänderischer Abtretung eines GmbH-Anteils - Besprechung der Entscheidung vom 11. 10. 1976, II ZR 119/75, ZGR 1978, 633

Riegger, Bodo — Anm. zu BGH EWiR § 47 GmbHG 1/87, 53

Röhricht, Volker — Zum Austritt des Gesellschafters aus der GmbH, FS Kellermann 1991, S. 361

Roth, Günther H. — Zur Eigenhaftung des "unternehmerischen" GmbH-Gesellschafters - BGH NJW 1986, 586, JuS 1987, 196

Gesetz betreffend die Gesellschaften mit beschränkter Haftung (GmbHG), mit Erläuterungen, 2. Aufl. München 1987

Roth, Günther H.
Thöni, Wilfried — Treuhand und Unterbeteiligung, FS GmbHG 1992, S. 245

Rowedder, Heinz
Fuhrmann, Hans
Koppensteiner, Hans-G.
Rasner, Henning
Rittner, Fritz
Wiedmann, Harald
Zimmermann, Klaus — GmbHG, Kommentar, 2. Aufl. München 1990

Säcker,Franz-Jürgen — Gesellschaftsvertragliche und erbrechtliche Nachfolge in Gesamthandsmitgliedschaften (eine Analyse der unterschiedlichen gesetzlichen Ordnungsstrukturen), Bad Homburg v.d.H., Berlin, Zürich 1971

Schanze, Erich — Einmanngesellschaft und Durchgriffshaftung (als Konzeptionalisierungsprobleme gesellschaftsrechtlicher Zurechnung), Schriftenreihe der Gesellschaft für Rechtsvergleichung, Frankfurt 1975

Investitionsverträge im internationalen Rohstoffrecht, Studien zum internationalen Rohstoffrecht, Band 9, Frankfurt 1986

Regulation by Consensus: The Practice of International Investment Agreements, Journal of Institutional and Theoretical Economics 144 (1988), 152

Konzernspezifischer Gläubigerschutz: Vergleich der Regelungsansätze, in Mestmäcker/Behrens, S. 473

Interpretation of Wills - an Essay critical and comparative, in Miller/Meyers, S. 104

Schanze, Erich	Anm. zu BGH AG 1993, 371, aaO S. 376
Schanze, E., Kern, H.	Sanierungsversuch und Konzernhaftung, AG 1991, 421
Schmidt, Karsten	Fehlerhafte Beschlüsse in Gesellschaften und Vereinen, AG 1977, 205, 243
	Zum Streitgegenstand von Anfechtungs- und Nichtigkeitsklage, JZ 1977, 769
	Die Beschlußanfechtungsklage bei Vereinen und Personengesellschaften - ein Beitrag zur Institutionenbildung im Gesellschaftsrecht, FS Stimpel 1985, S. 217
	Rechtsschutz des Minderheitsgesellschafters gegen rechtswidrige ablehnende Beschlüsse (Bemerkungen zum Urteil des BGH vom 20.1.1986), NJW 1986, 2018
	Schiedsfähigkeit von GmbH-Beschlüssen - eine Skizze mit Ausblicken auf das Recht der AG und der Personengesellschaften, ZGR 1988, 523
	Die fehlerhafte Anteilsübertragung - eine Untersuchung zum Recht der AG, der GmbH und der Personengesellschaft, BB 1988, 1053
	Satzungsähnliche Bindungen der GmbH-Gesellschafter, Jahrb. der Fachanwälte für Steuerrecht 1988/1989, S. 143
	Anm. zu OLG Hamburg GmbHR 1991, 567, aaO S. 469
	Gesellschaftsrecht, 2.Aufl. Köln, Berlin, Bonn, München 1991
	Die Behandlung treuwidriger Stimmen in der Gesellschafterversammlung und im Prozeß (Bemerkungen zum "Cats"-Urteil des Hanseatischen OLG Hamburg), GmbHR 1992, 9
	Die Information des Gesellschafters, FS GmbHG 1992, S. 559
Schmidt-Rimpler, Walter	Grundfragen einer Erneuerung des Vertragsrechts, AcP 147 (1941), 130
Schmieder, Klaus	Die kartellrechtliche Beurteilung von Forschungskooperationen, GRUR 1981, 241
Schneider, Uwe H.	Die vertragliche Ausgestaltung der Konzernverfassung, BB 1986, 1993

Scholz, Franz — Kommentar zum GmbH-Gesetz: mit Nebengesetzen u. d. Anh. Konzernrecht sowie Umwandlung u. Verschmelzung, 6. Aufl. 1978/83, 7. Aufl. 1988, 8. Aufl. (Band I: §§ 1 - 44) Köln 1993

Schröder, Jan — Stimmrechtskonsortien unter Aktionären: Gesellschafts- und erbrechtliche Probleme, ZGR 1978, 578

Schrötter, Hans Jörg — Die Grenzen der Abschließbarkeit personenbezogener Aktiengesellschaften gegenüber Beteiligungen nach deutschem, schweizerischem und französischem Recht, München 1976

Der Schutzgemeinschaftsvertrag, NJW 1979, 2592

Schubert, Werner; Hommelhoff, Peter — Hundert Jahre modernes Aktienrecht, ZGR Sonderheft 4, Berlin, New York 1985

Schulze-Osterloh, J. — Anm. zu BGH EWiR § 54 GmbHG 1/89, 59

Semler, Franz-Jörg — Einstweilige Verfügungen bei Gesellschafterauseinandersetzungen, BB 1979, 1533

Sidlo — Anm. zu LG Berlin GmbHR 1952, 12, aaO S. 13

Sieveking, Johann Peter; Technau, Konstantin — Das Problem sogenannter "disponibler Stimmrechte" zur Umgehung der Vinkulierung von Namensaktien, AG 1989, 17

Soehring, Kay — Anm. zu OLG Düsseldorf WuB II C. § 46 GmbHG 2.90

Stutz, Ulrich (Hrsg.) — Festschrift Otto Gierke zum 70. Geburtstag, Weimar 1911

Sudhoff, Heinrich — Nochmals: Der Nießbrauch am Geschäftsanteil, NJW 1974, 2205

Teichmann, Arndt — Gestaltungsfreiheit in Gesellschaftsverträgen, München 1970

Zur Reform der GmbH, JZ 1970, 132

Rechte des einzelnen und Befugnisse der Mehrheit, in: Rechtspolitik und Gesetzgebung, Band 1: GmbH-Reform, Bad Homburg, Berlin, Zürich 1970, S. 59

Der Nießbrauch an Gesellschaftsanteilen - gesellschaftsrechtlicher Teil, ZGR 1972, 1

Thomas, Heinz; Putzo, Hans — Zivilprozeßordnung, 18. Aufl. München 1993

Timm, Wolfram | Beschlußanfechtungsklage und Schiedsfähigkeit im Recht der personalistisch strukturierten Gesellschaften, FS Fleck 1988, S. 365

Anm. zu BGH EWiR § 19 GmbHG 4/92, 995

Tuhr, Andreas v. | Der Allgemeine Teil des Bürgerlichen Rechts, Zweiter Band, erste Hälfte, unveränd. Nachdruck der 1914 erschienenen ersten Auflage, Berlin 1957

Ullrich, Hanns | Formzwang und Gestaltungsgrenzen bei Sonderrechten Nebenleistungspflichten in der GmbH, ZGR 1985, 235

Ulmer, Peter | Begründung von Rechten für Dritte in der Satzung einer GmbH? FS Werner 1984, S. 911

Richterrechtliche Entwicklungen im Gesellschaftsrecht 1971-1985 (Schwerpunkte, Entwicklungslinien und kritische Würdigung), Heidelberg 1986

Höchstrichterliche Rechtsfortbildung im Gesellschaftsrecht 1971-1985 - eine Bestandsaufnahme, FS Jur. Fak. zur 600-Jahr-Feier der Ruprecht-Karls-Universität Heidelberg 1986, S. 389

Gläubigerschutz im "qualifizierten" faktischen Konzern - Bemerkungen zum "Autokran"-Urteil des BGH vom 16. 9. 1985, NJW 1986, 1579

Verletzung schuldrechtlicher Nebenabreden als Anfechtungsgrund im GmbH-Recht? NJW 1987, 1849

Gesellschafterbeschlüsse in Personengesellschaften - Zur Bindung der Gesellschafter an ihre Stimmabgabe, FS Niederländer 1991, 415

Zur Treuhand an GmbH-Anteilen: Haftung des Treugebers für Einlageansprüche der GmbH? ZHR 156 (1992), 377

Ulmer, Peter (Hrsg.) | Hachenburg, GmbHG Großkommentar, 8. Aufl. Berlin, New York 1991/1992 (7. Aufl. 1979)

Vogel, Wolfgang | Gesellschafterbeschlüsse und Gesellschafterversammlung, 2. Aufl. Köln 1986

Vomhof, Martina | Anm. zu BGH GmbHR 1983, 196, GmbHR 1984, 180

Wassermann, Rudolf (Hrsg.) | Kommentar zum Bürgerlichen Gesetzbuch in sechs Bänden, Reihe Alternativkommentare, Neuwied, Darmstadt 1981

Weitnauer, Hermann — Wohnungseigentumsgesetz, Kommentar, 7. Auflage München 1988

Werner, Winfried — Anm. zu BGH WuB II C. § 46 GmbHG 1.87, S. 581

Westermann,Harm P. — Vertragsfreiheit und Typengesetzlichkeit im Recht der Personengesellschaften, Berlin, Heidelberg, New York 1970

Geltungserhaltende Reduktion im System der Inhaltskontrolle im Gesellschaftsrecht, FS Stimpel 1984, S. 69

Westermann, Harm P. Menger, Matthias — Gesellschafterstreitigkeiten im GmbH-Recht, DWiR 1991, 143

Wiedemann, Gerhard — Gemeinschaftsunternehmen im deutschen Kartellrecht, Abhandlungen zum Arbeits- und Wirtschaftsrecht, Band 37, Heidelberg 1981

Wiedemann, Herbert — Die Übertragung und Vererbung von Mitgliedschaftsrechten bei Handelsgesellschaften, München, Berlin 1965

Verbandssouveränität und Außeneinfluß, Gedanken zur Errichtung eines Beirats in einer Personengesellschaft, FS Schilling 1973, 105

Die Auslegung von Satzungen und Gesellschaftsverträgen, DNotZ 1977, Sonderheft S.99

Gesellschaftsrecht (ein Lehrbuch des Unternehmens- und Verbandsrechts) Band I, Grundlagen, München 1980

Wilhelm, Jan — Rechtsform und Haftung bei der juristischen Person, Köln, Berlin Bonn, München 1981

Windbichler, Christine — Buchbesprechung Hans-Peter Overrath, die Stimmrechtsbindung, ZHR 140 (1976), 168

Winkler, Karl — Materielle und formelle Bestandteile in Gesellschaftsverträgen und Satzungen und ihre verschiedenen Auswirkungen, DNotZ 1969, 394

Der Wortlaut des GmbH-Vertrages bei Anmeldungen zum Handelsregister, DNotZ 1980, 578

Winter, Martin — Mitgliedschaftliche Treubindungen im GmbH-Recht (Rechtsformspezifische Aspekte eines allgemeinen gesellschaftsrechtlichen Prinzips), München 1988

Winter, Martin — Organisationsrechtliche Sanktionen bei Verletzung schuldrechtlicher Gesellschaftervereinbarungen? ZHR 154 (1990), 259

Wolff, Max — Einklagbarkeit und Erzwingbarkeit von Abstimmungsverpflichtungen, JW 1929, 2115

Würdinger, Hans — Aktienrecht und das Recht verbundener Unternehmen (eine systematische Darstellung), 4. Aufl. Heidelberg, Karlsruhe 1981

Zimmermann, Reinhard — Richterliches Moderationsrecht oder Teilnichtigkeit? Hamburger Rechtsstudien, Heft 69, Berlin 1979

Zluhan, Walter — Abstimmungs-Vereinbarungen des privaten Gesellschaftsrechtes, AcP 126 (1928), 62, 257

Zöller, Richard — ZPO, 18. Auflage Köln 1993

Zöllner, Wolfgang — Die Schranken mitgliedschaftlicher Stimmrechtsmacht bei den privatrechtlichen Personenverbänden, München, Berlin 1963

Das Stimmrecht bei Veräußerung vinkulierter Gesellschaftsanteile, GmbHR 1968, 177

Die Wirkung von Einreden aus dem Grundverhältnis gegenüber Wechsel und Scheck in der Hand des ersten Nehmers, ZHR 148 (1984), 313

Die formellen Anforderungen an Beherrschungs- und Gewinnabführungsverträge bei der GmbH, DB 1989, 913

Zu Schranken und Wirkung von Stimmbindungsverträgen, insbesondere bei der GmbH, ZHR 155 (1991), 168

Inhaltsfreiheit bei Gesellschaftsverträgen, FS GmbHG 1992, S. 85

Zöllner, Wolfgang (Hrsg.) — Kölner Kommentar zum Aktiengesetz, 2. Aufl., Band 1 (§§ 1-75) 1986, Band 5 (§§ 179-220) 1990, 1. Aufl. Köln, Berlin, Bonn, München 1970

Zöllner, Wolfgang; Noack, Ulrich — Geltendmachung von Beschlußmängeln im GmbH-Recht, ZGR 1989, 525

Zutt, Jürg — Einstweiliger Rechtsschutz bei Stimmbindungen, ZHR 155 (1991), 190

Stimmbindungen gegenüber Dritten - Ergebnisse einer Umfrage, ZHR 155 (1991), 213

Zitierweise:

Bei Werken Einzelner wird beim Zitat der Autorenname angegeben, bei mehreren aufgeführten Werken eines Autors erfolgt dies unter Beifügung eines kenntlichmachenden Zusatzes. Bei Kollektivarbeiten werden Heraus-, Namensgeber oder Werktitel und der jeweilige *Autor* genannt. Falls nicht besonders vermerkt, wird in den Zitaten auf Werk oder Band in jeweils jüngster Auflage verwiesen.

Verzeichnis abgekürzt zitierter Periodika

AcP	Archiv für die civilistische Praxis
AG	Die Aktiengesellschaft
BB	Der Betriebs-Berater
DB	Der Betrieb
DJZ	Deutsche Juristenzeitung
DNotZ	Deutsche Notar-Zeitschrift
DR	Deutsches Recht
DStR	Deutsches Steuerrecht
DWiR	Deutsche Zeitschrift für Wirtschaftsrecht
EWiR	Entscheidungen zum Wirtschaftsrecht
GmbHR	GmbH-Rundschau
GRUR	Gewerblicher Rechtsschutz und Urheberrecht
JITE	Journal of Institutional and Theoretical Economics
JR	Juristische Rundschau
JuS	Juristische Schulung
JW	Juristische Wochenschrift
JZ	Juristenzeitung
LZ	Leipziger Zeitschrift für Deutsches Recht
MDR	Monatsschrift für Deutscher Recht
NJW	Neue Juristische Wochenschrift
RdA	Recht der Arbeit
Rpfleger	Der Deutsche Rechtspfleger
WM	Zeitschrift für Wirtschafts- und Bankrecht
WuB	Entscheidungssammlung zum Wirtschafts- und Bankrecht
ZGR	Zeitschrift für Unternehmens- und Gesellschaftsrecht
ZHR	Zeitschrift für das gesamte Handelsrecht und Wirtschaftsrecht
ZIP	Zeitschrift für Wirtschaftsrecht

Im übrigen wird verwiesen auf Kirchner, Abkürzungsverzeichnis der Rechtssprache, 4. Auflage, Berlin, New York 1993.

weitreichenden Folgen entwickelt haben[26]. Dem eigentlichen Gesellschaftsvertrag des Gemeinschaftsunternehmens kommt dabei häufig eine - gegenüber der "Neben"-abrede - lediglich untergeordnete Funktion bei der Durchsetzung der jeweiligen wirtschaftlichen Interessen zu[27].

4. Gegenstände der Stimmbindung

Typischer Bindungsinhalt ist die Verpflichtung, das Stimmrecht bei Gesellschafterbeschlüssen in einer bestimmten Weise auszuüben bzw. eine bestimmte Stimmabgabe, oder die Stimmabgabe überhaupt zu unterlassen. Auch die Art, Weise und Häufigkeit der Ausübung von Minderheitsrechten (z.B. der in § 50 oder §§ 61 II, 66 II genannten) kann als Haupt- oder Nebenpflicht einer Bindung ausgestaltet sein[28]. Die den Gesellschaftern zustehenden Individualrechte, z.B. hinsichtlich der Handhabung der Informationsrechte nach §§ 51a, 51b oder das Recht zur Anfechtung von Gesellschafterbeschlüssen, sind hiervon ebenfalls nicht ausgenommen. Gleiches gilt für das Ob und Wie der Ausübung statuarischer Sonderrechte, wie z.B. bei der Bestellung oder Abberufung von Geschäftsführern, der Zustimmung zur Anteilsübertragung oder zu Geschäftsführungsmaßnahmen etc.

---

26 Vgl. die der Praxis entnommenen Beispielsfälle bei *Baumann/Reiss* ZGR 1989, 157, 162ff; *Gansweid* S. 53ff, 63ff und BGH NJW 1983, 1910 (wiedergegeben unter A.III).

27 *Ulmer* NJW 1987, 1849, 1851; ähnlich *Happ* ZGR 1984, 168, 175.

28 Dies wird bei Treuhandverhältnissen typischerweise der Fall sein; näher dazu unter B.V.1.a, S. 56ff und B.V.3.ba, S. 65f.

5. Nebenverträge zum Gesellschaftsvertrag der GmbH

a.) Terminologie

Nach üblichem Sprachgebrauch umfaßt der Begriff des Nebenvertrages Vereinbarungen zwischen zweien oder mehreren - höchstens (aber nicht notwendig) allen - Gesellschaftern einer privatrechtlichen Körperschaft, die sich auf Angelegenheiten der Gesellschaft beziehen[29]. Die Regelung ist nicht Bestandteil der Satzung. Sie unterliegt weder den materiellen noch den formalen oder personellen Anforderungen, denen der Gesellschaftsvertrag einer GmbH unterliegt[30].

Der so umschriebene Typus vereint die Elemente der eingangs erwähnten Stimm-, Pool- und Konsortialbindungen. Obwohl ihm in der Praxis erhebliche Bedeutung zukommt, kann der genaue Verbreitungs-, Wirkungsbereich und Umfang mangels Publizität nur geschätzt werden. Einigkeit besteht jedoch darüber, daß nicht selten Gesellschaftsverträge nur einen das unabdingbar Notwendige (vgl. die §§ 3, 26, 34) enthaltenen Torso darstellen, um den sich zahl-, umfang- bzw. weitreichende Nebenverträge ranken, die dem Zusammenwirken in der GmbH das eigentliche Gepräge geben[31].

Da dieses Zusammenwirken auch von außerhalb der Gesellschaft stehenden Dritten maßgeblich beeinflußt, ja gesteuert werden kann, soll in dieser Arbeit von einem erweiterten Begriff des Nebenvertrages ausgegangen werden. Verläßt man den Bereich körperschaftlich-mitgliedschaftlicher Verbundenheit zugunsten schuldrechtlicher und anderer Bindungen (z.B. der Gesellschaft bürgerlichen Rechts), so ist eine Begrenzung der Vertragsbeteiligten auf die Gesellschafter der GmbH damit aufgegeben[32]. Verliert zwar das "Neben-" bei mit Dritten geschlossenen Verträgen seinen ursprünglichen Sinn, so sollen hier

---

29 Vgl. *Baumann/Reiss* ZGR 1989, 157, 158.

30 Vgl., mit Beispielen, *Ulmer* NJW 1987, 1849, 1851.

31 RGZ 151, 321, 325f; vgl. *Ullrich* ZGR 1985, 235, 236.

32 Vgl. auch OLG Celle GmbHR 1991, 580: "Im Gesellschaftsvertrag einer GmbH kann eine Stimmrechtsvereinbarung dahingehend getroffen werden, daß ein [bisher nicht beteiligtes] Familienmitglied jederzeit zu einer im voraus bestimmten Höhe an der GmbH beteiligt werden kann; diese Abrede wirkt wie ein echter Vertrag zugunsten Dritter i.S. des § 328 BGB." Das Urteil ist, nachdem der BGH die Revision des Beklagten durch Beschluß vom 10. Juni 1991 - II ZR 248/90 - nicht zur Entscheidung angenommen hat, rechtskräftig.

gleichwohl Absprachen mit außerhalb des Kreises der Gesellschafter stehenden Personen erfaßt sein, so sich diese auf Rechtsverhältnisse der GmbH oder ihrer Gesellschafter beziehen. Dies betrifft insbesondere die oben genannten Stimmbindungsverträge. "Nebenvertrag" wird insofern als Oberbegriff verstanden.

Die damit erfaßten Vertragstypen weisen hinreichend deutliche Gemeinsamkeiten in Struktur, Intention und Inhalt auf: grundsätzliche Formfreiheit, Beteiligung von GmbH-Gesellschaftern, Regelung von gesellschaftsrelevanten Verhältnissen. Sie sollen hier unter dem Aspekt ihrer Relevanz für die Willensbildung in der GmbH untersucht werden, sei diese im jeweiligen Vertrag Haupt- oder Nebenpflicht[33].

Von dieser Definition ausgenommen sind sog. Drittgeschäfte, d.h. Verträge, in denen sich der Gesellschafter und sein Vertragspartner, sei es die GmbH, andere Gesellschafter oder ein Außenstehender "wie beliebige Dritte" gegenüberstehen; Verträge also, die unabhängig von der Gesellschaftereigenschaft geschlossen werden. Gemeint sind z.B. Kauf- oder Darlehensverträge ebenso wie das Eingehen sonstiger Bindungen, z.B. die Vereinbarung einer Gesellschaft bürgerlichen Rechts. Dabei spielt es keine Rolle, ob die damit genannten Verträge etwa in Ausführung eines Nebenvertrages geschlossen wurden. Andererseits können die oben[34] erwähnten Grundvereinbarungen, die gerade zum Abschluß von solchen Drittgeschäften verpflichten, sehr wohl unter den hier verwandten Begriff fallen[35].

---

33 Vgl. Hachenburg/*Hüffer* § 47 Rn. 72.

34 A.II.3, S. 7.

35 Vgl. Hachenburg/*Ulmer* § 3 Rn 116ff; *Lutter/Hommelhoff* § 3 Anm. 44; *Roth* § 3 Anm. 3.2.1; Beispiele bei RGZ 79, 332, 335ff (Lieferpflichten der Gesellschafter); RG LZ 1914, 176 (Kartell als Nebenvertrag), RGZ 83, 216, 219f (Verpflichtung zur Übernahme von Gesellschaftsschulden und zur Leistung von Zuschüssen); RGZ 112, 273, 277f (Verpflichtung zur Darlehensgewährung); dagegen RGZ 17, 5, 14f (statuarische Rübenlieferungspflicht der Aktionäre einer Aktienzuckerfabrik wird vom RG als Nebenvertrag gewertet, um Art. 219 des AktG1897, der nur eine kapitalmäßige Aktienbeteiligung zuließ, zu umgehen); ebenso RGZ 26, 85, 89; zutreffend zum selben Problem RGZ 19, 108, 109ff; 21, 148, 152ff.

Nicht erfaßt werden auch Verträge zwischen der GmbH und Dritten, wie der Anstellungsvertrag eines Geschäftsführers[36]. Dies gilt auch, wenn die entsprechende Vereinbarung als sog. formeller Satzungsbestandteil in die Satzung aufgenommen wurde, wie dies § 6 III 2 mit der Zulassung der Bestellung von Gesellschaftern oder Dritten zum Geschäftsführer im Gesellschaftsvertrag der GmbH vorsieht[37].

Außerhalb des Gegenstandes der Arbeit liegen weiterhin die sog. Unternehmensverträge. Sie enthalten, auch wenn sie außerhalb der Satzung vereinbart werden, materielles Satzungsrecht[38]. Ändern sie die Verfassung der abhängigen Gesellschaft, so unterfallen sie nicht dem Begriff der "Neben"-verträge, der nur schuldrechtlichen Abreden außerhalb der Gesellschaftssatzung erfassen soll.

Für Unternehmensverträge gelten aufgrund ihres satzungsändernden Charakters besondere Voraussetzungen[39]. Sie werden, wie die §§ 291 I, 292 I AktG[40] zeigen, vom Geschäftsführer[41] für die Gesellschaft abgeschlossen. Ne-

---

36 Gleichwohl können aus der entsprechenden Regelung im GmbHG aber Schlüsse für die allgemeine Behandlung von Nebenverträgen gezogen werden, siehe C.II.2.d, S. 177ff.

37 Es können im übrigen innerhalb des Satzungstextes - als sog. (nur) formelle Bestandteile - auch schuldrechtliche Abreden zwischen einzelnen Gesellschaftern enthalten sein. Die Aufnahme solcher Bestimmungen hat auf ihre (nebenvertragliche) Rechtsnatur keinen Einfluß. Sie werden dadurch nicht den für die Satzung geltenden Regeln unterworfen (vgl. unten, A.II.6, S. 15ff): Trotz der Einfügung in die Satzungsurkunde können sie außerhalb des Gesellschaftsvertrages und ohne Einhaltung der §§ 53f abgeändert werden; die Streichung solcher im Text des Statuts (lediglich) verlautbarter Klauseln stellt keine Satzungsänderung im Sinne des GmbHG dar (BGHZ 18, 205, 208; s.a. BGHZ 38, 155, 159, 161f). Zum damit entstehenden Problem der Unterscheidung zwischen materiellen (echten, mitglied- oder körperschaftlichen) und formellen (unechten, verlautbarenden, individualrechtlichen) Satzungsbestandteilen (die nicht Gegenstand der Arbeit sind) s. *Teichmann* JZ 1970, 132, 134; Hachenburg/*Ulmer* § 53 Rn. 10ff, 14, 27; Scholz/*Priester* § 53 Rn. 5ff.

38 Heute h.M.: Hachenburg/*Ulmer* § 53 Rn. 137 ff; Scholz/*Emmerich* Anh. KonzernR Rn. 237; Scholz/*Priester* § 53 Rn. 159ff; BGHZ 105, 324 (Supermarkt) = EWiR § 54 GmbHG 1/89, 59 m. Anm. *Schulze-Osterloh*; BGH EWiR § 293 AktG 1/92, 423 m. Anm. *Kort*; OLG Hamburg NJW 1990, 3024ff.

39 Hachenburg/*Ulmer* § 53 Rn. 140ff; Scholz/*Emmerich* Anh. Konzernrecht Rn. 246ff; zum Streit um die formalen Wirksamkeitsbedingungen s. *Flume* DB 1989, 665 und *Zöllner* aaO S. 913.

40 Eine gmbh-gesetzliche Regelung über den Abschluß von Unternehmensverträgen existiert nicht, deren grundsätzliche Zulässigkeit (anerkannt durch §§ 17 KStG, § 1 MitbestErgG) und Rechtsnatur sind jedoch außer Streit.

benverträge stellen hingegen privatrechtliche Vereinbarungen unter oder mit Gesellschaft*ern* dar[42].

b.) Zulässigkeit

Daß Vereinbarungen, die sich auf die Rechtsverhältnisse der GmbH und ihrer Gesellschafter[43] beziehen, überhaupt formlos und außerhalb der Gesellschaftssatzung zulässig sind, entspricht der h.M. in Literatur und Rechtsprechung[44]. Nach der auf das Reichsgericht[45] zurückgehenden Auffassung steht es den Gesellschaftern grundsätzlich frei, ob sie eine das Gesellschaftsverhältnis betreffende Regelung in der Satzung festlegen oder zur formlosen Nebenabrede, die nur die daran unmittelbar beteiligten Personen bindet, erklären wollen.

Die Zulässigkeit solcher schuldrechtlicher und außerhalb der Satzung getroffener Absprachen, auch in für die GmbH gegebenenfalls essentiell bedeutsamen Bereichen, wird selbst in der Literatur nur vereinzelt bestritten[46]. § 3 II wird im Gegensatz zu § 3 I, der die zwingenden Bestandteile einer GmbH-Satzung nennt, nicht dahingehend verstanden, daß eine Regelung derartiger Verhältnisse außerhalb des Gesellschaftsvertrages ausgeschlossen sein soll. Daher können Gesellschafter wie Dritte schuldrechtliche Verträge mit der GmbH schließen. Falls das GmbHG keine Besonderheiten vorsieht[47], gelten hierfür die allgemeinen schuldrechtlichen Bestimmungen.

---

41 Zur Problematik der Vertretungsbefugnis angesichts der satzungsändernden Qualität von Unternehmensverträgen bei der GmbH s. Hachenburg/*Ulmer* § 53 Rn. 140, 143, 145.

42 Vgl. C.II.2.e, S. 185f.

43 Ein Anspruch der GmbH selbst kann dabei gemäß § 328 BGB entstehen; Bsp. BGH BB 1969, 1410, 1411.

44 Vgl. die Angaben in Fußnote 35 und RG JW 1930, 2675, 2677 (Wettbewerbsverbot); RG JW 1936, 2873f (Kartell) m. Anm. *Becker*; BGH NJW 1963, 203, 204; BGH WM 1965, 1076, 1077; BGH BB 1969, 1410, 1411.

45 Vgl. die Angaben in der letzten Fußnote.

46 *Ullrich* ZGR 1985, 235ff; hiergegen BGH GmbHR 1993, 214, 215 = DWiR 1993, 245 m. Anm. *Noack*.

47 Wie z.B. für Darlehen gem. §§ 32a, 32b.

Die Zulassung fakultativer Regelungen gemäß § 3 II, insbesondere zur Begründung von Nebenleistungspflichten, bedeutet insofern zweierlei: Es steht im Belieben der Gesellschafter, ob eine der dort beschriebenen Regelungen in den Gesellschaftsvertrag aufgenommen wird, es kann andererseits aber auch jede vertraglich zulässige Vereinbarung in diesen aufgenommen werden[48]. Liegt nicht, wie etwa in den §§ 3 I, 5 IV, 19, 56 oder anderen zwingenden Regeln des GmbH-Rechts eine strikte Verpflichtung zur Nutzung der Satzungsform vor[49], sind die Gesellschafter grundsätzlich in der Wahl frei, ob sie die Verpflichtung oder Berechtigung eines Gesellschafters auf eine mitgliedschaftliche oder schuldrechtliche Basis stellen. Sie sind andererseits dann aber auch - natürlich[50] - den jeweiligen rechtsformspezifischen Konsequenzen unterworfen. Daher stellen die Bestimmungen der §§ 3 II, 2 I nicht lediglich Formvorschriften dar, es werden durch sie zugleich auch materiell-rechtliche Unterschiede begründet[51]. Liegt aber im Nebenvertrag (auch der hier genannten Art) danach eine qualitativ andersartige Regelung vor, so kann - entgegen der vereinzelt gebliebenen Auffassung *Ullrichs*[52] - von einem "Unterlaufen" der §§ 3 II, 2 I nicht gesprochen werden. Satzungsautonomie bedeutet auch und gerade, daß die Gesellschafter grundsätzlich selbst darüber bestimmen können, was statuarisch, d.h. körperschaftlich, also in mitgliedsunabhängiger Perpetuierung geregelt sein soll und was nicht[53]. Daß hierdurch die Möglichkeit eröffnet wird, ökonomische Zusammenhänge zu zerreißen[54], wird vom Gesetz um den Preis gesellschafterlicher Privat- und Satzungsautonomie, d.h. auch den der Eigenständigkeit der GmbH als juristi-

---

48 Hachenburg/*T. Raiser* § 14 Rn. 21, 30f.

49 Z.B., daß analog § 26 AktG Sondervorteile für einzelne Gesellschafter und Gründungsaufwand zu Lasten der Gesellschaft im Gesellschaftsvertrag selbst festgesetzt werden müssen; vgl. *Roth* § 5 Anm. 6.

50 Daß dieses "natürlich" durch die Rechtsprechung des BGH nunmehr in Frage gestellt wird, ist das Novum der Kerbnägelentscheidung; vgl. unter B.VIII und in Teil C der Arbeit.

51 Dazu sogleich unter A.II.6.

52 ZGR 1985, 235, 238, 251, 254, 261, 264.

53 Zur "Kompetenzkompetenz", d.h. dem Definitionsrecht der Gesellschafter über ihre eigene Mitgliedschaft (= Autonomie) als Teil der Verbandssouveränität s. Teil C der Arbeit (bei C.I.2.i, S. 151ff und passim).

54 *Ullrich* aaO und S. 239f, 246.

scher Person[55], in Kauf genommen. § 3 GmbHG enthält keine ökonomische, sondern eine rechtliche Bewertung der für Entstehung und Bestand der GmbH unabdingbaren Voraussetzungen. Er erklärt die Stammeinlage zum notwendigen Bestandteil der Mitgliedschaft, die zwingend im Gesellschaftsvertrag enthalten sein muß, läßt daneben auch die Festschreibung zusätzlicher gesellschafterlicher Leistungspflichten zu. Diese können aus wirtschaftlicher Sicht für den betreffenden Gesellschafter belastender und für die Gesellschaft bedeutsamer sein als die Stammeinlage, gleichwohl bleiben sie (mitgliedschaftliche) *Neben*pflicht[56]. Entsprechendes gilt im Verhältnis zu schuldrechtlichen Ansprüchen der Gesellschaft gegenüber ihren Gesellschaftern. Aus wirtschaftlicher Sicht kann hiervon, z.B. der Geschäftsbeziehung zur Hausbank, die Existenz eines Unternehmens abhängigen. Eine Verpflichtung, die entsprechenden Vereinbarungen in den Gesellschaftsvertrag aufzunehmen, läßt sich hieraus jedoch nicht ableiten. Ob ein Nebenvertrag für die Gesellschaft "konstitutiv" ist, steht in der Beurteilung der Gesellschafter. Das Merkmal stellt darüber hinaus auch kein Mittel einer von diesen unabhängigen, objektiven, d.h. justitiablen Abgrenzung dar[57]. Zwingenden Einfluß auf die Satzung kann dem Gesichtspunkt "gesellschaftskonstitutiv" im Rahmen des Unternehmensgegenstandes (§ 3 I Nr. 2) zukommen, im übrigen bleibt die Wahl der Rechtsform - nicht aber die sich daran jeweils anschließenden Konsequenzen - den Gesellschaftern überlassen[58].

Auch die in § 32a enthaltene Regelung über Gesellschafterdarlehen ändert an dieser Beurteilung nichts. *Ullrich* entnimmt dieser Norm, daß bestimmte Nebenverträge von vornherein nur unter Wahrung "gesellschaftsrechtlicher Bindungen" vollzogen werden könnten. Darin liegt eine unzulässige Verallgemeinerung des § 32a, dessen Existenz und Ausnahmecharakter vielmehr als Beleg für die allgemeine Zulässigkeit schuldrechtlicher Nebenverträge angeführt werden kann. Es wird von den §§ 32a und 32b gerade nicht verlangt, daß für die Gesellschaft konstitutive Gesellschafterdarlehen schlechthin einer Satzungsre-

55 Darin sieht *Ullrich*, aaO S. 250f, jedenfalls bei der personalistischen GmbH eine "Schwäche".

56 Zu ihrer gegenüber der Stammeinlage fehlenden Gläubigerschutzfunktion s. Hachenburg/-*Ulmer* § 3 Rn. 73.

57 Ebenso *Noack* DZWiR 1993, 247.

58 Zum Ganzen: Hachenburg/*Ulmer* § 3 Rn. 22, 25f, 51ff.

gelung bedürfen. Nichts anderes gilt für die der Erhaltung des Stammkapitals dienenden §§ 30f[59]. Die genannten Bestimmungen regeln die Rechtsfolgen verschiedener gläubigerschädigender Verträge oder tatsächlicher Handlungen. Sie haben vor allem den Erhalt des Stammkapitals, den Gläubigerschutz zum Ziel[60]. Das erklärt, warum sie für die Frage, welcher Rechtsform - Satzung oder Nebenvertrag - sich die Gesellschafter für ihr jeweiliges schädigendes Verhalten zu bedienen haben, nicht ergiebig sein können.

6. Unterschiede zwischen Satzung und Nebenvertrag

Satzungen enthalten die Regelungen, welche die Rechtsverhältnisse der Gesellschaft als juristische Person (einschließlich ihrer Organe) und die mitgliedschaftlichen Beziehungen der Gesellschafter zu ihr gestalten[61]. An ihrem Entstehen sind notwendig sämtliche Gesellschafter beteiligt; für das Zustandekommen einer nebenvertraglichen Regelung ist ebenfalls umfassender Konsens erforderlich. Gemäß der unter Ziffer 5.a[62] vorgenommenen Begriffsbestimmung müssen indes bei diesen nicht sämtliche Beteiligte zugleich auch Gesellschafter sein. Entsprechendes gilt für andere, dem Bereich zwingenden Rechts zuzurechnenden Fragen: Nebenverträge zeichnen sich insgesamt durch das weitgehende Fehlen förmlicher Wirksamkeitsvoraussetzungen aus. Das erklärt ihre Beliebtheit, erschwert aber gleichermaßen ihre empirische Erforschung[63].

Selbst wenn, wie keineswegs selten, ein Fall personeller Identität zwischen den Gesellschaftern und den am Nebenvertrag Beteiligten vorliegen soll-

---

59 Dazu *Ullrich* ZGR 1985, 235, 258ff.

60 *Roth* § 30 Anm. 1, 2.2.

61 *Würdinger* § 4 IV, S. 21f; zu den hier nicht interessierenden, nur "bei Gelegenheit der Satzung" geregelten, individualrechtlichen Bestandteilen siehe oben bei Fußnote 37.

62 S. 8ff.

63 Vgl. *Zutt* ZHR 155, 213ff; *M. Winter* ZHR 154, 259, 261f. Einen Versuch in diese Richtung stellt die von *Baumann/Reiss* ZGR 1989, 157 anhand von Akten des Bundeskartellamts durchgeführte Untersuchung dar.

te[64], so gelten doch aufgrund der Funktion der Satzung als sog. Organisationsvertrag[65], der sich mit Eintragung der Kapitalgesellschaft gegenüber den Gründern[66] verselbständigt und die Grundlage der GmbH als eigenständiger juristischer Person bildet, im einzelnen folgende Besonderheiten:

a.) Satzungsbestandteile bedürfen zur Erlangung von Rechtswirksamkeit der notariellen Beurkundung (§§ 2, 53 II) und der Eintragung in das Handelsregister (§§ 11 I, 53, insbesondere Abs. III, 54 III). Nebenverträge unterliegen nicht der Handelsregisterpublizität. Sie sind formlos gültig[67], ihre Wirksamkeitsvoraussetzungen ergeben sich aus dem allgemeinen bürgerlichen Recht.

b.) Im allgemeinen Zivilrecht finden sich auch die Regelungen über die Konsequenzen von Wirksamkeitsmängeln. Auf der Satzungsebene besteht hingegen ein erweiterter Bestandsschutz; Mängel werden nur in beschränktem Umfange und nur in besonders formalisierten Verfahren im Wege der Nichtigkeitsklage gemäß §§ 75ff[68] oder der Anfechtungs- und Nichtigkeitsklage entsprechend §§ 241ff AktG berücksichtigt. Eine sog. Satzungsdurchbrechung - ein Hinwegsetzen über den Wortlaut der Satzung im Einzelfall ohne Einhaltung der für die Satzungsänderung geltenden Voraussetzungen - macht dabei den Gesellschafterbeschluß auch dann anfechtbar, wenn eine § 53 II 1 entsprechende Mehrheit in der Gesellschafterversammlung erreicht wurde[69].

c.) Entsprechendes gilt für die Möglichkeiten einer Loslösung vom Vertrag[70]. Nebenabreden können außerhalb der jeweils vereinbarten Auflösungsmöglichkeiten zwar aus wichtigem Grund ohne weiteres gekündigt werden. Andererseits ist

---

64 Vgl. *Zutt* ZHR 155, 212, 213ff.

65 Zum Begriff s. *Würdinger*, § 10 I S. 39f; für die GmbH s. Hachenburg/*Ulmer* § 2 Rn. 5 und *M. Winter*, Treubindungen, S. 63ff.

66 Mit gutem Grund spricht man hier nicht von "Vertragsschließenden", was in den Fällen der Einmann-Gründung (vgl. § 1) auch auf gewisse begriffliche Schwierigkeiten - vgl. den Plural in § 305 BGB - stoßen würde.

67 Hachenburg/*Ulmer* § 2 Rn. 23, § 3 Rn. 53f, 116ff.

68 Vgl. hierzu C.I.1.b, S. 117f.

69 Hachenburg/*Ulmer* § 53 Rn. 32f.

70 Vgl. *Zöllner* ZHR 155, 168, 181 Fn. 43 m.w.N.

die Vertragsdauer, da ein Nebenvertrag an die Person des Gebundenen anknüpft, grundsätzlich auch unabhängig von dessen Eigenschaft als GmbH-Gesellschafter[71].

Die Trennung von einer GmbH kann durch Einziehung[72] oder Verfügung über den Geschäftsanteil erfolgen. Bei Vorliegen eines der in den §§ 60, 61 I genannten, eng umgrenzten Auflösungsgründe ist eine Loslösung zwar möglich, aus Gründen des Gläubigerschutzes jedoch erst nach Durchführung eines gemäß den §§ 60ff erfolgenden Auflösungsverfahrens. Durch die Auflösung hört dabei die Gesellschaft nicht auf zu bestehen, sie wird lediglich in das Abwicklungsstadium überführt. Auch die aufgelöste GmbH besteht so lange fort, als noch Vermögen vorhanden ist.

Zwar ist neben dem Recht zur Anteilsveräußerung, das aber mangels eines existierenden Marktes für Geschäftsanteile kaum realistische Chancen der Trennung bietet, zusätzlich praeter legem[73] auch die Möglichkeit des Austritts aus wichtigem Grund durch Abgabe einer Austrittserklärung anerkannt. Die Durchführung kann aber daran scheitern, daß der GmbH das Aufbringen des für die Abfindung zu zahlenden Betrages nicht ohne Gefährdung des Stammkapitals möglich ist (§§ 30 I, 33 II)[74]. Mangelt es so an den kapitalmäßigen Voraussetzungen für die Abfindung und ist auch kein Gesellschafter oder Dritter zur Übernahme des betreffenden Anteils bereit, verbleibt nur die Möglichkeit der Auflösung der Gesellschaft - mit den bereits genannten Folgen[75].

d.) Satzungsänderungen bedürfen - neben den unter a.) erwähnten formellen Anforderungen - grundsätzlich der Dreiviertelmehrheit der in einer ordnungsgemäß einberufenen Gesellschafterversammlung abgegebenen Stimmen (§§ 53, 51).

---

71 Vgl. oben I.5.a, S. 8ff.

72 Vgl. §§ 33 II, 34 III.

73 Siehe *Röhricht* FS Kellermann 1991, 361ff, 373; S. 367f zu den Gründen des historischen Gesetzgebers hierüber keine Bestimmungen zu treffen: Bestandsschutz, Kapitalerhaltung im Gläubigerinteresse.

74 Baumbach/*Hueck* Anh. § 34 Rn. 19.

75 *Röhricht* FS Kellermann 1991, 361, 384; zum Ganzen s.a. Baumbach/*Hueck* Anh. § 34 Rn. 15ff.

Auch alle in der Abstimmung unterlegenen Gesellschafter, mögen sie abweichend oder überhaupt nicht votiert haben, sind nach erfolgter Eintragung der geänderten Satzung unterworfen. Bei der Abänderung schuldrechtlicher Verträge gilt jedoch - wie bei ihrer Begründung - das Konsensprinzip. Abweichendes kann sich lediglich aus dem Vertrag selbst ergeben[76].

e.) Ein wesentliches Unterscheidungsmerkmal stellt die unterschiedliche Bindungswirkung von Satzung und Nebenvertrag dar. Die Satzung statuiert die Mitgliedschaft in der GmbH. Die *jeweiligen* Gesellschafter, auch spätere Erwerber eines Geschäftsanteils sowie die übrigen Organe der Gesellschaft und deren Mitglieder sind ihr unterworfen. Durch Nebenverträge werden dagegen lediglich die daran Beteiligten und deren Gesamtrechtsnachfolger gebunden. Im Erbgang oder bei anderen Fällen des derivativen Anteilserwerbs können daher mitgliedschaftliche und schuldrechtliche Bindung auseinanderfallen. Um wiederum Kongruenz herzustellen, bedarf es in solchen Fällen eines ausdrücklichen oder konkludenten einvernehmlichen Anschlusses an den Nebenvertrag[77].

f.) Aus dem Geschilderten erklärt sich ein weiterer, bedeutsamer Unterschied. Zwar gelten auch für die Auslegung von Satzungen grundsätzlich die §§ 133, 157 BGB; die Auslegung folgt jedoch ausschließlich nach objektiven Kriterien[78]. Ein übereinstimmender Gründerwille bleibt demgemäß, kommt er in der Satzung nicht zum Ausdruck, im Gegensatz zu den im Schuldrecht geltenden Grundsätzen, ohne Wirkung. Abgestellt wird vielmehr auf den Erklärungswert des beurkundeten Vertragstextes, der "nach objektiven Gesichtspunkten aus sich heraus einheitlich auszulegen"[79] ist. Daneben kann nur dann auf weitere Umstände zu-

---

76 Zu den hierbei für Personengesellschaften geltenden Grenzen, dem sog. Bestimmtheitsgebot, vgl. MünchenerKomm./*Ulmer* BGB § 709 Rn. 72ff; Baumbach/Duden/*Hopt* HGB § 119 Anm. 2B (OHG), § 161 Anm. 1Cc (KG), Anh § 177a Anm. VIII.3C (PublikumsKG); dazu auch BGH NJW 1983, 1056, 1058.

77 Näher Hachenburg/*Ulmer* § 3 Rn. 119 m.w.N.

78 Vgl. etwa BGH WM 1973, 510, 511; BGH GmbHR 1982, 129, 130; Gleiches gilt für die ebenfalls den organisationsrechtlichen Verträgen zuzurechnenden Unternehmensverträge, vgl. OLG Hamburg NJW 1990, 3024, 3025 m.w.N. und oben 5.a, S. 10.

79 Kerbnägelentscheidung, BGH NJW 1983, 1910 (A.III.1.a); s.a. RG JW 1939, 354; RGZ 159, 272, 278; 159, 321, 326.

rückgegriffen werden, wenn diese allgemein erkennbar, z.B. in Registerakten enthalten sind[80]. Im Gegensatz dazu gelten für Nebenverträge die allgemeinen schuldrechtlichen Auslegungsgrundsätze[81].

g.) Da die Satzung die *jeweiligen* Mitglieder der Gesellschaft bindet, sich also von vorneherein an einen unbestimmten Personenkreis richtet, ergibt sich die Notwendigkeit einer einheitlichen Auslegung des Gesellschaftsstatuts. Demgemäß ist die freie revisionsgerichtliche Nachprüfbarkeit von Satzungsbestimmungen - Träger objektiven Rechts - entsprechend den §§ 549f ZPO anerkannt[82]. Die Auslegung schuldrechtlicher Verträge oder auch individualrechtlicher Bestimmungen eines Gesellschaftsvertrages betrifft hingegen eine Tatfrage im Rahmen des § 550 ZPO, weshalb deren revisionsgerichtliche Nachprüfung auf die Einhaltung von gesetzlichen Auslegungsregeln, Denk- und Erfahrungssätzen beschränkt ist[83].

h.) Die Begründung von Rechten für Dritte ist in der Satzung einer GmbH nicht zulässig[84]. Dies ist, soweit es um die Beteiligung Dritter an der Gründung einer GmbH oder um spätere Satzungsänderungen geht, wegen der ausschließlichen Kompetenz der Gesellschafter nach § 53 I[85] ("Verbandssouveränität"[86]) weitgehend unstrittig[87], wird aber auch hinsichtlich der Einräumung von Stimmrechten

---

80 St. Respr. vgl. RGZ 159, 321, 326; BGHZ 14, 25, 36f; BGH GmbHR 1982, 129, 130; BGH NJW 1983, 1910, 1911; Hachenburg/*Ulmer* § 2 Rn. 138ff, 145f; a.A. für Satzungen personalistischer GmbHs insbesondere *Wiedemann* GesR I, S. 167ff; *ders.* DNotZ 1977 Sonderheft S. 99, 107ff.

81 Zu den - streitigen - Einzelheiten vgl. Hachenburg/*Ulmer* § 2 Rn. 138ff, 149; *ders.* NJW 1987, 1849, 1851; *Priester* DB 1979, 681ff; *Winkler* DNotZ 1969, 394; *ders.* DNotZ 1980, 578, 584f, 589f.

82 Vgl. etwa RGZ 159, 272, 278; BGHZ 9, 279, 281; 14, 25, 36f.

83 BGH LM § 549 ZPO Nr. 24a, 25.

84 So bereits RGZ 169, 65, 82f; *Priester* DB 1979, 681, 682; a.A. *Bürkle* S. 55ff, 69ff, 92ff, 129ff; ähnlich *Feine* S. 474f.

85 Vgl. auch die §§ 2 I 2, 3 I Nr. 4, 3 II, 4f die nur von den Gesellschaftern sprechen.

86 *Wiedemann* FS Schilling 1973, 105, 111ff; s.a. *Zöllner* FS GmbHG 1992, 85, 119ff.

87 So bereits KG (1921) OLG 42, 225; KG JW 1926, 598; RGZ 169, 65, 80f; LG Berlin GmbHR 1952, 12 m. zust. Anm. *Sidlo*; BGHZ 43, 261, 264f; OLG Düsseldorf BB 1982, 762 = WM 1982, 649; vgl. weiterhin Hachenburg/*Ulmer* § 53 Rn. 23, 39; Scholz/*Priester* § 53 Rn. 60f; *Roth* § 53 Anm. 3.4; für das Aktienrecht: KG JW 1930, 1412 m. zust. Anm.

an Dritte, sei es im Wege der Neuerschaffung oder der Abspaltung von einem vorhandenen Geschäftsanteil von der ganz h.M. akzeptiert[88]. Mitsprache- und Mitverwaltungsrechte Dritter und satzungsrechtliche Entsendungsrechte (etwa ein Anspruch der Belegschaft oder sonstiger Nichtgesellschafter auf die Entscheidung von Personalfragen in Aufsichtsrat oder Geschäftsführung) werden hingegen weitgehend gebilligt[89].

Wie insbesondere *Ulmer*[90] nachgewiesen hat, verträgt sich die Einräumung von persönlichen, außerhalb organschaftlicher Befugnisse bestehender Rechte Dritter nicht mit der organisationsrechtlichen, körperschaftlichen Zweckbindung der Satzung[91]. Diese Bindung schließt es aus, die Änderung und Aufhebung des einmal in Gesellschaftsvertrag eingeräumten Rechts, wie in § 328 II BGB für Ansprüche nicht Vertragsbeteiligter vorgesehen, von der Zustimmung eines Dritten abhängig zu machen. § 53 I legt gesetzlich fest, daß nur durch einen Beschluß der Gesellschafter die Satzung der GmbH geändert werden kann. Wie insbesondere der systematische Zusammenhang zu § 53 II 1, der für Satzungsbeschlüsse notarielle Beurkundung und die dreiviertel Mehrheit der abgegebenen Stimmen verlangt, erkennen läßt, betreffen die gemäß § 53 II 2 für die Satzungsänderung zulässigen zusätzlichen Erfordernisse lediglich die (sachlichen) Modalitäten der Beschlußfassung, ermöglichen aber nicht eine gegenüber § 53 Abs. 1 personelle Erweiterung, lassen somit keine Rechte für Nicht-Gesellschafter zu. Auch Absatz 3 des § 53 handelt ausschließlich von den Gesellschaftern. Er betrifft gegen-

---

Pinner = HRR 1929 Nr. 1355 u. Großkomm.AktG/*Wiedemann* § 179 Anm. 4a; für die Genossenschaft bereits OLG Dresden (1916) RJA 15, 205f; a.A. *Beuthien/Gätsch* ZHR 156, 459, 477, 479.

88 Vgl. Scholz/*K.Schmidt* § 47 Rn. 20; *Flume* I/2, § 7 II S. 201ff; *ders.* I/1, § 14 VII, S. 235ff; *Teichmann* ZGR 1972, 10f m.w.N; instruktiv *ders.*, Gestaltungsfreiheit, S. 189ff; *Priester* FS Werner 1984, 657, 664f; BayObLG GmbHR 1986, 87f; dort auch m. zahlr. Nachw. zum Abspaltungsverbot (näher dazu unter B.V.2.c, S. 61ff); umfassend zum Stand der Diskussion in Literatur und Rechtsprechung bei *Bürkle*, S. 6ff.

89 Vgl. *Hommelhoff* ZHR 148, 118, 120ff; *Teichmann*, Gestaltungsfreiheit, S. 190, 196ff, 217; *Fleck* ZGR 1988, 104, 121; *Beuthien/Gätsch* ZHR 156, 459, 473, 477ff alle m.w.N.

90 FS Werner 1984, 911ff; *ders.* in Hachenburg § 3 Rn. 56f; dem folgend auch *Hüffer* aaO § 47 Rn. 34.

91 Zu den Folgen dieser Unterscheidung etwa hinsichtlich des Antragsrechts in der Gesellschafterversammlung vgl. Hachenburg/*Hüffer* § 47 Rn. 9.

über Abs. 1 (Grundfall) und Abs. 2 (Modalitäten) jedoch die zusätzlichen Beschlußerfordernisse, die sich im Falle einer Vermehrung der gesellschafterlichen Leistungspflichten ergeben.

Die Grundnormen des GmbH-Verbandsrechts, § 2 I und § 53, stehen damit der Einräumung persönlicher Rechte für Dritte in der Satzung entgegen[92]. Die Anerkennung solcher, einem Dritten persönlich zustehender und daher nicht ohne dessen Willen entziehbarer Sonderrechte, stößt dabei ohne zugrundeliegendes "Normal-" oder Mitgliedschaftsrecht schon begrifflich auf Schwierigkeiten[93]. Diese rühren in der Sache daher, daß die Satzung mitgliedschaftliche, gesellschaftsrechtliche Rechtsbeziehungen regelt, solche Rechtsbeziehungen definitionsgemäß gegenüber Nichtgesellschaftern aber gerade nicht bestehen (können). Nur Gesellschafter haben Anspruch auf Satzungsvollzug (§ 243 I AktG, vgl. auch die Grundsätze der Treupflichtbindung und Gleichbehandlung, §§ 1, 3, 45, 47 I, 53)[94]. Selbst wenn in der Satzung dritte Personen betreffende Regelungen enthalten sind, z.B. Stimmrechtsvollmachten für Dritte gemäß § 47 III oder die Einsetzung eines Nichtgesellschafters zum Geschäftsführer gemäß § 6 III, wird damit für diese kein eigener Anspruch begründet, werden diese aber auch nicht der verbandsrechtlichen Treu- und Förderpflicht unterworfen[95]. Beides, Anspruch und Verpflichtung, liegen weiterhin ausschließlich bei den Gesellschaftern.

---

92 *Priester* FS Werner 1984, 657, 665; *Flume*, I/2, § 7 I, S. 189ff. Vgl. auch § 705 BGB für die GbR: Der Unterschied zur GmbH besteht lediglich darin, daß anstelle des "gegenseitig" noch die Körperschaft als eigener Rechtsträger hinzutritt.

93 So liegt auch in § 26 I AktG, der Rechte Dritter in der Satzung ausdrücklich vorsieht, kein Mitgliedschafts- sondern lediglich ein Gläubigerrecht vor, das vom Gesellschafterbestand unabhängig ist, nach den Regeln der Abtretung übertragen wird und auch außerhalb der Satzung (d.h. ohne Satzungsänderung) abgeändert werden kann. Das "festgesetzt" in § 26 I AktG ist in diesem Zusammenhang als "niedergelegt" und nicht als "begründet" zu lesen (vgl. auch § 26 V AktG), da der Anspruch selbst durch einen außerhalb der Satzung geschlossenen, schuldrechtlichen Vertrag zustande kommt; vgl. bereits RG JW 1917, 468f m. zust. Anm. *Hachenburg*; *Barz* in Großkomm. AktG § 26 Rn. 4ff; mit eingehender Begründung und weiteren Nachweisen *Ulmer* aaO S. 926f.

94 Zur actio pro socio vgl. Scholz/*Emmerich* § 13 Rn. 43ff; Baumbach/*Hueck* § 13 Rn. 32ff; BGH AG 1990, 458.

95 Näher *Ulmer* FS Werner 1984, 911, 924f.

Die genannten Beschränkungen gelten im Schuldrecht nicht. Es herrscht Vertragsfreiheit hinsichtlich des Vertragsinhalts ebenso wie bei der Wahl der Vertragsparteien. Nebenverträge stehen für jedermann offen[96].

Auf der Grundlage der unter a.) bis h.) aufgeführten Differenzierungen war bis zur Entscheidung des BGH vom 20. Januar 1983 ("Kerbnägel") anerkannt, daß analog § 243 I AktG nur der Verstoß gegen Gesetz und Satzung eine Anfechtungsklage gegen einen Gesellschafterbeschluß rechtfertigt. Entsprechend den genannten Unterscheidungsmerkmalen ging man davon aus, daß Satzungsbestimmungen und sog. satzungsergänzende schuldrechtliche Vereinbarungen nicht nur in Begründung, Änderung und Auslegung unterschiedliche Voraussetzungen erfüllen, sondern auch unterschiedliche Rechtsfolgen auslösen. Nach herkömmlicher Dogmatik begründete nur der Verstoß gegen eine organisationsrechtliche Vereinbarung, d.h. gegen den förmlichen Gesellschaftsvertrag, eine gesellschaftsrechtliche Sanktion. Außerhalb der Satzung getroffene Abreden ließen die in den Angelegenheiten der Gesellschaft getroffenen Beschlüsse unberührt. Ihre Verletzung berechtigte lediglich die an der Nebenvereinbarung Beteiligten zu den entsprechenden schuldrechtlichen Sanktionen. Sie lösten Ansprüche auf Erfüllung, Schadensersatz oder die Kündigung einer unter den GmbH-Gesellschaftern bestehenden Gesellschaft bürgerlichen Rechts aus[97].

---

96 Zum Ganzen mit eingehender Begründung *Ulmer* aaO S. 911ff; ebenso wohl *Wiedemann* GesR I, S. 380ff; vgl. auch *Roth* § 53 Anm. 3.4.

97 RGZ 119, 386, 388ff; 133, 90, 93f; 145, 99, 105; 165, 68, 78; RG JW 1927, 2993; RG DR 1941, 333; *Erman* AG 1959, 267; *Peters* AcP 156, 311, 313; *Boesebeck* NJW 1960, 7, 8ff; *Janberg/Schlaus* AG 1967, 35, 36.

III. Der Kerbnägelfall; BGH, Urteil vom 20. Januar 1983

In seiner Entscheidung vom 20. Januar 1983 stellt der Bundesgerichtshof[98] fest:

> "Der Mehrheitsbeschluß der Gesellschafterversammlung, sich an einem fremden Unternehmen zu beteiligen, kann - obwohl von der Satzung gedeckt - anfechtbar sein, wenn sich alle Gesellschafter untereinander schuldrechtlich verpflichtet haben, eine solche Geschäftstätigkeit der GmbH zu unterlassen."[99]

Der Entscheidung lag folgender Sachverhalt zugrunde:

Nach § 2 des im Jahre 1946 geschlossenen Gesellschaftsvertrages der beklagten GmbH war Unternehmensgegenstand "der Vertrieb von Maschinenelementen, Werkzeugen aller Art, insbesondere Kerbstiften, Kerbnägeln und gekerbten Spezialteilen aus Eisen und Metall". Die zu 15,625% an der beklagten GmbH beteiligte Klägerin war daneben auch mit 24,75% an der Dr. E & Co. OHG beteiligt, deren Zweck "die Herstellung und der Vertrieb von gekerbten Metallstiften und -nägeln sowie ähnlichen Maschinenelementen" war. Nach der 1950 geänderten Fassung bestand der Unternehmensgegenstand der GmbH "in der Herstellung und dem Vertrieb von Maschinenelementen, insbesondere von Inserts aus Stoffen aller Art, sowie Werkzeugen aller Art". Zur Erreichung dieses Zwecks durfte sich die Beklagte an "gleichartigen oder ähnlichen Unternehmen" beteiligen. 1979 beschloß die Gesellschafterversammlung gegen die Stimmen der mit 15,625% an der GmbH beteiligten Klägerin und ihres Bruders den Kauf einer 50%igen Beteiligung an einer Gesellschaft, deren Unternehmen ebenfalls Kerbnägel und Kerbstifte fertigte und vertrieb. Die Klägerin focht diesen Beschluß an mit der Begründung, er verstoße gegen den Gesellschaftszweck der beklagten GmbH: diese dürfe selbst keine Kerbstifte und Kerbnägel herstellen und sich deshalb auch nicht an einem Unternehmen dieser Sparte beteiligen.

---

98 NJW 1983, 1910 (II ZR 243/81 - Nürnberg).

99 Amtlicher Leitsatz, aaO.

Die Argumentation des BGH (die Abschnittsbezeichnungen folgen den Angaben in NJW 1983, 1910f):

1.a) Der Bundesgerichtshof bekräftigt zunächst, daß Satzungsbestimmungen, die dem körperschaftlichen Bereich zuzurechnen sind, nach objektiven Gesichtspunkten aus sich heraus einheitlich ausgelegt werden müssen. Dem stellt er Individualverträge gegenüber, bei denen auch außerhalb der Vertragsurkunde liegende, nicht allgemein erkennbare Umstände mit in die Auslegung einzubeziehen sind.

b) Anhand der unter a) genannten Kriterien stellt der BGH sodann fest, daß der Wortlaut der Satzung objektiv den Erwerb eines Unternehmens zulasse, das Kerbnägel und Kerbstifte (= Maschinenelemente gem. § 2 der Satzung der beklagten GmbH) herstelle und vertreibe. Der BGH führt dazu aus[100]:

> "Mit diesem objektiven Befund hätte das Berufungsgericht seine Auslegung abschließen müssen. Die von ihm zusätzlich herangezogene Entstehungsgeschichte der Satzung, der wirkliche und mutmaßliche Wille der inzwischen verstorbenen Gründungsgesellschafter und die spätere Unternehmenspraxis hatten bei der Auslegung außer Betracht zu bleiben."

2. Das Urteil verneint eine Verletzung der gesellschaftlichen Treupflicht und damit einen Stimmrechtsmißbrauch (§ 243 II AktG) seitens des dem Gesellschafterbeschluß zustimmenden Gesellschafters. Die Gefahr der Schädigung der Beklagten sei nicht dargetan worden. Der Bundesgerichtshof stellt in dem Zusammenhang fest:

> "Die Verletzung der Treuepflicht läßt sich allein vom Gesellschaftsverhältnis der Beklagten her beurteilen und nicht aufgrund

100 NJW aaO, S. 1911.

von Bindungen, die die Gesellschafter in anderen Gesellschaften eingegangen sind."

3. In diesem Abschnitt des Urteils erkennt der BGH erstmalig einen weiteren Weg an, einer Beschlußanfechtungsklage zum Erfolg zu verhelfen.

Die Argumentationskette des BGH lautet wie folgt[101]:

1 "Die Gesellschafter können sich jederzeit außerhalb der Satzung ihren Mitgesellschaftern schuldrechtlich verpflichten, in der Gesellschafterversammlung in bestimmter Weise abzustimmen.

2 Deshalb bestehen rechtlich auch keine Bedenken gegen ein Übereinkommen aller Gesellschafter, mit der GmbH in einem bestimmten, von deren satzungsmäßigem Zweck gedeckten Geschäftszweig nicht tätig zu werden.

3 Verletzt ein Gesellschafter ein solches mit einem Mitgesellschafter getroffenes Abkommen, indem er abredewidrig abstimmt, so ist zwar der auf diese Weise zustandegekommene Beschluß grundsätzlich nicht anfechtbar, vielmehr der Streit unter den an der Bindung Beteiligten und nicht mit der Gesellschaft auszutragen.

4 Etwas anderes gilt aber dann, wenn der Beschluß gegen eine von *allen* eingegangene Bindung verstößt. Haben alle Gesellschafter eine die Gesellschaft betreffende Angelegenheit unter sich einverständlich geregelt, so ist diese Regelung - auch ohne Bestandteil der Satzung zu sein - zumindest solange zugleich als eine solche der Gesellschaft zu behandeln, als dieser nur die aus der Abrede Verpflichteten angehören.

101 Der im Original durchgängige Text ist hier der Übersichtlichkeit wegen aufgegliedert und mit Randnummern versehen.

5 In diesem Falle besteht kein Grund, die vertragswidrig überstimmten Gesellschafter auf den umständlichen Weg einer Klage gegen die Mitgesellschafter zu verweisen, um durch deren Verurteilung zu einer gegenteiligen Stimmabgabe den Beschluß aus der Welt zu schaffen. Die überstimmten Gesellschafter können den Beschluß vielmehr durch Klage gegen die Gesellschaft anfechten."

Sodann wendet der BGH die gefundenen Kriterien auf den vorliegenden Sachverhalt an:

"Die Verpflichtung aller Gesellschafter, von einer Beteiligung der GmbH an einem Konkurrenzunternehmen der OHG abzusehen, könnte sich nach dem bisherigen Sachvortrag der Parteien[102] ergeben

a) aus einem von den Gründern bei "Ausgliederung" der GmbH ausdrücklich oder schlüssig geschlossenen Vertrage, in den die heutigen Gesellschafter als Erben eingetreten sein könnten, oder

b) aus der Treupflicht der - in beiden Gesellschaften identischen - Gesellschaftern gegenüber der OHG, wenn sich - insbesondere aus der Entstehungsgeschichte der beiden Gesellschaften - feststellen läßt, daß bei einer Konkurrenz der Treupflichten gegenüber der GmbH und der OHG die Treupflicht gegenüber der OHG den Vorrang haben soll."

---

102 Parteien sind die zu 15,625% an der GmbH beteiligte Klägerin und die GmbH selbst, nicht aber deren übrige Gesellschafter.

IV. Aufgabenstellung

Gegen die Entscheidung im Kerbnägelfall wurde eingewandt, der BGH übergehe darin die Unterschiede zwischen körperschaftlicher und schuldrechtlicher Sphäre; er verstoße damit gegen die Abgrenzung dieser Bereiche, das Trennungsprinzip[103]. Dieses Argument erscheint formalistisch, betrachtet man sowohl die einzelnen Glieder der Argumentationskette (oben Rn. 1-5) als auch das praktische Ergebnis des Urteils[104].

Im Folgenden besteht die Aufgabe, die Prämissen des BGH und die hiergegen vorgebrachten Einwände im einzelnen zu untersuchen. Diese Überprüfung beginnt bei der oben in Abschnitt 3, Randnummer 1 des Urteils[105] postulierten Zulässigkeit von Stimmbindungen. Allgemein formuliert soll hierbei das Verhältnis von schuldrechtlicher und körperschaftlicher Bindung bestimmt werden. Dies dient der Feststellung, wann und weshalb es beim Aufeinandertreffen von Schuld- und Gesellschaftsvertrag zur Verdrängung, Ergänzung, Durchdringung oder schlichten Kumulation der verschiedenen rechtlichen Pflichten kommt. Aus den daraus ableitbaren Schlüssen werden sodann die weitere Argumentation und das Ergebnis der Kerbnägelentscheidung näher untersucht.

103 *Fleck* ZGR 1988, 104, 107 Fn. 7; *Happ* ZGR 1984, 168, 172.

104 Vgl. oben S. 23, unter III.

105 S. 25 im Text.

Teil B: Stimmbindungen im Spannungsfeld mitgliedschaftlicher und schuldrechtlicher Bindung

Durch Ausübung des Stimmrechts entscheidet der Gesellschafter mit über die Verbandsangelegenheiten. Die bei einer Stimmbindung eingegangene Verpflichtung berührt somit maßgeblich die Interessen Dritter: die der Gesellschaft, ihrer Organe sowie der Mitgesellschafter. Diese Drittberührung stellt eine Besonderheit der Stimmbindung dar, eine andere, daß der sich nebenvertraglich bindende Gesellschafter dadurch sowohl mitgliedschaftlichen als auch schuldvertraglichen Verpflichtungen unterliegt. Die daraus sich ergebenden Rechtspflichten können harmonieren, problematisch wird die Situation jedoch immer dann, wenn dies nicht der Fall ist und der Gebundene nur eine - oder keine - von mehreren nebeneinander bestehenden Pflichten erfüllt. Im Folgenden werden die verschiedenen Konzepte zur Bewältigung oder Entschärfung dieses Konflikts dargestellt und diskutiert.

I. Das generelle Verbot der Stimmbindung

1. Inhalt

Die These von der grundsätzlichen Unzulässigkeit rechtsgeschäftlicher Beschränkungen der Abstimmungsfreiheit wurde vor allem in den frühen Tagen des Reichsgerichts[1] und verschiedentlich in der Literatur bis hinein in die Mitte

1 Vgl. bei RGZ 57, 205, 208; weitere Nachweise bei *Grimm* S. 44 Fn. 1. Einen Überblick über die Rechtsprechung bringt *Fischer* FS Kunze, 1969, S. 95, 98ff; eingehend *Lübbert* S. 97ff.

dieses Jahrhunderts vertreten[2]. Der Auffassung zugrunde liegt der Gedanke, daß "jede Abstimmung unter dem ungehemmten Einfluß des mitgliedschaftlichen Interesses stehen muß"[3]. Die Abstimmung hat demgemäß "völlig frei"[4] zu erfolgen, weshalb das (Individual-)Interesse einzelner Gesellschafter, wie es in Stimmbindungen zum Ausdruck kommt, zurückzustehen hat.

2. Kritik

Dem deutschen Recht ist jedoch ein allgemeines gesetzliches Verbot von Stimmbindungsverträgen - etwa nach dem Muster des Schutzes der Testierfreiheit, § 2302 BGB - nicht bekannt. Auch die noch vom Reichsgericht vertretene Auffassung, daß eine rechtsgeschäftliche Vereinbarung über das Stimmrecht nicht in Übereinstimmung mit den Grundprinzipien unserer Rechts- und Sittenordnung (§ 138 BGB) stehe[5], hatte letztlich keinen Bestand[6], läßt sich doch keinesfalls von vornherein und in dieser Pauschalität feststellen, daß jegliche Stimmbindung dem Verbandsinteresse zuwiderliefe[7]. Die These vom Totalverbot konnte sich dementsprechend sowohl aus organisationsrechtlichen Gründen als auch wegen ihres privatautonomiefeindlichen Rigorismus nicht durchsetzen[8]. Stimmbindungen haben sich zu einem "festen Bestandteil"[9] des Rechtslebens etabliert.

---

2 *Müller-Erzbach*, Das private Recht der Mitgliedschaft als Prüfstein eines kausalen Rechtsdenkens, 1948, S. 248ff; weitere Nachweise siehe *Lübbert* S. 136ff.

3 *Müller-Erzbach* S. 248.

4 AaO - die Anführungsstriche sind bereits im Original enthalten.

5 So noch RGZ 57, 205, 208.

6 Näher *Overrath* S. 11.

7 *Overrath* S. 14f; vgl. B.III.2.c, S. 41 und V.3.bb, S. 61.

8 *Fischer* GmbHR 1953, 65ff.

9 *Priester* FS Werner 1984, 657; bereits in GmbHR 1968, 100 befand *Barz*: "Die deutsche Wirtschaft kommt heute ohne Stimmbindungsverträge...nicht mehr aus."

II. Die Abstimmungsfreiheit in der Gesellschaft

1. Inhalt

Die These von der Abstimmungsfreiheit in der Gesellschaft geht von der grundsätzlichen Wirksamkeit einer Stimmvereinbarung aus. Die Bindung nimmt dem Gesellschafter jedoch nicht die Freiheit der Abstimmung in der Gesellschafterversammlung[10].

Dem zugrunde liegt der Gedanken einer - freilich gegenüber oben[11] anders zu verstehenden - Abstimmungsfreiheit. Die Schlußfolgerung lautet, daß, gerade weil der Gesellschafter bei der Abstimmung frei ist, er diese Freiheit auch nutzen kann, eine Bindung gegenüber Mitgesellschaftern oder außenstehenden Dritten einzugehen. Das von einem freien Abstimmungsermessen (im Sinne eines "Abwehrrechts") ausgehende Gesellschaftsrecht zwingt den Gesellschafter damit nicht auch zugleich positiv zur Freiheit (im Sinne eines "Elements objektiver Ordnung"). Die Bindung künftigen Stimmverhaltens ist danach gerade Ausdruck dieser Abstimmungsfreiheit des Gesellschafters; aus individualrechtlicher Sicht ist sie von der allgemeinen Vertragsfreiheit gedeckt.

2. Kritik

Bis hinein in die 60er Jahre stellte die unter 1. genannte These den Ausgangspunkt der Rechtsprechung dar. Ebenso wurde sie von der Literatur vertreten. Ihre Grundlage hatte sie in der lange Zeit im Kapitalgesellschaftsrecht herrschenden Vorstellung, wonach für den Gesellschafter bei Ausübung des Stimmrechts gegenüber der Gesellschaft und den Mitgesellschaftern keine Pflichtenbindung bestehe; in der Gesellschafterversammlung zähle vielmehr ausschließlich der eigene, private Wille des Gesellschafters, den er unbeschränkt in der

10 Nachweise bei *Zöllner* ZHR 155, 168, 170.

11 B.I, S. 29f.

Abstimmung zum Ausdruck bringen könne[12]. Als Grenze anerkannt war lediglich der Verstoß gegen die guten Sitten[13]. Der letztgenannte Gedanke wurde mit § 197 II AktG1937, heute § 243 II AktG (Verbot der Verfolgung gesellschaftsfremder Vorteile zum Schaden der Gesellschaft oder anderer Gesellschafter), Gesetz. Verpflichtet ein Nebenvertrag derart zu sittenwidriger Stimmabgabe, so ist er nach allgemeinen Grundsätzen unwirksam.

Heute herrscht auch für das GmbH-Recht prinzipiell Einigkeit über das Bestehen erweiterter Treubindungen, Förder- und Loyalitätspflichten. Anerkannt sind derartige Rechtspflichten sowohl zwischen Gesellschaftern und GmbH als auch zwischen den einzelnen Verbandsangehörigen[14]. Von diesen mitgliedschaftlichen Bindungen wird sowohl die Stimmabgabe bei Gesellschafterbeschlüssen als auch die Ausübung anderer, überwiegend eigennütziger Rechte und Befugnisse der Gesellschafter beeinflußt[15]. Auf der Grundlage dieses Verständnisses von der GmbH-Mitgliedschaft als einem System von Pflichtenbindungen gegenüber Gesellschaft und Mitgesellschaftern (Treupflicht, Rücksichtnahme- und Minderheitenschutzbestimmungen, Gleichbehandlungsgrundsatz) wird die unter II.1 wiedergegebene These, die ein bis zur Grenze der Sittenwidrigkeit freies Abstimmungsverhalten zuließe, als nicht haltbar angesehen.

3. Eine moderne Version des Ansatzes?

a) Zöllner

Aus der Sicht *Zöllners*[16] ist mit der Anerkennung immanenter mitgliedschaftlicher Bindungen der These von der Abstimmungsfreiheit in der Gesellschaft

12 BGHZ 14, 25, 38.

13 *Zöllner* ZHR 155, 168, 170f.

14 Grundlegend, aber mit zweifelhafter Begründung, BGHZ 65, 15, 18f (ITT); eingehend *M. Winter*, Treubindungen, S. 43ff, 67ff.

15 Vgl. Baumbach/*Hueck* § 13 Rn. 21ff, 28.

16 ZHR 155, 168, 171.

die Grundlage entzogen. Auch er geht davon aus, daß durch die verstärkte Einspannung des Gesellschafters in mitgliedschaftliche und schuldrechtliche Pflichten die Gefahr für das Auftreten von Kollisionsfälle gewachsen ist, betrachtet den ursprünglich tragenden Grund für die Zulässigkeit von außergesellschaftlichen Stimmbindungen - die Abstimmungsfreiheit *in* der Gesellschaft - durch die verstärkten innergesellschaftlichen Treubindungen aber als entfallen. Dem Gesellschafter ist es wegen der gesteigerten Förder- und Rücksichtnahmeverpflichtungen nicht mehr ohne weiteres möglich, entsprechend der nebenvertraglichen Vereinbarung zu stimmen. Gleichwohl schließt *Zöllner* den angesichts dieser Konfliktsituation denkbaren Weg einer Rückkehr zum unter B.I beschriebenen Ansatz aus. Ein Totalverbot von Stimmbindungen wird angesichts der "praktischen Notwendigkeit und Sinnhaftigkeit", d.h. der Durchsetzung und überragenden wirtschaftlichen Bedeutung dieser Verträge, nicht in Betracht gezogen[17].

b.) Stellungnahme

Auf der Grundlage des heutigen Verständnisses von den mitgliedschaftlichen Pflichten eines Gesellschafters kann dem Ausgangspunkt *Zöllners* zugestimmt werden: Eine bis zur Grenze der Sittenwidrigkeit schrankenlose Abstimmungsfreiheit wird der zwischen Gesellschaftern und Gesellschaft bestehenden Sonderverbindung nicht gerecht[18]. Verdeutlicht man sich die Situation eines Gesellschafters und versucht, die ihn bei der Beschlußfassung zumindest potentiell bestimmenden Kräfte und Interessen zu veranschaulichen, so lassen sich diese wie folgt aufschlüsseln:

1. egoistische Interessen, die jedoch auch aufgrund der Beratung durch Dritte zu solchen erklärt werden können,

2. das Gesellschaftsinteresse, wie es durch die mitgliedschaftliche Förderpflicht und Treubindung geschützt wird,

---

17 Ähnlich *Peters* AcP 156, 311, 312.

18 Anders noch etwa BGHZ 14, 25, 38.

3. Drittinteressen, wie sie durch Stimmbindung gegenüber anderen Gesellschaftern oder Außenstehenden einfließen[19].

Diese Faktoren können sich gegenseitig beeinflussen, ja, sie tun es notwendigerweise, was jedoch nicht hindern soll, sie als grundlegende, abstrakte "Kraftlinien" oder "Koordinaten" wie geschehen zu definieren[20]. Betrachtet man auf diesem Hintergrund den o.g. Ansatz *Zöllners*, so ist dessen Augenmerk allein auf die Konflikte zwischen dem Gesellschafts- und dem Drittinteressen gerichtet[21]. Er möchte trotz der verstärkten Anerkennung mitgliedschaftlicher Bindungen auch die individuellen Bindung an Drittinteressen nicht einschränken. Da die Bindungen historisch gesehen in beiden Bereichen zunahmen, d.h. das "Quantum" an Abstimmungsfreiheit insgesamt durch die Anerkennung von Treupflichten[22] und die Durchsetzung vertraglicher Stimmbindungen tatsächlich abnahm, sieht er für die unter II.1[23] genannte These von der Abstimmungsfreiheit in der Gesellschaft keinen Raum mehr und bevorzugt einzelfallbezogene Lösungen. Läßt man Bedenken hinsichtlich der Vorhersehbarkeit und Rechtssicherheit hierbei außer acht, so ist dies nicht grundsätzlich kritikwürdig, insofern das Selbstbestimmungsrecht des einzelnen Gesellschafters dabei erhalten bleibt. Problematisch erscheint hingegen, daß *Zöllner* dabei die bestehenden Interessenkollisionen nicht auch innerhalb der jeweiligen Sphäre (Individual-/Gesellschaftssphäre) zur Auflösung zu bringen vermag, damit nicht der Idee von Privatautonomie *und* Abstimmungsfreiheit (und Rechtssicherheit) gerecht werden kann. In diesem Sinne läßt sich jedoch die Grundidee der unter II.1 genannten These von der Abstimmungsfreiheit in der Gesellschaft unabhängig vom historischen Kontext auf ihre Kernaussage zurückführen. Diese beruht auf der konturenscharfen Unterscheidung zwischen der mitgliedschaftlichen und der

---

19 Dazu bereits *Isay* LZ 1928, 1295, 1296; vgl. BGHZ 14, 25, 38; 48, 163, 170; insoweit zutr. auch *Priester* FS Werner 1984, 657, 678.

20 Ähnlich bereits *Heck* FS Gierke 1911, 319, 325ff.

21 ZHR 155, 168, 171f.

22 BGHZ 14, 25, 38 = LM Nr. 2 zu § 17 GmbHG m. Anm. *Fischer*; BGH WM 1970, 904, 905; BGHZ 65, 15, 18f (ITT); 80, 346, 349; umfassend *M. Winter*, Mitgliedschaftliche Treubindungen im GmbH-Recht, 1988.

23 S. 29f.

individuellen Drittbindung des Gesellschafters. Der Interessenkonflikt zwischen diesen Bereichen wird dabei innerhalb der jeweiligen Sphäre aufgelöst: individualrechtliche Verstöße führen zu individualrechtlichen Sanktionen, mitgliedschaftliche zu verbandsrechtlichen. Die Abstimmungsfreiheit wird nicht als *völlig* losgelöste Freiheit verstanden, der Gesellschafter ist in der Gesellschafterversammlung unmittelbar[24] an die gesellschaftsrechtliche Treupflicht gebunden, nicht jedoch gleichermaßen an nebenvertragliche Pflichten. Er ist in der Gesellschafterversammlung frei, nicht aber gegenüber der Gesellschaft. In der Gesellschafterversammlung als dem Zentrum gesellschaftlicher Willensbildung in der GmbH (§ 47 I) aktualisiert sich damit die Bindung an die Gesellschaft ebenso wie die Freiheit Dritteinflüssen gegenüber. Zum Erhalt der Abstimmungsfreiheit ist es so nicht notwendig, daß jede gesellschaftliche Bindung - letztere ist gerade Grund und Ursache der Abstimmung selbst - geleugnet wird.

Bei dem oft bemühten Topos der Abstimmungsfreiheit handelt es sich letztlich nur um eine Frage juristischer Definition und Wertung[25]. Da eine gesetzliche Regelung zur Abgrenzung von Bindung und Freiheit fehlt, ist diese der Systematik des GmbHG zu entnehmen. Dies wird in Teil C der Arbeit zur Überprüfung des hier angedeuteten Konzepts führen.

III. Komplementarität von Außen- und Innenbindung

1. Inhalt

Nach dem Prinzip der Komplementarität sind Stimmbindungen lediglich insoweit wirksam, als sie mit den gesellschaftsrechtlichen Bindungen vereinbar

---

24 Zu diesem Kriterium s.a. *Beuthien* ZGR 1974, 26, 49, 52, 78; zu den Konsequenzen für die Möglichkeiten der Durchsetzung mittels hoheitlichem Zwang siehe unter C.II.

25 Für den Begriff der Privatautonomie gilt grundsätzlich dasselbe, vgl. das Problem der Inhaltskontrolle von Verträgen durch das AGBG, bei Publikumspersonengesellschaften, für sog. Hinauskündigungs- und Abfindungsklauseln etc.; kritisch hierzu *Zöllner* FS GmbHG 1992, 83, 96ff.

sind[26]. Im Kollisionsfalle verdrängt damit die mitgliedschaftliche die schuldrechtliche Verpflichtung.

Der ursprünglichen Begründung für die Zulässigkeit der Stimmbindungsverträge wird dabei immerhin noch partiell entsprochen, die Abstimmungsfreiheit ist nicht in Gefahr; aus dieser wird die Befugnis zur Stimmbindung abgeleitet, weshalb die Grenzen der Abstimmungsfreiheit zugleich den Bereich zulässiger Stimmbindungen festlegen[27].

2. Kritik

Man könnte bei diesem auf den ersten Blick plausibel erscheinenden Ansatz auch von einem "Teilmengenmodell" sprechen: das mitgliedschaftlich Zulässige stellt den äußersten Rahmen dessen dar, wozu sich der Gesellschafter nebenvertraglich verpflichten kann. Das mitgliedschaftsrechtliche Können limitiert so das schuldrechtliche Dürfen. Mit dieser Feststellung ist jedoch der These von der Komplementarität bereits der Boden entzogen: Sie ist mit schuldrechtlichen Prinzipien nicht vereinbar[28]. Einerseits besteht das Problem, daß das rechtliche Können nicht immer von vornherein klar festliegen muß, was hinsichtlich der Frage der Wirksamkeit der schuldrechtlichen Bindung zu einer schwerwiegenden Rechtsunsicherheit führen würde. Man denke weiterhin auch an das Votum bei einer Beschlußfassung, dessen (durch veränderte Umstände begründete) Treuwidrigkeit sich erst aufgrund der Beratungen in der entscheidenden Versammlung ergibt, wobei die Bindung des gesellschafterlichen Stimmverhaltens

26 KölnerKomm/*Zöllner* AktG § 136 Rn. 90; Baumbach/Hueck/*Zöllner* § 47 Rn. 77; *K. Schmidt*, GesR, S. 509; *Overrath* S. 19, 48f; Rowedder/*Koppensteiner* § 47 Rn. 28; s.a. BGHZ 3, 354, 360.

27 Vgl. *Teichmann*, Gestaltungsfreiheit, S. 227f.

28 Klassisches Beispiel dieser Diskrepanz ist § 266 I StGB, der in beiden Alternativen, Mißbrauchs- und Treuebruchstatbestand, das Auseinanderfallen von rechtlichem Können und rechtlichem Dürfen voraussetzt.

jedoch bereits lange zuvor konkret im Nebenvertrag festgelegt war[29]. Andererseits verstößt eine Prämisse, die das rechtliche Dürfen auf das rechtliche Können reduziert, gegen herkömmliche Grundsätze der Privatautonomie. Dort wird von relativen, d.h. nicht von Dritten beeinflußbaren Schuldverhältnissen und der Abstraktheit des Verpflichtungs- gegenüber dem Erfüllungsgeschäft ausgegangen, eine Begrenzung der Verpflichtungs- durch die Verfügungsfreiheit gerade nicht anerkannt[30].

Das damit formulierte Bedenken ist auch gegenüber der Argumentation des BGH in BGHZ 48, 163[31] - einer Leitentscheidung zum Recht der Stimmbindungen[32] - angebracht:

> "Auch der Zweck des Genehmigungserfordernisses, das Eindringen unerwünschter Personen in die Gesellschaft zu verhindern, macht die vom Beklagten eingegangene Stimmbindung nicht unzulässig. Da der Beklagte mit seiner Stimmenmacht jederzeit eine von ihm gewünschte Abstimmung gegenüber seinem Mitgesellschafter durchsetzen kann, ist er auch berechtigt, sich hierzu zu verpflichten."

Die dabei angeschnittene Frage nach der Verpflichtung und Erfüllung - der BGH schließt im Zitat von der letzteren auf die erstere - bei Stimmbindungsverträgen bedarf indes einer eingehenden Erörterung. Nur wenn Art, Umfang

---

29 Entsprechendes gilt für den Bereich schuldrechtlichen Dürfens, blickt man auf die Spannweite von Nebenverträgen zwischen konkret festgelegter Bindung und allgemeiner Weisungsunterworfenheit des Gesellschafters; s. A.II.1, S. 5. Diesen Schwierigkeiten versucht *Overrath* (S. 76) dadurch auszuweichen, daß er einen speziellen Schuldbefreiungsgrund des Gesellschafters anerkennt, falls dieser "vertretbare Gründe" für sein nebenvertragswidriges Verhalten habe. Gegen diese weder dogmatisch noch praktisch befriedigende Lösung zu Recht *Windbichler* ZHR 140, 168, 170.

30 Abzulehnen daher *A. Hueck*, FS Nipperdey 1965 Bd I, S. 401, 417ff und *Overrath* S. 72ff, 86ff.

31 S. 168 sub Ziff. 3 = NJW 1967, 1963 = WM 1967, 925 = BB 1967, 975 = GmbHR 1968, 99 m. Anm. *Barz* = JR 1967, 459 m. Anm. *Mertens* = JZ 1968, 24 m. Anm. *Peters* = JuS 1969, 260 m. Anm. *Loewenheim*; s.a. *Fischer* FS Kunze 1969, 95, 98 ff; die Textstelle wird zitiert und zu eigen gemacht von OLG Köln WM 1988, 974, 976; kritisch *Flume* I/2, § 7 VI, S. 245f. Auf diese Entscheidung des BGH (s. bereits sub A.I) wird an späterer Stelle noch näher eingegangen.

32 Zur Entscheidung kam es, weil die Genehmigung zur Übertragung gemäß § 15 V vinkulierter Geschäftsanteile durch die Gesellschafterversammlung der betroffenen GmbH verweigert wurde. Der gebundene Gesellschafter hatte sich dabei in der entscheidenden Abstimmung der Stimme enthalten. Näher zum Sachverhalt s.u. S. 41f.

und Wirkung der Bindung geklärt sind, lassen sich die Berührungspunkte zum Schuldrecht präzise orten, die Konfliktfälle bestimmen und einer Lösung zuführen.

a) Verpflichtung und Erfüllung beim Stimmbindungsvertrag

Zur Erklärung des Verhältnisses von vertraglicher Verpflichtung und Erfüllung stehen zwei Grundmodelle zur Verfügung. Entweder liegt bereits im Eingehen der vertraglichen Bindung oder erst in der Stimmabgabe selbst die Vertragserfüllung. Die Varianten im einzelnen:

Variante 1 basiert auf dem Gedanken, daß das Stimmrecht kein absolutes Recht, sondern lediglich einen relativen Anspruch gegen die Gesellschaft begründet, das abgegebene Votum bei der Beschlußfassung zu zählen und für die Beschlußfassung zu werten. Eine nebenvertraglich eingegangene Stimmbindung weist insofern Parallelen zu einer Forderungsveräußerung auf: der Anspruch (gegen einen Schuldner des Forderungsveräußernden) geht dort mit der Übertragung über, die jedoch mit der Verpflichtung zur Übertragung zusammenfallen kann. Wann und ob die übertragene Forderung (durch den sie verpflichtenden Drittschuldner) erfüllt wird, ist für die Frage des Erstgeschäftes (der Forderungsübertragung/Stimmbindung) unerheblich, solange nur eine bestehende Forderung wirksam übertragen wurde (s. § 398 BGB).

Nach allgemeiner Auffassung wird es jedoch als wesentlicher Unterschied zwischen Stimmrecht und schuldrechtlichen Forderungen angesehen, daß ersteres untrennbar mit der Mitgliedschaft verbunden ist, eine Übertragung vom Stimm- ohne das Stammrecht ausscheidet[33]. In den entsprechenden Verträgen wird die Verpflichtung des Schuldners demgemäß auch nicht als Stimmrechtsübertragung, sondern lediglich als Stimmrechtsbindung bezeichnet[34] [35]. Bereits

33 Zum sog. Abspaltungsverbot näher unter V.2.c, S. 56ff und bei *Behrens* FS GmbHG 1992, 539, 546f.

34 § 413 BGB ist demgemäß nicht anwendbar.

im Wortlaut der Leistungsbeschreibung weichen Nebenverträge somit grundlegend von Forderungsveräußerungen ab.

Ein weiteres Bedenken ergibt sich aus den weitgefächerten Gestaltungsmöglichkeiten nebenvertraglicher Vereinbarungen[36]. So erscheint es sachlich nicht gerechtfertigt, bei der Frage nach dem Zeitpunkt der Vertragserfüllung danach zu differenzieren, ob es sich nur um eine Stimmbindung in einem Einzelfall oder um eine generelle Stimmbindung handelt. Im ersten Fall läge es nahe, von einer unmittelbaren Erfüllung, einer Übertragung der "Stimmrechtsausübungsbefugnis" auf den Nebenvertragsberechtigten auszugehen. Im zweiten jedoch käme erst - die Vollrechtsübertragung scheidet, wie erläutert, aus - ein späterer Erfüllungszeitpunkt in Betracht[37]. Hierfür bietet sich spätestens der Zeitpunkt der Stimmabgabe, bereits zuvor aber der Akt der Konkretisierung der Stimmpflicht, die Weisung durch den Berechtigten, an. Die Gesellschafter haben allerdings jederzeit die Möglichkeit zum Abhalten von Versammlungen und zur Beschlußfassung. Dem Nebenvertragsberechtigten stehen selbst bei völliger Stimmbindung (z.B. Treuhandverhältnissen) aus eigenem Recht keine Kontrollrechte und kein Anspruch auf Zutritt zur Gesellschafterversammlung - dies ebenfalls eine Folge der Unteilbarkeit der Mitgliedschaft[38] - zu, welche die Stammrechtsinhaber auch wiederholt bzw. erneut durchführen können. Diese Umstände sprechen dafür, hinsichtlich der Erfüllung auf den Zeitpunkt der Stimmabgabe selbst abzustellen.

Bei dieser *Variante 2* entspricht das Verhältnis von Verpflichtungs- und Erfüllungsgeschäft den Gegebenheiten beim Sachkauf. Danach sind Verpflichtung und Erfüllung zwei unabhängig voneinander zu beurteilende Rechtsgeschäfte. Der Nebenvertrag bewirkt lediglich eine schuldrechtliche Bindung, die Erfül-

---

35 Die Grenzen zwischen Bindung und Übertragung sind jedoch fließend (s. *Behrens* FS GmbHG 1992, 539, 546f), was vergleichende Rückgriffe auf den Übertragungsfall zulässig erscheinen läßt; dazu sogleich.

36 Vgl. A.II.1, S. 5ff.

37 Man kann hierbei auch auf § 315 BGB verweisen.

38 *Beuthien* ZGR 1974, 26, 30f, 78, 81f. Auch beim Treuhandverhältnis handelt es sich um eine relative Beziehung zwischen Treugeber und Treunehmer, eine unmittelbare Beziehung zur Gesellschaft entsteht dadurch nicht. Davon geht zutr. auch BGHZ 48, 163 aus.

lung tritt erst mit der entsprechenden Stimmabgabe ein[39]. Erst hier gilt - sachenrechtlich gesprochen - "nemo plus iuris transferre potest quam ipse habet".

Diese Variante entspricht dabei üblichen Privatrechtsgrundsätzen[40]. Sie macht die Wirksamkeit einer das Stimmverhalten eines Gesellschafters betreffenden schuldrechtlichen Vereinbarung nicht von der vom Gesellschaftsrecht (als dem Konstitutivum) diesem eingeräumten Rechtsmacht abhängig. Beide Verträge, Gesellschafts- und Stimmbindungsvertrag sind abstrakt, d.h. unabhängig voneinander wirksam. Sie sind typischerweise mit jeweils unterschiedlichen Personen und Absichten und zu unterschiedlichen Zeitpunkten abgeschlossen worden[41], ihre Wirksamkeits- bzw. (wenn man so will) Unwirksamkeitsvoraussetzungen hängen von jeweils eigenen Normen, Normensystemen ab. Für das Schuldrecht gilt hierbei, daß die Nichtigerklärung einer rechtsgeschäftlichen Vereinbarung einen tiefgreifenden Eingriff in die private Vertragsfreiheit darstellt. Um den schuldrechtlichen Stimmbindungsvertrag auch nur teilweise für unwirksam zu erklären, bedürfte es insofern einer diese Sanktion auferlegenden gesetzlichen Bestimmung. Eine Rechtsgrundlage, die für das Abstimmungsermessen eines Gesellschafters überschreitende Vereinbarungen eine Einschränkung der Privatautonomie anordnet, ist indes nicht ersichtlich[42] [43].

Im Gegensatz zur ersten wird in der zweiten Variante (der Sachkaufsanalogie) nicht danach unterschieden, ob die Verpflichtung zu einer konkreten Stimmabgabe oder zur generellen und im Einzelfall zu konkretisierenden Weisungsunterworfenheit führt. Die Abgrenzung kann im Einzelfall (z.B. wenn ein Weisungsrecht nur unter bestimmten Bindungen und Bedingungen besteht) schwierig sein, die Übergänge sind unter der Herrschaft der Vertragsgestaltungsfreiheit (§ 305 BGB) notwendigerweise fließend. Die mit der Abgrenzung verbundenen Unklarheiten offenbaren dabei das Manko des systematischen Ansatzes: Ist die Unterscheidung nicht trennscharf durchführbar, kann sie auch

---

39 Diese Sicht entspricht auch dem sog. Abspaltungsverbot, siehe dazu unter V.2.c, S. 61ff und bei *Zluhan* AcP 128, 62, 81, 257, 287ff.

40 *Zöllner* ZHR 155, 168, 172f.

41 Dazu näher unter III.2.e und f, S. 48ff.

42 Zu dieser Argumentation s. unter VI.2.c, S. 80 Fußnote 200 m.w.N; a.A. offenbar *Fischer* GmbHR 1953, 65, 67.

43 Zu § 306 BGB s. sogleich unter III.2.d, S. 46f.

schwerlich die Grundlage für die vertragsrechtlich so eminent bedeutsame Feststellung des Erfüllungs*zeitpunktes* abgeben. Entbehrt das Abstellen auf die Art der vertraglichen Bindung der sachlichen Rechtfertigung, verbleibt für die Frage des Erfüllungszeitpunktes nur die Möglichkeit einer davon unabhängigen, generellen Festlegung. Angesichts des allgemein akzeptierten Prinzips des Abspaltungsverbotes[44], das es ausschließt, in umfassendem Maße mitgliedschaftliche Rechte auf Dritte zu übertragen, diesen also etwa im Vorfeld oder nach der Beschlußfassung größere Einflußrechte (Informations-, Antrags-, Anfechtungsrechte etc.) zukommen zu lassen, verbleibt hierfür nur der Moment der Stimmabgabe selbst.

Für die damit bewirkte Trennung von Verpflichtungs- und Erfüllungsgeschäft - Abstraktion - läßt sich auf § 15 GmbHG zurückgreifen[45]. Zwar regelt diese Bestimmung die Veräußerung des Vollrechts am Geschäftsanteil, sie unterscheidet in den Abs. 3 und 4 aber gleichfalls zwischen Verpflichtungs- (§ 15 IV) und Erfüllungsgeschäft (§ 15 II, III, V). § 15 V begründet beim Verkauf vinkulierter Geschäftsanteile daneben einen klassischen Fall der Stimmbindung[46].

Der Zusammenhang zwischen Vollrechtsübertragung (Anteilsabtretung) und Teilrechtsausübung (Stimmverpflichtung) wird in der von der Leitentscheidung BGHZ 48, 163[47] behandelten Fallgestaltung besonders deutlich: Es hatte ein Gesellschafter sich notariell zur Übertragung von ihm gehaltener Anteile verpflichtet. Er enthielt sich jedoch der Stimme, als in der Gesellschafterversammlung über die Frage der Genehmigung der Übertragung (§ 15 V) abgestimmt wurde, was zu deren Versagung führte. Der BGH erkannte, daß der die Anteile treuhänderisch haltende Gesellschafter mit dem Versprechen, die Anteile jederzeit auf Verlangen der Klägerin herauszugeben, auch die Verpflichtung

44 Näher hierzu unter B.V.2.c, S. 61ff und in Teil C, insbes. bei C.II.2.h, S. 192ff.

45 Zu einer für Fragen der Stimmbindung - maiore ad minus - auf § 15 aufbauenden Argumentation s. auch unten bei § 306 BGB und unter V.3.bd und be, S. 70ff.

46 Siehe A.II.1, S. 5 und bei *Lübbert* S. 109f.

47 = JZ 1968, 24 m. zust. Anm. *Peters*. Die Bedeutung des § 15 - auf den noch mehrfach zurückzukommen sein wird - für Fragen der Stimmbindung läßt sich nicht zuletzt an diesem Urteil erkennen, das, einen § 15 V betreffenden Fall entscheidend, zur allgemeinen Anerkennung der Vollstreckbarkeit von Stimmbindungen führte.

übernommen hatte, in der Gesellschafterversammlung für die Genehmigung der Abtretung zu stimmen, somit eine Stimmbindung vorlag[48]. Er räumte dem Gläubiger diesbezüglich einen durchsetzbaren Anspruch ein.

Der Bundesgerichtshof geht in dieser Entscheidung ebenfalls von der abstrakten Variante aus. Das mag daran liegen, daß Verpflichtung und Erfüllung im Fall einige Jahre auseinanderlagen oder auch daran, daß der gebundene Gesellschafter (nicht aber der Anteilserwerber) an der entscheidenden Versammlung zwar teilnahm, sich jedoch der Stimme enthielt[49]. Wäre der BGH nicht der abstrakten These gefolgt, so hätte er jedenfalls zur Frage der Vollstreckbarkeit von Stimmpflichten gar nicht kommen können: Die Genehmigung wäre bereits durch die Abtretung - als solchen, bedingten Übertragungsvertrag sieht das Urteil des BGH das Treuhandverhältnis zwischen Kläger und Beklagtem augenscheinlich an - selbst erteilt worden.

Tragfähige Gründe, eine als ausschließliche Hauptpflicht eines Vertrages vereinbarte Stimmbindung anders zu behandeln als die im Fall des BGH bejahte Nebenpflicht, sind nicht ersichtlich. Man denke dabei auch an den Fall einer widersprüchlichen Doppelbindung bzw. des Doppelverkaufs eines nach § 15 V nur beschränkt verfügbaren Geschäftsanteils.

An weiteren Beispielen läßt sich die obige Abstraktionsthese stützen. Zwischen Verkauf, Abtretung und Genehmigung können nicht nur wie in BGHZ 48, 163 mehrere Jahre liegen, sondern auch Satzungsänderungen (welche die Genehmigungspflicht von Anteilsveräußerungen erst einführen), Änderungen im Gesellschafterbestand und den Beteiligungsverhältnissen (die z.B. dem Veräußernden die absolute Stimmenmehrheit nehmen). Alle diese Fälle würden nach der hier sog. Variante 1 umfangreiche Differenzierungen erforderlich machen und auch unterschiedlich gelöst werden müssen, obwohl Gründe in der Sache selbst - der relativen Stimmbindung - dafür nicht vorliegen.

48 So bereits RG DJZ 1906, Sp. 710; RGZ 88, 319, 322f, 325; 124, 371, 376.

49 Er schloß sich damit in der Sache der - von der h.M. abgelehnten - These *Zöllners* (Schranken, S. 245f; *ders.* in GmbHR 1968, 177ff) an, der den Veräußerer vinkulierter Anteile von der Abstimmung über die Genehmigung ausschließen möchte. Der dahinterstehende Gedanke des Schutzes von Gesellschaft und Mitgesellschaftern trifft, die pauschale Vernachlässigung legitimer Eigeninteressen des Veräußernden durch Stimmrechtsausschluß jedoch nicht.

Die Rechtsprechung in und nach "Kerbnägel" folgt ebenfalls (stillschweigend) dieser Theorie, geht doch auch sie davon aus, daß selbst eine vereinbarungswidrig abgegebene Stimme gegenüber der Gesellschaft grundsätzlich wirksam und nicht anfechtbar ist[50], der Stimmbindung somit keine unmittelbare, "dingliche" Wirkung zukommt[51]. Zwar entscheidet sich der BGH im konkreten Fall schließlich doch für die Anfechtbarkeit, gründet dies aber allein auf prozeßökonomische Erwägungen. Das Wesen einer Stimmbindung als lediglich schuldrechtlicher Verpflichtung möchte er damit erkennbar nicht antasten[52].

b) Die Kritik Zöllners am Komplementärmodell

Zöllner[53] mißt die Komplementaritätsthese an allgemeinen zivilistischen Grundsätzen[54], erläutert am Beispiel des Abschlusses zweier Kaufverträge mit verschiedenen Käufern über einen Gegenstand die Wirksamkeit beider Vereinbarungen. Dabei wird es als Merkmal der Privatautonomie angesehen, sich in verschiedene Richtungen, d.h. auch widersprüchlich verpflichtend binden zu können. Nach dem von *Zöllner* gebildeten Fallbeispiel, wonach beide Kaufvertragsgläubiger denselben Gerichtsvollzieher mit der Vollstreckung des jeweils auf Übereignung lautenden Urteils beauftragen, ist dieser verpflichtet, den älteren Auftrag, der durchaus auf dem "jüngeren" Vertrag beruhen kann, vorrangig zu erfüllen. Dem weichenden Gläubiger bleibt der Schadensersatz. Danach sind jedoch die beiden widersprechenden Pflichten nicht komplementär, sondern sie bleiben beide voll wirksam, lediglich ihre Rechtsfolgen unterscheiden sich - diese sind, zum Beispiel beim Verkauf mehrerer Gegenstände, komplementär: Soweit die eine Pflicht nicht mehr erfüllt werden kann, bleibt dem entsprechenden Gläubiger nur ein Schadenersatzanspruch.

---

50 BGH NJW, 1910, 1911 (A.III.3, S. 25f, Rn. 3).

51 So bereits *Bartholomeyczik* DR 1941, 337, 338.

52 Vgl. A.III.3, S. 25, Rn. 1.

53 ZHR 155, 168, 172ff.

54 Ebenso *Busse* BB 1961, 261, 262.

c) Zusammenfassende Würdigung

Der Lösung *Zöllners* ist aus dreierlei Gründen zu folgen. Diese Gründe stehen im Zusammenhang mit dem Abstraktionsprinzip, dessen Schutz des Rechtsverkehrs in unserer nach den Prinzipien der Privatautonomie und der Arbeitsteiligkeit organisierten Welt besondere Bedeutung zukommt: Erstens sind Verträge - das lehrt das Beispiel des Sachkaufs[55] - trotz widersprüchlicher Verpflichtungen wirksam; es bleibt grundsätzlich bis zuletzt dem Willen des Gläubigers überlassen, welchen Vertrag er erfüllen möchte und wo er die Leistung von Schadenersatz vorzieht. Ein Grund, bei Nebenverträgen anders zu entscheiden, ist nicht ersichtlich[56]. Zum zweiten ist, kommt es zur Zwangsvollstreckung, generell dem Gerichtsvollzieher der jeweilige Schuldgrund gar nicht bekannt. Für diesen gilt allgemein - schon aus Gründen vollstreckungsrechtlicher Billigkeit - das Prioritätsprinzip[57]. Danach sind im Falle konträrer vertraglicher Bindungen beide Pflichten nicht komplementär, sondern voll wirksam; sie unterscheiden sich jedoch in ihren Rechtsfolgen. Kommt es in einem Falle zur Erfüllung, so verbleibt für den anderen Gläubiger der Schadenersatzanspruch. Nichts anderes kann im Falle eines Gesellschafters gelten, der über seinen nach § 15 V "gebundenen" Anteil mit verschiedenen Personen Kaufverträge abschließt. Bedenkt man diesen Fall widersprüchlicher Stimmbindung[58], wäre es (drittens) auch nicht einzusehen, weshalb etwa ein Vertragsschließender schuldrechtlich danach anders zu behandeln sein sollte, ob er sich nun zu einer bestimmten Stimmabgabe verpflichtet, dies aber in gegensätzlichem Sinne auch bereits gegenüber einem Dritten getan hat, oder aber er selbst gar nicht Gesellschafter ist, oder er zwar die Gesellschaftereigenschaft besitzt, nicht jedoch ein Stimmrecht[59]. Die schuldrechtliche Verpflichtungsfreiheit muß hiervon grund-

---

55 Vgl. oben "Variante 2" und bei III.2.b.

56 S.a. *Teichmann* ZGR 1972, 1, 11; *ders.*, Gestaltungsfreiheit, S. 191ff, 217ff; *Beuthien* ZGR 1974, 26, 82.

57 § 6 GVGA gewährt dem Gerichtsvollzieher hinsichtlich der Reihenfolge ein Ermessen, das aber wegen des allgemein übergreifenden vollstreckungsrechtlichen Prioritätsprinzips nicht frei, sondern "gebunden" auszuüben ist; ähnlich *Zöllner* ZHR 155, 168, 173.

58 Vgl. BGHZ 48, 163 und oben B.III.2.a, S. 40ff.

59 Zur Verpflichtung zu einer aus gesellschaftsrechtlicher Sicht unzulässigen Stimmabgabe s. im nächsten Abschnitt.

sätzlich unberührt bleiben. Dies zeigt in den beiden hier zuletzt genannten Konstellationen bereits der Gesichtspunkt, daß der Gebundene ja vermittels eigener Überzeugungsfähigkeit oder der (weiteren) Bindung eines stimmberechtigten Gesellschafters unbeschadet eigener Leistungsunfähigkeit gleichwohl die Erfüllung des (Erst-)Vertrages bewirken kann.

Die genannten Gründe basieren auf der das BGB strukturierenden Rechtstechnik der Abstraktion, der Loslösung des Verpflichtungs- vom Erfüllungsgeschäft, sowie der Relativität vertraglicher Rechtsverhältnisse. Die Wirksamkeit schuldvertraglicher Vereinbarungen bleibt danach unbeeinflußt von außerhalb ihrer selbst stehenden Umständen und Vereinbarungen. Dies schützt einerseits den Rechtsverkehr, der sich vor dem Abschluß einer Vereinbarung nicht erst nach bereits bestehenden Verträgen zu erkundigen braucht, sichert andererseits aber auch das Selbstbestimmungsrecht der Vertragsparteien. Am Beispiel von Personen, die sich zur Abgabe widersprüchlicher Willenserklärungen verpflichten, bedeutet dies konkret, daß beide Verträge wirksam und bis zum entscheidenden Zeitpunkt auch prinzipiell gleichermaßen erfüllbar sind. Für die Annahme der Nichtigkeit einer der beiden (oder mehrerer) Verpflichtungen zur Abgabe einer bestimmten Willenserklärung besteht kein Anlaß: niemand weiß im voraus, was der Verpflichtete letztlich erklären wird, niemand anders als der Gesellschafter ist aber auch zur Teilnahme an der Gesellschafterversammlung berechtigt[60].

Schon aus dem hier zuletzt genannten Grunde können Stimmbindungsverträge nicht per se für unwirksam erachten werden. Privatautonomie gebietet, sich auch diesbezüglich vertraglich binden zu können, eine Sittenwidrigkeit o.ä. liegt darin grundsätzlich nicht. Wie es dem Gesellschafter freisteht, sich zu verpflichten, steht es ihm gleichermaßen frei, die entsprechenden Vereinbarungen zu erfüllen.

---

60 Abzulehnen ist die Auffassung *Vogels*, S. 141, wonach - vgl. A.II.6.h, S. 19ff - selbst die Satzung Dritten keine gesellschaftsrechtliche Stellung einräumen kann, stimmberechtigte Dritte jedoch nicht als "Außenstehende" anzusehen sind, ihnen daher ein Teilnahmerecht zukommt. Restriktiv zur Teilnahme Dritter an Gesellschafterversammlungen OLG Düsseldorf GmbHR 1992, 610f m. Anm. *Lotz*.

Eine andere, sich hieran jedoch anschließende Frage ist es, ob die Stimmabgabe gesellschaftsrechtlichen Anforderungen genügt, sie z.B. nicht satzungswidrig erfolgt. Dies beurteilt sich nach gesellschaftsrechtlichen Kriterien, hat aber mit der Frage der Wirksamkeit des Verpflichtungsvertrages grundsätzlich nichts zu tun[61]. So kann die Stimmabgabe selbst dann, wenn sie mittels Gerichtsurteil (Parteien des Prozesses: der aus dem Vertrag Berechtigte und Verpflichtete) durchgesetzt worden ist, in der Versammlung wegen Satzungsverstoßes nicht mitzuzählen und damit im Ergebnis wertlos sein; das Urteil bindet nicht die an Vertrag und Prozeß unbeteiligten Gesellschaft. Selbst bei Wirksamkeit des Stimmbindungsvertrages sind deren Interessen somit nicht gefährdet. Dementsprechend besteht sowohl aus Gründen des der Privatautonomie verpflichteten Schuldrechts als auch aus gesellschaftsrechtlichen Gründen kein Anlaß, Konflikte nach der von *Karsten Schmidt*[62] vorgeschlagenen Art derart aufzulösen, daß der Stimmbindungsvertrag bei Verstoß gegen innergesellschaftliche Pflichten einfach für nichtig erklärt wird. Die Anhänger der Komplementärthese müssen sich vielmehr den Vorwurf gefallen lassen, daß sie die im gesellschaftsrechtlichen Bereich bei Eingehung und Vollstreckung von Stimmbindungsverträgen bestehenden Schwierigkeiten auf der Ebene des Schuldrechts lösen wollen, ohne sich dabei jedoch um die Einfügung in die dort herrschende Dogmatik zu kümmern.

d) Anwendbarkeit des § 306 BGB

Offen bleibt nach diesen Ausführungen die Frage nach der Anwendung von § 306 BGB. Die Bestimmung erklärt die Verpflichtung zu einer objektiv, d.h. durch niemanden erbringbaren Leistung für ungültig. Sie enthält damit die von den Anhängern des Komplementärmodells befürwortete Sanktion der Vertragsnichtigkeit. § 306 BGB könnte darüber hinaus auch insofern als Argument für die Komplementärthese angeführt werden, als sich aus ihm die Abhängigkeit des rechtliche Dürfens (= der Verpflichtungsfreiheit) vom rechtlichen Können

---

61 Auch hier gilt Abstraktion; zu § 306 BGB s. sogleich unter lit. d.

62 In Scholz § 47 Rn. 55; zw. Baumbach/Hueck/*Zöllner* § 47 Rn. 77.

(= wirksame Stimmabgabe) ableiten läßt. Bei der Verpflichtung zu einer aus gesellschaftsrechtlichen Gründen unwirksamen Stimmabgabe könnte dabei ein Fall sogenannter rechtlicher Unmöglichkeit vorliegen. Zu einer rechtlich unmöglichen Leistung kann sich ein Gesellschafter gemäß § 306 BGB auch nebenvertraglich nicht verpflichten.

§ 306 BGB verlangt, daß die zu erbringende Leistung dauernd objektiv unmöglich ist. Selbst wenn die einzelne Stimme im Ergebnis wegen Verstoßes gegen gesellschaftsrechtliche Prinzipien (z.B. die Treubindung) unwirksam sein sollte, liegt damit aber kein Fall des § 306 BGB vor[63]. Denn trotz einer "an sich" vorliegenden Treupflichtverletzung kommt es, wenn alle Gesellschafter zustimmen, zu einem rechtswirksamen Beschluß[64]. Nichts anderes gilt für einen etwa dem Gleichbehandlungsgrundsatz widersprechenden Beschluß, falls nur der oder die benachteiligten Gesellschafter zustimmen bzw. die anfechtungsberechtigten Gesellschafter von ihrem Anfechtungsrecht keinen Gebrauch machen. In sämtlichen Fällen liegt somit aus der Sicht bei Vertragsschluß höchstens Unvermögen, nicht aber eine für § 306 BGB erforderliche anfängliche objektive Unmöglichkeit vor.

Handelt es sich bei der Stimmbindung im weitesten Sinne um die Übertragung eines Teilrechts aus einem Geschäftsanteil, so kann in der Argumentation vergleichend auch der Fall der Veräußerung des Vollrechts (maiore ad minus) herangezogen werden. Veräußert ein Gesellschafter seinen Geschäftsanteil, so liegt gemäß § 433 I Satz 2 BGB Rechtskauf vor[65]. Aus § 437 BGB ergibt sich, daß der Veräußerer für die Übertragbarkeit des Anteils haftet[66] - an der "Verität" des Anteils ohne gleichzeitiger Negotiabilität hat ein *Erwerber* kein Interes-

---

63 *Zöllner* ZHR 155, 168, 176 m.w.N.; ebenso bereits *Busse* BB 1961, 261, 262; *Overrath*, S. 33f.

64 Vgl. Hachenburg/*Ulmer* § 53 Rn. 65 (betr. Satzungsänderungen) und allg. *M. Winter*, Treubindungen, S. 190ff.

65 BGH NJW 1980, 2408ff; der Fall des "faktischen" Unternehmenskaufs beim Kauf sämtlicher Anteile soll hier außer Betracht bleiben; dazu BGHZ 65, 246; Baumbach/*Hueck* § 15 Rn. 7; *Roth* § 15 Anm. 2.5.

66 MünchenerKomm/*H.P. Westermann* BGB § 437 Rn. 5, 17; *Roth* § 15 Anm. 2.5

se. § 15 V in Verbindung mit einer entsprechenden Satzungsregelung kann einer dinglichen Vollziehung des Vertrages zwar entgegenstehen. Dies hat jedoch keinen Einfluß auf die Wirksamkeit des Verpflichtungsgeschäfts, führt insbesondere nicht zur Rechtsfolge des § 306 BGB[67]. Auch können die Gesellschafter - trotz entgegenstehender Satzungsbestimmung, die etwa verlangt, daß ein Gesellschafter einer bestimmten Familie oder einem bestimmten Berufszweig angehören muß - der Anteilsübertragung zustimmen und dem Erfüllungsgeschäft so zur Wirksamkeit verhelfen. Ist das Ausführungsgeschäft dann vollzogen, scheidet eine Reversion aus; der Anteilserwerber ist vollwirksam Gesellschafter[68].

e) Der Inhalt des Stimmbindungsvertrages

Noch näher zu klären ist der genaue Inhalt der Stimmbindungsvereinbarung[69]. Ob der sich vertraglich Bindende von vornherein nur eine faktische Stimm*abgabe* verspricht, oder auch, daß diesem Votum ein entsprechender Zählwert zukommt, beantwortet die Frage nach der geschuldeten Erfüllungshandlung sowie den Erfüllungszeitpunkt. Die Untersuchung des Verhältnisses von Verpflichtung und Erfüllung gibt damit zugleich Aufschluß über den "Kollisionspunkt" von Schuld- und Gesellschaftsrecht als den hierüber bestimmenden Rechtsquellen.

Die Frage, ob Bestandteil der geschuldeten Leistung auch die Wirksamkeit der Stimmabgabe im Sinne ihres Zählwertes ist, bezeichnet ein schuldrechtliches Problem[70]. Die Antwort ergibt sich durch Auslegung der jeweiligen Parteivereinbarungen. Stimmbindungsverträge enthalten hierzu jedoch in aller Regel keine ausdrücklichen Bestimmungen oder Hinweise[71]. Zur Analyse des Vertragsinhalts sind somit die allgemeinen Auslegungsgrundsätze heranzuzie-

---

67 Auch beim Forderungskauf wird § 306 BGB grundsätzlich durch § 437 BGB verdrängt; vgl. Palandt/*Putzo* BGB § 437 Rn. 1.

68 Hierauf wird an späterer Stelle - VII.5.b, S. 91 - noch einmal zurückzukommen sein.

69 Zum Streitstand vgl. den Diskussionsbericht in ZHR 155, 208f.

70 Zur strittigen Frage der Rechtsnatur der Stimmbindung innerhalb der schuldrechtlichen Typologie vgl. Scholz/*K. Schmidt* § 47 Rn. 36 m.w.N; *Lübbert* S. 142ff.

71 Vgl. *Zöllner* ZHR 155, 168, 178.

hen. Diese machen eine Bewertung der bei einem solchen Vertrag bestehenden Interessenlage erforderlich (§§ 157, 133 BGB).

Prüft man unter dem genannten Aspekt die These von der bloß faktischen Stimmabgabe, so ist offensichtlich, daß der aus dem Vertrag Berechtigte daran typischerweise kein Interesse haben wird. Andererseits läge hierin eine Möglichkeit, die Schnittstelle zwischen Gesellschaftsrecht und Schuldrecht trennscharf zu markieren: So wäre der Gesellschafter (schuldrechtlich) lediglich zur entsprechenden Stimmabgabe verpflichtet; von gesellschaftsrechtlicher Seite seinem Votum Entgegenstehendes müßte nicht bedacht werden[72]. Verstöße gegen gesellschaftsrechtliche Verpflichtungen kämen erst bei der Frage nach dem Zählwert der Stimme innerhalb des Gesellschafterbeschlusses zum Tragen, lägen damit jedoch nach dem hier beschriebenen Modell grundsätzlich, d.h. falls nicht ausdrücklich abweichend vereinbart, außerhalb der vertraglichen Bindung.

Gegen diesen Weg spricht das Interesse des durch den Stimmbindungsvertrag Berechtigten. Dieser erfährt keinerlei Vorteil dadurch, daß ein Gesellschafter bei einer Frage lediglich in bestimmter Weise votiert, wenn hierdurch nicht auch der betreffende Beschluß beeinflußt wird. Regelmäßig wird er ein ganz bestimmtes Beschlußergebnis erreichen wollen, das dann beispielsweise zu einem geschäftlichen Handeln der betreffenden Gesellschaft führen soll. Das mindeste, was er dazu von dem ihm verpflichteten Gesellschafter erwarten kann, ist die Abgabe einer wirksamen Stimme[73]. Dies spricht dafür, den Stimmbindungsvertrag als eine erfolgsbezogene Verpflichtung anzusehen. Als Primärpflicht geschuldet ist damit grundsätzlich ein bestimmter Erfolg, unabhängig davon, ob der Verpflichtete diesen - aus gesellschaftlichen Gründen - auch selbst herbeiführen kann. Noch einleuchtender ist diese erfolgsbezogene Betrachtung in Fällen, bei denen die Stimmen der gebundenen Gesellschafter selbst schon zur Abstimmungsmehrheit und damit zur vom Nebenvertragsberechtigten gewünschten Beschlußfassung ausreichen[74]. Bei entsprechenden

---

72 Dies würde vor allem die zivilprozessuale Durchsetzung des Anspruchs vereinfachen; dazu ausführlich unter B.VII, insbes. S. 84ff.

73 *Zluhan* AcP 128, 62, 80f; geht es um die Verpflichtung des Gebundenen, sich der Stimme zu enthalten, liegen die Dinge nicht grundsätzlich anders.

74 So lag auch der Fall in BGHZ 48, 163.

Mehrheitsverhältnissen kann sogar eine Stimmenthaltung des gebundenen Gesellschafters genügen, um den gewünschten Beschluß durchzusetzen. Liegen die Verhältnisse noch deutlicher zugunsten des Nebenvertragsberechtigten, kann es schließlich völlig gleichgültig sein, ob und wie der Gebundene votiert. Für das "Erfolgsmodell" (im Gegensatz zum faktischen "Handlungsmodell") spricht weiterhin folgendes: Kommt aufgrund der innergesellschaftlichen Stimmenverteilung der Beschluß auch mit den Stimmen des Verpflichteten nicht im gewünschten Sinne zustande, kann es dem Verpflichteten gegebenenfalls obliegen, die Mitgesellschafter zu beeinflussen und umzustimmen[75]. Ist jedoch auch dieses Unterfangen aussichtslos, muß dem Gebundenen auch eine abweichende Stimmabgabe (z.B. aus längerfristig taktischen Erwägungen) möglich sein. Am bloßen "Handheben" hat der aus dem Stimmbindungsvertrag Berechtigte auch hier kein Interesse. Gemäß den §§ 157, 133 BGB hat er hierauf - fehlt es an anderslautenden Festlegungen im Vertrag - somit auch keinen Anspruch.

In A.II.1[76] wurde formuliert, daß es bei einer Stimmbindung lediglich auf die Ausübung des Stimmrechts ankommt. Diese Aussage ist nunmehr auf der Grundlage des obigen "Erfolgsmodells" dahingehend zu präzisieren, daß - entsprechend der dem Vertrag zugrundeliegenden Interessenlage - grundsätzlich eine wirksame, "zählende" Ausübung des Stimmrechts Gegenstand eines Nebenvertrages ist[77].

Hiernach bleibt das Bedenken, daß der Gebundene damit etwas letztlich außerhalb seiner Macht Stehendes verspricht. Wie etwa in den Fällen treuwidrigen Stimmens oder bei Vorliegen eines Falles nach § 47 IV erkennbar, hat der Gesellschafter auf den Zählwert seiner Stimme grundsätzlich keinen Einfluß. Eine treuwidrig abgegebene Stimme ist unwirksam, gleichgültig ob der Gesellschafter nun etwas dafür kann oder nicht. Die Treuwidrigkeit bestimmt sich objektiv nach den Vorgaben des Gesellschaftsvertrages, ein Verschulden ist hier-

---

75 Wie weit er hierbei zu gehen hat, ist Sache des jeweiligen Stimmbindungsvertrages.

76 S. 5.

77 Zu diesem Ergebnis kam - *Zöllners* im selben Heft abgedruckten Aufsatz folgend - auch die Diskussion, über die in ZHR 155, 209ff berichtet wird; vgl. auch *Erman* AG 1959, 267, 269.

für nicht Voraussetzung[78]. Gleichwohl ist es entsprechend allgemeinen Vertragsgrundsätzen nicht als Sache des Stimmbindungsberechtigten anzusehen, sich über die Erfüllbarkeit des Vertrages Gedanken zu machen; dieses Risiko ist der Sphäre des verpflichteten Gesellschafters zuzurechnen. Er steht der Gesellschaft näher als der außenstehende Gesellschaftsfremde[79], er hat typischerweise aus dieser Situation heraus die entsprechende Verpflichtungserklärung abgegeben. Er kann schon aufgrund seiner Kenntnis des Gesellschaftsvertrages und der übrigen Gesellschafter sowie seiner umfassenden Informationsmöglichkeiten über sämtliche Angelegenheiten der GmbH (§ 51a) eher abschätzen, ob das in einem bestimmten Sinne ausgeübten Stimmrecht gegen gesellschaftsvertragliche Vorgaben verstößt und nicht die anderen Gesellschafter gleichwohl dem Beschluß zustimmen werden. Er verpflichtet sich damit durch den Stimmbindungsvertrag, etwas ihm immerhin grundsätzlich Mögliches zu leisten, sei hierzu auch die Beeinflussung weiterer Gesellschafter[80] oder auch dritter Personen, die auf deren Stimmverhalten Einfluß besitzen, erforderlich. Der Umfang der primären Leistungspflicht ist dabei im einzelnen durch Auslegung des jeweiligen Vertrages festzustellen. Auch wenn dessen Erfüllbarkeit, u.U. unabhängig vom Willen des Gebundenen, scheitern kann, führt dies jedoch - wie erörtert - in keinem Falle zur Nichtigkeit nach § 306 BGB.

Nochmals kann an dieser Stelle vergleichsweise auf die Interessenlage und Risikoabgrenzung bei der Anteilsveräußerung als der Disposition über das Vollrecht Bezug genommen werden. Der Erwerber will einen bestimmten Erfolg, den Erwerb. Die Bindungen, die der Gesellschaftsvertrag dem Veräußerer auferlegt, sind nicht zugleich Gegenstand oder Inhalt des zwischen Gesellschafter und drittem Erwerber abgeschlossenen Kaufvertrages; sie bestimmen insofern auch nicht dessen primäres Interesse am Vertrag bzw., anders gewendet, die

78 Vgl. den BGH unter A.III.2, S. 24f, 26.

79 Für Bindungen zwischen Gesellschaftern kann es hier Unterschiede geben dadurch, daß diese selbst auf Zustandekommen und Bestand eines Beschlusses Einflußmöglichkeiten besitzen; näher zu Stimmbindungen unter Gesellschaftern unter B.IV, S. 54f.

80 Hierfür bietet sich insbes. die Gesellschafterversammlung an, bei der Außenstehende im Gegensatz zu Gesellschaftern (selbst wenn letzteren kein Stimmrecht zukommen sollte, vgl. § 48 II), kein Teilnahmerecht besitzen.

Hauptleistungspflicht des gebundenen Gesellschafters. Für den Käufer zählt nur der Erwerb des Geschäftsanteils. Daß sich hieraus im Falle des § 15 V als Nebenpflicht auch eine Stimmbindung des veräußernden Gesellschafters ergeben kann, wurde bereits dargelegt[81]. Für diese bzw. Stimmbindungen im allgemeinen läßt sich danach folgern: ob der Gebundene Gesellschafter ist oder nur seinerseits einen Gesellschafter - z.B. durch ein Treuhandverhältnis - an sich gebunden hat, ob ihm (oder diesem) wirklich ein Stimmrecht zusteht, ob er dieses auch im konkreten Falle wirksam ausüben kann, ist grundsätzlich alleine seine Sache[82]. Sämtliche genannten Umstände haben keinen Einfluß auf die (Wirksamkeit der) vertragliche Leistungspflicht. Die Relativität der Rechtsverhältnisse[83] bleibt damit ebenso gewahrt wie das Abstraktionsprinzip, das im Interesse der Rechtssicherheit die Vertragserfüllung von den Fehlerquellen des Grundgeschäfts freistellt.

f) Fazit

Zöllner[84] geht zu Recht davon aus, daß in Fällen der Treuwidrigkeit lediglich Unvermögen auf Seiten des Gebundenen vorliegt. Hieran gilt es auf der Grundlage des obigen "Erfolgsmodells" anzuknüpfen: Verpflichtet sich ein Gesellschafter zu einer bestimmten, gesellschaftsvertragswidrigen Stimmausübung, vereinbaren aber zugleich die anderen Gesellschafter, diese keinesfalls - durch Zustimmung oder Anfechtungsverzicht - zu dulden, könnte man geneigt sein, hierin einen Fall anfänglicher rechtlicher Unmöglichkeit zu erkennen. Daß die Wirksamkeit des erstgenannten Vertrages jedoch von den hiervon unabhängig (zeitlich, räumlich, sachlich: andere Personen und deren Stimmrechte sind betroffen) geschlossenen Drittverträgen abhängen soll, befremdet. § 306 BGB geht von objektiven, d.h. gerade personenunabhängigen, klar erkennbaren Um-

81 S.o. III.2.a, S. 41f zu BGHZ 48, 163; a.A. Baumbach/Hueck/*Zöllner* § 47 Rn. 78.

82 Zu Modifikationen dieser Regel siehe sogleich unter B.IV.

83 S.a. § 315 II BGB.

84 ZHR 155, 168, 176.

ständen aus[85]. Die Drittverträge erfüllen diese Voraussetzungen nicht. Ob sie durchgesetzt werden (können) oder die Gesellschafter in der Versammlung sich dann letztlich doch wiederum abweichend hiervon verhalten, ist keineswegs von vornherein offensichtlich, vielmehr angesichts der (noch zu behandelnden) Durchsetzungsschwierigkeiten von Stimmbindungsverträgen gerade äußerst zweifelhaft[86]. Eine bündige Theorie der Stimmbindung sollte demnach gewährleisten, daß Personen (und nicht nur Gesellschafter[87]) sich gegenüber anderen (auch mehrfach) im Rahmen der Privatautonomie weitestgehend unabhängig von gesellschaftsrechtlichen Bindungen verpflichten können. Allein die letztlich in der sich nur nach Gesetz und Gesellschaftsvertrag konstituierenden und agierenden Gesellschafterversammlung abgegebenen Stimmen entscheiden - auch bei Satzungsverstoß.

Als Ergebnis zu B.III läßt sich somit festhalten, daß der These von der Komplementarität von mitgliedschaftlicher und vertraglicher Stimmrechtsbindung[88] nicht gefolgt werden kann. Um im Falle widersprüchlicher Verpflichtung die Nichtigkeit einer der Bindungen anzuordnen, mangelt es an einer normativen Grundlage[89] [90] [91].

---

85 MünchenerKomm/*Söllner* BGB § 306 Rn. 5, 7. Die Norm wird zudem allgemein als zu weitgehend empfunden, eine restriktive Handhabung befürwortet; s. MünchenerKomm/-*Emmerich* BGB Vor § 275 Rn. 5, 7; und aaO *Söllner* BGB § 306 Rn. 3f, jew. m. w. Nachw., auch zum Gedanken der Abgrenzung nach Risikosphären (s.o., unter 2.e, S. 46).

86 Zu den hierbei bestehenden Problemen, die sich namentlich in der restriktiven Handhabung der einstweiligen Verfügung - der in diesem Zusammenhang maßgebliche Bedeutung zukommt - widerspiegeln, siehe unter B.VII.

87 S.o., III.2.e, S. 51.

88 Vgl. S. 35f.

89 Grundsätzlich s. *Zöllner* FS GmbHG 1992, 83, 100ff, S. 124f zu den aus einer erweiterten gerichtlichen Vertragskontrolle sich ergebenden Gefahren.

90 Solche Normen liegen z.B. mit § 134 BGB iVm § 152 GenG oder § 405 III Nr. 6 u. 7 AktG vor, durch die verschiedene Arten des Stimmenkaufs zu Ordnungswidrigkeiten erklärt werden. Da jedoch unbestritten die Regel des nullum crimen sine lege auch im Recht der Ordnungswidrigkeiten gilt (§ 3 OWiG wiederholt nur, was nach Art 103 II GG bereits Gesetz ist; v. Münch/*Kunig* GG, Art. 103 Rn. 18), scheidet ein einfacher Analogieschluß aus den genannten Normen aus. Zu § 136 II AktG siehe B.VI, S. 76ff.

91 A.A. z.B. *Priester* FS Werner 1984, 657, 672, der jedoch, das Durchschlagen des Gesellschaftsrechts auf den schuldrechtlichen Vertrag anerkennend, auf eine wenig bündige "Kasuistik" (aaO S. 672ff) von Regel- und Ausnahmefällen angewiesen ist; ähnlich *A.*

IV. Komplementarität durch Auslegung des Stimmbindungsvertrages

Zur Komplementarität von schuldrechtlichen und gesellschaftsrechtlichen Pflichten des Gesellschafters kraft Auslegung der Stimmbindungsvereinbarung gelangt man vor allem in Konstellationen ohne vertraglich konkret vorformulierte Bindung. Die Pflicht des Gebundenen kann etwa von Fall zu Fall durch Einzelweisung des Berechtigten gemäß § 315 BGB konkretisiert werden. Ein typisches Beispiel hierfür sind die sog. Treuhandverhältnisse. Die Auslegung des Stimmbindungsvertrages kann dabei ergeben, daß dem Gesellschafter nichts abverlangt werden darf, was im Widerspruch zu seinen mitgliedschaftlichen Bindungen steht (§§ 157, 315 I u. III BGB).

Widerstreitende Pflichten derart aufzulösen, bereitet insbesondere dann keine Schwierigkeiten, wenn auf beiden Seiten des Stimmbindungsvertrages ausschließlich Gesellschafter derselben Gesellschaft beteiligt sind. Diese stehen als Verbandsangehörige in einer rechtlichen Sonderverbindung[92], die auch andere, zwischen ihnen geschlossenen und das Gesellschaftsverhältnis betreffende Nebenverträge nicht unbeeinflußt läßt. Die gemeinsame Verbandsangehörigkeit bestimmt grundlegend das Maß gegenseitiger "Verantwortung", die - wenn man so will - gegenseitige Pflichtendichte[93]. Daher kommt es bei dieser Konstellation auch weniger darauf an, inwieweit das Abstimmungsverhalten vertraglich bereits von vornherein konkret festgelegt ist. Sowohl der Stimmbindungsvertrag selbst als auch die Ausübung eines Weisungsrechts im Einzelfall unterliegen der besonderen Treubindung. Regelmäßig verstößt daher ein Gesellschafter gegen die Grundsätze von Treu und Glauben, wenn er von einem anderen ein Abstimmungsverhalten verlangt, das ihm selbst aufgrund der gesellschafterlichen Treupflicht verboten ist und welches den anderen gleichsam "sehenden Auges in die Rechtswidrigkeit treibt"[94].

Hueck FS Nipperdey 1965, Bd. I, 401, 409ff.

92 Ausführlich siehe *M. Winter*, Treubindungen, S. 63ff.

93 Vgl. BGH WM 1970, 904, 905; RGZ 108, 20, 22ff; *Busse* BB 1961, 261, 263.

94 Der unter III.2 lit. d und e, S. 46ff aufgeführte Sonderfall, daß alle Gesellschafter einstimmig einen an sich treuwidrigen Beschluß fassen, stellt, entfällt mit der allgemeinen Zustim-

Bei Verträgen mit außerhalb der Gesellschaft stehenden Dritten fehlt dieser Art der Konfliktbewältigung die Grundlage. Eine generelle Auflösung der widerstreitenden Interessen im Auslegungswege wäre daher nicht ohne Bruch allgemein anerkannter Grundsätze des Zivilrechts durchführbar. Weder kann die Relativität vertraglicher Bindungen noch die generelle Zulässigkeit widersprüchlicher Verpflichtungen bestritten werden[95]. Demgemäß ist eine Derogation eindeutig festgelegter Vertragspflichten durch Auslegung - unter Zuhilfenahme von außerhalb des Vertrages selbst liegenden und von Dritten beeinflußten Umständen - nicht möglich. Werden solche Umstände nicht durch die jeweiligen Vertragsparteien in die Vereinbarung einbezogen, so verstößt eine darauf abhebende Auslegung gegen den Grundsatz privatautonomer Vertragsgestaltung, wie er u.a. im für die Vertragsauslegung maßgeblichen § 133 BGB durch das Abstellen auf den *Partei*willen zum Ausdruck kommt. Das Dilemma widersprüchlicher Verpflichtungen bedarf insofern weiterhin einer allgemeinen, d.h. schuldrechtliche und gesellschaftsrechtliche Aspekte, aber auch den Gesichtspunkt der Rechtssicherheit berücksichtigenden Lösung[96].

V. Totalverbot der Stimmbindung in Teilbereichen

Mit unterschiedlichen Begründungen wird die Bindung des Gesellschafters an den Willen eines Dritten in bestimmten Teilbereichen als unzulässig angesehen. Folgende, sich partiell überschneidende Ansätze werden hierbei vertreten:

---

mung die Rechtswidrigkeit, insofern nur vordergründig eine Ausnahme dar.

95 Wegen "pacta sunt servanda" abzulehnen insofern auch *Overrath*, S. 72ff, 101ff, der den Verpflichteten, so dieser "vertretbare" Gründe hat (aaO S. 81, 104), von der Bindung freistellen will - unabhängig davon, ob er sich vielleicht gerade zu dieser Stimmabgabe verpflichtet hat; krit. *Zöllner* FS GmbHG 1992, 83, 116 ("April-April-Syndrom") und *Windbichler* ZHR 104, 168, 170.

96 Das zuletzt genannte Moment kommt insbesondere, geht man hierbei von "beweglichen Schranken der Stimmbindung" wie *Priester* FS Werner 1984, 657, 670f aus, nur ungenügend zum Tragen.

1. Die Unzulässigkeit von Drittbindungen

a) Inhalt

Am weitesten geht *Flume*[97], der eine Stimmbindung gegenüber außerhalb der Gesellschaft stehenden Dritten generell für unzulässig erklärt. Selbst er läßt jedoch Ausnahmen von diesem Grundsatz zu, z.B. bei Treuhandverhältnissen[98]. Hier ist nach *Flume* der Dritte der "wirtschaftliche" und "wirkliche"[99] Gesellschafter[100] [101].

b.) Kritik

Im GmbHG findet entgegen der von *Flume* vorgenommenen Unterscheidung eine eindeutige Differenzierung nach mitgliedschaftlich ver- und gebundenen Gesellschaftern und außenstehenden Dritten statt[102]. Als Beleg angeführt seien etwa § 8 I Nr. 3 (Anmeldung der Liste der Gesellschafter) und § 6 III 1 (wonach "Gesellschafter und andere Personen" zu Geschäftsführern der GmbH be-

97 I/2, § 7 VI, S. 240ff.

98 Daneben, I/2, § 7 VI, S. 245ff, auch in Fällen der Veräußerung gemäß § 15 V vinkulierter Geschäftsanteile; zu dieser Problematik siehe B.III.2.a, S. 41f und V.3.bd, S. 70ff.

99 Vgl. BGH BB 1977, 10, 12; dazu *Reuter* ZGR 1978, 633, 642. Dieser Ansatz setzt voraus, daß das Recht ein, durch die Gegensatzpaare wirtschaftlich/rechtlich bzw. wahr/unwahr angedeutetes, außerhalb seiner selbst stehendes Kriterium akzeptiert, damit also seine eigenen Tatbestandsvoraussetzungen aufhebt. Das Zuordnungsobjekt des Gesellschaftsrechts ist "der Gesellschafter", die Qualifikation nach "wahr" und "unwahr" dem Gesetz nicht bekannt. Mit ihr wird - wie Fälle der Praxis lehren (s. a. *Roth/Thöni* FS GmbHG 1992, 245f; *Fleck* FS Fischer 1979, 107, 117) - neben der Umgehung von z.B. Unterhalts-, sonstigen Forderungen und Zwangsvollstreckungsmaßnahmen auch die Identität (lat., ungefähr "Nämlichkeit") der Mitgliedschaft als unteilbar ("Abspaltungsverbot") korrespondierendes Rechte- und Pflichtenbündel (arbeitsteilig) aufgelöst und das dahinter stehende Balanceprinzip gestört; näher hierzu unter C.II.2.

100 Näher *Flume* aaO, S. 243f; siehe dazu auch *Priester* FS Werner 1984, S. 672ff.

101 Als weitere Fälle einer "wirtschaftlichen Betrachtungsweise" können Durchgriffskonstellationen oder auch die sog. Sachwalterhaftung aus cic wegen wirtschaftlichem Eigeninteresse beim "unternehmerischen" GmbH-Gesellschafter betrachtet werden; s. hierzu Scholz/-*Emmerich* § 13 Rn. 64; Baumbach/*Hueck* § 13 Rn. 9 jeweils m.w.N.

102 Vgl. etwa *Ulmer* ZHR 156, 377, 387f.

stellt werden können) oder der für die GmbH analog anwendbare § 243 II AktG (der die Gesellschaft vor schädigenden Dritteinflüssen schützen soll)[103]. Letztlich baut das GmbHG als das Sonderprivatrecht der GmbH, ihrer Mitglieder und Organe gerade auf dieser grundlegenden Unterscheidung von innerhalb und außerhalb dieses Verbandes stehenden Personen auf. Daß hierbei rechtssicherheitliche Aspekte und klarer Abgrenzbarkeit betont werden, läßt sich beispielsweise an der Regelung über die Übertragung von Mitgliedschaftsrechten (§§ 15f) - hier wäre ein gestufter Übergang denkbar - ersehen. Das Anmeldeerfordernis des § 16 I zeigt, daß das Gesetz im Innenverhältnis der Gesellschaft - dem Regelungsbereich des gesellschafterlichen Stimmrechts - eine eindeutige Zuordnung mitgliedschaftlicher Rechte vorsieht und "Zwischenformen" nicht anerkennt[104]. Die Kategorie des "wirtschaftlichen Gesellschafters" widerspricht ohne zwingenden Grund dieser im Gesetz eindeutig vorgenommenen Trennung zwischen mitgliedschaftlicher und nicht-mitgliedschaftlicher (schuldrechtlicher) Bindung[105].

Basiert die Berechtigung des "wirtschaftlichen" Gesellschafters auf einer nur schuldrechtlichen und nicht mitgliedschaftlichen Bindung, so ist die These *Flumes* zudem insofern inkonsistent, als beim "wirtschaftlichen Gesellschafter" dessen schuldrechtliche Berechtigung dem Gesellschaftsrecht vorgeht, bei der einfachen Stimmbindung es aber gerade umgekehrt sein soll. Warum jedoch im einen Falle die Verbandsinteressen hinter den schuldrechtlichen zurückzustehen haben, im anderen aber nicht, bleibt offen[106]. Erklärt man - wie *Flume* - die

---

103 Die Norm ist unmittelbarer Bestandteil des GmbH-Rechts, *K. Schmidt* FS Stimpel 1985, 217, 233ff.

104 Zur entsprechenden Problematik beim Nießbrauch s. BGH LM HGB § 109 Nr. 10 u. 12; aus jüngster Zeit OLG Koblenz EWiR § 1068 BGB 1/92, 259f m. Anm. *Petzoldt*. An späterer Stelle wird auf die gesamte Problematik noch vertiefend einzugehen sein; vgl. C.I.2.g, S. 145ff und C.II.2.i, S. 148ff.

105 Eine andere Frage ist es, ob mit dieser Begriffsprägung aus Gläubigerschutzgründen Haftungslücken erfaßt und geschlossen werden können (vgl. z.B. BGH WM 1993, 687, 690 "TBB") bzw. dürfen, d.h., ob hierfür nicht auf das allg. Haftungsrecht, z.B. § 826 BGB, zurückgegriffen werden sollte (vgl. *Schanze* AG 1993, 376ff). Dies sei hier, wo die Frage der (gmbh-gesetzlichen) Legitimation - und nicht der (allgemeinen) Sanktion - erörtert wird, nicht weiter verfolgt. Siehe noch Fußnote 107.

106 Zu Zwecken, Typen und Rechtsnatur der Treuhand als lediglich *mittelbarem* Einflußrecht gegenüber der Gesellschaft vgl. *Roth/Thöni* FS GmbHG 1992, 245ff passim, insbes. S. 255f, 275f, 284. Auf dieses Kriterium wird noch zurückzukommen sein.

Stimmbindung zu einer per se unzulässigen Handlung, so kann diese auch nicht dadurch, daß sie fortgesetzt begangen wird, zu einer erlaubten werden.

Zöllner kritisiert bei *Flume* in diesem Zusammenhang "institutionelle[n] Rigorismus". Es läßt sich in der Tat bezweifeln, wie es angesichts einer so strikten dogmatischen These zum Erhalt der verbandsinternen Willensbildung, wie sie das generelle Verbot von Drittbindungen darstellt, noch einen "wahren" Gesellschafter geben kann, wenn dieser nach dem einschlägigen - und daher nach allgemeinen Grundsätzen vorrangigen - Spezialgesetz die Voraussetzungen der Mitgliedschaft doch gerade nicht erfüllt - und auch nicht erfüllen will[107]. Wird insofern jedoch auf die tatsächlichen Machtverhältnisse abgestellt, so setzen diese die Einflußrechte, die sie doch erst begründen sollen, gerade voraus. Die These basiert insofern auf einer petitio principii. Es fehlt damit an einem außerhalb der jeweiligen Faktizität der Verhältnisse liegenden Grund, um das wirtschaftliche einmal dem mitgliedschaftlichen Interesse vor- und einmal nachgehen zu lassen[108]. Insofern verwundert es nicht, daß der Ansatz eine taugliche Abgrenzung gegenüber den vielfältigen (tatsächlichen/schuldrechtlichen) Einflußmöglichkeiten z.B. institutioneller Kapitalgeber nicht zu leisten vermag[109].

---

107 Daß man einen Treugeber dann doch wieder materiell als Gesellschafter behandeln muß, um nicht eine Umgehung sämtlicher gesellschaftsrechtlicher Schutzgewährleistungen zu ermöglichen, stellt nicht seine Anerkennung als rechtmäßiges, sondern gleichsam die Schadensminderung nach rechtswidrigem Verhalten dar. Sie beseitigt z.T. durch den Verstoß angerichtete "Schäden" (aufgerissene Schutzlücken), stellt jedoch keine Rechtfertigung für die Rechtsfigur als solches dar (auch § 9a IV ist Sanktion, nicht aber Legitimation). Die Dinge erinnern an die beim Eingehungsbetrug bekannte Argumentation: Die Anfechtbarkeit des erschlichenen Vertrages ändert nichts an der Tatbestandserfüllung des § 263 StGB, sie setzt diese, wie man mit Blick auf § 123 BGB sagen könnte, vielmehr voraus.

108 A.A. Hachenburg/*Hüffer* § 47 Rn. 54f.

109 Auch die divergierenden Auffassungen hinsichtlich Pfandrecht, Nießbrauch etc. (vgl. *Priester* FS Werner 1984, 657, 672ff, *Fleck* FS Fischer 199, 107, 125ff) zeigen, daß tatsächliche Gegebenheiten kein justitiables Kriterium darstellen. Ein solches setzt eine (gesetzliche) Wertung voraus, folgert sie aber nicht aus der "normativen Kraft des Faktischen". Vernachlässigt man dies, schließt also von den Fakten auf deren Rechtmäßigkeit (wie schon BGHZ 48, 163, auf S. 171 Satz 5 u. 6) ist zwangsläufig eine gewisse Beliebigkeit in Abgrenzung und Ergebnis die Folge.

Für einen Treuhandvertrag sind weder formale noch konkrete materielle Anforderungen gesetzlich vorgegeben[110] [111]. Das GmbHG als einschlägiges Sondergesetz definiert indes seinen Anwendungsbereich selbst[112], überläßt dies nicht individualrechtlicher Gestaltungsfreiheit, derogiert innerhalb seines Regelungsbereichs insofern das allgemeine Zivilrecht[113]. Die Zulassung formlos wirksamer und durchsetzbarer Treuhandverhältnisse schließt (das GmbHG kennt - plastisch formuliert - die Gesellschaft, Gesellschafter, Dritte etc., jedoch keine Treuhänder[114]) alleine von vorgefundenen tatsächlichen Lebenssachverhalten auf deren Rechtsgehalt, ohne diesen Schluß auch anhand der gesellschaftsrechtlichen lex specialis zu verifizieren[115] [116].

Ansatzpunkt für die These von der Unzulässigkeit gesellschafterlicher Drittbindungen ist das Prinzip der Verbandsautonomie. Dieses verlangt jedoch nicht, daß die Beschlüsse aus einem "frei" selbstgebildeten Willen der Gesellschafter entstehen. In deren Köpfe läßt sich ebensowenig schauen, wie die oben[117] aufgezeigten, einen Gesellschafter motivierenden "Kräfte" (egoistische, gesellschafts- und drittbezogene Interessen) in der Realität je in unvermischt reiner Form existieren. Freiheit oder Autonomie des Gesellschafters bedeutet gerade, daß er sich verschiedenen - auch widersprüchlichen - Außeneinflüssen aussetzen kann. Das durch Art. 2 I GG gewährleistete Prinzip der Privatautonomie gebietet,

---

110 Anderes gilt für die ebenfalls zur Verlagerung mitgliedschaftlicher Einflußrechte führenden Unternehmensverträge, vgl. z.B. §§ 291, 308 AktG (zu deren Voraussetzungen s. Hachenburg/*Ulmer* § 53 Rn. 139ff; Scholz/*Emmerich* Anh. Konzernrecht Rn. 230ff; Scholz/-*Priester* § 53 Rn. 157ff). Diese enthalten materielles Satzungsrecht und sind insofern nicht Gegenstand der vorliegenden Untersuchung; vgl. A.II.5.a, S. 11.

111 Näher s. *Beuthien* ZGR 1974, 26, 28, 77f.

112 Zu den formalen Anforderungen und deren Folgen hierbei s.u. C.I, S. 113ff.

113 Ähnlich *Teichmann* ZGR 1972, 1, 3, 10ff. A.A. die ü.M. vgl. Hachenburg/*Hüffer* § 47 Rn. 50ff m.w.N; unklar zum Verhältnis von Stimmrecht und Mitgliedschaft aaO Rn. 42, 43 a.E., 45, 48, 52f.

114 *Roth/Thöni* FS GmbHG 1992, 245, 246. Anders etwa die §§ 29-34 HypothekenbankG, §§ 70ff VAG, §§ 8ff KAGG, §§ 23 II S.2, 24 VII Nr. 4 GWB. Auch kann man das Bedürfnis nach ihnen wegen der Zulassung der Einmanngründung als rückläufig ansehen.

115 So i.E. auch *Beuthien* ZGR 1974, 26, 29ff, 78, 81.

116 Von der Anerkennung der Rechtswirklichkeit als Schluß vom "Sein" zum "Sollen" vgl. noch unten C.II.2.f, S. 189f.

117 Unter B.II.3.b, S. 33f.

dem Gesellschafter auch im Bereich der Stimmbindung die Freiheit zu Vertragsschluß und Vertragsgestaltung zuzubilligen. Anders gewendet, pointiert: es verbietet ihm nicht, für ein bestimmtes, generell erlaubtes Verhalten auch noch Geld oder andere Zuwendungen anzunehmen bzw. sich versprechen zu lassen. Danach kann es auch, entgegen der etwa von *Zöllner*[118] vertretenen Auffassung, grundsätzlich keine Rolle spielen, ob im Stimmbindungsvertrag bereits ein konkretes Abstimmverhalten festgelegt ist oder sich der Gesellschafter mehr oder minder generell[119] bindet, sich z.B. im Einzelfall zu konkretisierenden Weisungen unterwirft (§ 315 BGB).

2. Die Satzung als äußere Grenze der Stimmbindung

a.) Inhalt

Die These von der Satzung als äußerer Grenze der Stimmbindung geht davon aus, daß eine nebenvertragliche Bindung nur in dem Rahmen zuzulassen ist, wie eine entsprechende Bindung auch in der Satzung selbst möglich wäre.

b) Kritik

Der Ansatz begegnet, indem er gesellschaftsrechtliche Maßstäbe auf schuldrechtliche Verträge anwendet, in mehrfacher Hinsicht Bedenken. So ist beispielsweise nach h.M.[120] die Einräumung von Rechten Dritter in der GmbH-Satzung unzulässig. Die grundsätzliche Zulässigkeit von Stimmbindungsverträgen mit außerhalb der Gesellschaft stehenden Personen wurde jedoch bereits bejaht. Diese gilt auch im Falle der Bindung von über 50% des stimmberechtigten Kapitals, obwohl eine solche Bindung im Ergebnis einer satzungsmäßigen Drittberechtigung gleichkommen kann.

---

118 ZHR 155, 168, 180.

119 Siehe dazu unter III.2.a, S. 40.

120 Ausführlich dazu unter A.II.6.h, S. 19ff und bei *Ulmer* FS Werner 1984, 911, 919ff.

Nebenverträge haben jedoch nicht nur (im Vergleich zur Satzung) keine formalen Bedingungen zu erfüllen; sie begründen auch andere Rechtsfolgen, binden sie doch nur die jeweilige Vertragspartei (und deren Gesamtrechtsnachfolger), gleich wie hoch deren Beteiligung an der Gesellschaft auch sein sollte. Darüberhinaus verpflichten sie weder die Gesellschaft selbst noch künftig an der GmbH beteiligte Personen. Die in A.II unter Ziff. 6[121] aufgeführten Unterschiede müssen hier nicht im einzelnen wiederholt werden[122]. Sie schließen es jedoch insgesamt aus, dem Schuldrecht einfach gesellschaftsrechtliche Maßstäbe aufzupropfen. Es gelten vom Abschluß des Vertrages über dessen Durchführung bis zur Vertragsbeendigung hierbei jeweils eigenständige Regeln[123].

c.) Das Abspaltungsverbot

Eines jener spezifisch gesellschaftsrechtlichen Institute, dem jedoch nach allgemeiner Auffassung auch Auswirkungen auf die schuldvertragliche Bindung eines Gesellschafters zugesprochen werden, ist das sog. Abspaltungsverbot[124]. Wegen seiner allgemeinen Akzeptanz in der gesellschaftsrechtlichen Rechtspre-

---

121 S. 15ff.

122 Bereits in diesem Zusammenhang sei auf die vom BGH in NJW 1987, 1890, 1892 (unter Ziff. II.1) vorgenommene, aber nicht begründete Unterscheidung hingewiesen, wonach es zur Begründung einer Beschlußanfechtung - im Gefolge der Kerbnägelentscheidung - einer Verpflichtung der Gesellschafter genügen soll (s. § 243 I AktG), für die Frage nach Beschränkungen der freien Widerruflichkeit eines Geschäftsführers (im genannten Urteil des BGH war der Widerruf durch den angefochtenen Beschluß erfolgt) mit Blick auf § 38 jedoch auf einer gesellschaftsvertraglichen Regelung zu beharren sei (ebenso OLG Köln GmbHR 1989, 76, 78). Näher unter C.II.2.d, S. 177ff.

123 Siehe hierzu *Zöllner* ZHR 155, 168, 181 m.w.N; Scholz/*K. Schmidt* § 47 Rn. 50f. Über die bereits erwähnten Eingrenzungen der Stimmverpflichtung (Auslegung, §§ 157, 315 BGB) hinausgehende Weigerungsgründe des nebenvertragsgebundenen Gesellschafters dürften jedoch mit allgemeinen schuldrechtlichen Prinzipien schwerlich in Einklang zu bringen sein. Gleiches gilt - vice versa - für die von *Fleck* FS Fischer 1979, 107, 119 vertretene Übertragung der gesellschafterlichen Treupflicht auf den Stimmbindungsberechtigten, wenn diesem zugleich, wie es der h.M. entspricht, keinerlei gesellschafterliche (oder gesellschaftergleich originäre) Informations- und Einflußrechte zukommen.

124 Vgl. dazu bereits III.2.a, S. 38f.

chung und Literatur[125] ebenso wie seiner - zumindest vorgeblich - grundlegenden Bedeutung soll es hier gesondert behandelt werden.

Vom Abspaltungsverbot ist immer dann die Rede, wenn Nichtgesellschaftern Einflußrechte auf die Gesellschaft zugestanden bzw. solche Einflußrechte gerichtlich beschränkt werden sollen. Als Verstoß wurde seitens der Rechtsprechung etwa die Einräumung einer unwiderruflichen Stimmrechtsvollmacht an einen Außenstehenden bewertet[126]. Dem liegt der Gedanke zugrunde, daß eine von der Mitgliedschaft losgelöste Übertragung des Stimmrechts auf einen Dritten nicht wirksam vereinbart werden kann[127], da dadurch die Einheit von gesellschaftlicher Berechtigung und Verpflichtung auseinandergerissen wird, die Mitgliedschaft gleichsam aus der "Balance" gerät[128]. Umstritten hierbei ist jedoch, inwieweit zeitlich und sachlich begrenzte Ausnahmen davon zuzulassen sind bzw. inwieweit lediglich ein Kernbereich der Mitgliedschaft als unantastbar anzuerkennen ist und wie dieser definiert werden muß[129].

Dogmatische Grundlage des ursprünglich aus § 717 S. 1 BGB abgeleiteten, auch für die GmbH anerkannten Grundsatzes ist, daß um der Rechtsklarheit willen institutionelle Grenzen für die korporationsrechtliche Gestaltung von Mitgliedschaftsrechten gezogen werden[130]. Aus diesem sehr abstrakt gefaßten Prinzip folgt das für die Praxis wichtige und im Detail liegende Problem der

---

125 Abweichend noch Hachenburg/*Schilling*, 7. Aufl., § 14 Rn. 31ff.; entspr. der h.M. Hachenburg/*T. Raiser* § 14 Rn. 32ff; weitere Nachweise bei *Zöllner* ZHR 155, 168, 181.

126 RGZ 132, 149, 159; BGH ZIP 1987, 165, 166 m.w.N.

127 Für die Personengesellschaft: BGHZ 3, 354, 357; 20, 363, 364; BGH LM HGB § 105 Nr. 6; für die GmbH: BGHZ 43, 261, 267; Scholz/*K. Schmidt* § 47 Rn. 20 m.w.N.; zu den verschiedenen Ansätzen vgl. *Reuter* ZGR 1978, 633, 634ff.

128 Zu diesem Aspekt näher unter V.1.b, S. 56ff und insbesondere bei C.II; s.a. *Reuter*, Schranken, S. 213, 154ff.

129 Vgl. Hachenburg/*Hüffer* § 47 Rn. 34; Hachenburg/*Ulmer* § 53 Rn. 59; weitere Nachweise bei Scholz/*K. Schmidt* § 47 Rn. 12, 20; aaO Rn. 37: "Vor allem das Verbot der Stimmrechtsabspaltung...kann eine Stimmbindung notwendig machen"; zur Kernbereichslehre s.a. MünchenerKomm/*Ulmer* BGB § 709 Rn. 77f; *Fleck* FS Fischer 1979, 107, 121f m.w.N.; *M. Winter*, Treubindungen, S. 137ff; BayObLG GmbHR 1986, 87 = WM 1986, 226 = WuB II C. § 47 GmbHG 1.86 m. Anm. *Hadding*; BGH GmbHR 89, 120, 121f.

130 Vgl. auch § 859 I ZPO iVm § 725 II BGB; BGHZ 43, 261, 267; BGH NJW 1968, 396, 397; Scholz/*K. Schmidt* § 47 Rn. 20ff m.w.N.

Abgrenzung, d.h. welche Maßnahmen wertungsmäßig als Abspaltung des Stimmrechts anzusehen sind und welche lediglich eine als zulässig anerkannte Stimmbindung darstellen[131] [132].

Hier gilt es, den hinter dem Abspaltungsverbot - dieses kann nur Mittel zum Zweck sein - stehenden Gedanken der Rechtssicherheit und Rechtsklarheit zum Tragen kommen zu lassen. Ansonsten besteht die Gefahr, daß der allgemein akzeptierte Grundsatz - vom Abspaltungsverbot als der Unteilbarkeit der mitgliedschaftlichen Rechte und Pflichten eines Gesellschafters - zur bloßen Leerformel verkommt. Betrachtet man die Stellung der Gesellschafterversammlung als oberstes Willensorgan der GmbH (§§ 47 I, 48 I), so zeigen speziell die §§ 15 und 16 I, welch hoher Stellenwert der Rechtssicherheit in diesem Zusammenhang zuzubilligen ist[133]. Allein die aus den Gründergesellschaftern und unter Nachweis des Rechtsüberganges bei der Gesellschaft angemeldeten Neu-Gesellschaftern zusammengesetzte Gesellschafterversammlung ist zur Beschlußfassung berufen, insbesondere auch über die Satzung. Letztere bestimmt dann nach einem weiteren formalen, die Rechtssicherheit gewährleistenden Akt (Eintragung in das Handelsregister, §§ 2, 54 Abs. 3 GmbHG) das weitere "Sein" der GmbH. Mit diesem ganz auf Rechtsklarheit abzielenden Konzept ist eine Abspaltung des Stimmrechts durch einen - bloß formlosen - Vertrag unter den *daran* Beteiligten (dem Nebenvertragsverpflichteten und -berechtigten) nicht vereinbar. Will man, den bisherigen Ergebnissen folgend, nicht Stimmbindungsverträge gegenüber Dritten als generell unzulässig betrachten, akzeptiert man weiterhin den Gedanken der Einheitlichkeit der Mitgliedschaft und sieht das Erfordernis von Rechtssicherheit in Abgrenzungsfällen, wäre zu fragen, wa-

---

131 *Reuter* ZGR 1978, 633, 638. So hatte etwa das Reichsgericht auch gegen eine zehnjährige Bindung eines Gesellschafters durch einen Stimmbindungsvertrag nichts einzuwenden; RGZ 107, 67ff; 111, 405ff; s.a. BGH JZ 1960, 490; BGHZ 46, 291; BGH BB 1977, 10ff. Wie *Fleck* FS Fischer 1979, 107, 116, zutreffend feststellt, verblaßt der Unterschied zwischen Stimmbindung und -abspaltung im Falle der Stimmabgabe durch ein Urteil gemäß § 894 ZPO vollends. Kritisch auch Hachenburg/*Hüffer* § 47 Rn. 75.

132 Ähnliches gilt, stellt man auf einen unantastbaren Kernbereich der Mitgliedschaft ab. Auch hier ist jedoch nicht einzusehen, warum man, um die (eine) Mitgliedschaft zu schützen, die allgemeine Vertragsfreiheit (mindestens) zweier Personen einschränken muß; s.a. MünchenerKomm/*Ulmer* BGB § 717 Rn. 23.

133 *Roth* § 16 Anm. 2.2, § 15 Anm. 5.1; siehe bereits B.V.1.b, S. 56f und unten, C.II.2.c, S. 174ff.

rum durchsetzbare Stimmrechte Dritter überhaupt möglich sein sollen. Dies gilt insbesondere unter dem Aspekt, daß sich in der Literatur häufig die Empfehlung findet, unzulässige Stimmrechtsabspaltungen in einen zulässigen Stimmbindungsvertrag umzudeuten[134]. Ein besonderes Problembewußtsein bei der Vornahme derart geltungserhaltender Reduktion privater Verträge ist nicht ersichtlich - trotz der zuvor von denselben Autoren mit elementaren Grundsätzen und ordnungspolitischem Vokabular (Rechtssicherheit bzw. dem Abstellen auf formalrechtliche Wirksamkeitsvorraussetzungen) begründeten Ablehnung von Stimmrechtsabspaltungen[135]. Die heutige, vor allem von Beliebigkeit bzw. Unvorhersehbarkeit (was ist Abspaltung, was nicht?) geprägte Handhabung des Abspaltungsverbots kann insofern zusammenfassend als gegen dessen eigentliche Grundlagen und Zielsetzung gerichtet bezeichnet werden. Die Unsicherheiten und Vielzahl von Streitfragen, die das Abspaltungsverbot sowohl bei der Festlegung zu erfassender Konstellationen ("Tatbestandsseite"), als auch in der Frage der jeweiligen Rechtsfolgen aufwirft[136], schlagen sich nach dieser Praxis zwangsläufig in der Gesellschafterversammlung nieder, aus der Streitfragen mit Dritten jedoch - gerade durch das Abspaltungsverbot - ferngehalten werden sollen[137]. Der Sinn des institutionell begründeten Abspaltungsverbotes ist damit vereitelt[138].

---

134 Scholz/*K. Schmidt* § 47 Rn 20 a.E.; siehe auch oben Fußnote 129 das Zitat aus aaO Rn. 37.

135 Vgl. Scholz/*K. Schmidt* § 47 Rn. 14:"Inhaber des Stimmrechts ist der Gesellschafter und nur der Gesellschafter"; *ders.*, Rn. 17:"das Stimmrecht ist streng an die Mitgliedschaft gebunden, und diese ist streng an das Vollrecht am Anteil gebunden"; *Priester* FS Werner 1984, 657, 663:"das Gesetz geht von dem Grundsatz aus, daß die Angelegenheiten des Verbandes von seinen Mitgliedern und nicht von Dritten bestimmt werden".

136 Wie etwa die Streitfrage über die Auswirkungen unzulässiger Stimmrechtseinräumung an einen Dritten auf Gesellschafterbeschlüsse; vgl. Scholz/*K.Schmidt* § 47 Rn. 22.

137 Scholz/*K.Schmidt* § 47 Rn. 20: "schwer erträgliche Rechtsunsicherheit...darf nicht von derart unscharfen Kriterien abhängen." Dies erkennend, empfehlen Scholz/*K. Schmidt* § 47 Rn. 20 gleichwohl die Umdeutung einer unzulässigen Stimmrechtsabspaltung in eine "zulässige Regelung".

138 In Teil C der Arbeit, insbes. sub C.II, wird hierauf noch näher eingegangen werden.

3. Die Unzulässigkeit von Drittbindungen in Fragen der Satzungsänderung

a.) Inhalt

Eine größere Anzahl von Autoren sieht Stimmbindungen als unzulässig an, die sich auf die Gesellschaftssatzung bzw. deren Änderung beziehen. Neben dieser "Grundregel" über die Unzulässigkeit der Stimmbindung im Bereich satzungsändernder Beschlüsse findet sich eine kaum überschaubare Meinungsvielfalt hinsichtlich Abweichungen, besonderer Schattierungen und Ausnahmen.

Eine Gruppe geht von der Unzulässigkeit gegenüber Dritten eingegangenen und inhaltlich nicht konkretisierten Stimmbindungen aus, wenn sich diese auf satzungs- und strukturändernde Beschlüsse beziehen[139]. Damit soll der Satzungsautonomie der Gesellschafter, ihrer ausschließlichen Befugnis zur Schaffung und Änderung des Gesellschaftsvertrages (vgl. § 53 I), Rechnung getragen werden. Die Verbandsautonomie wird hierbei ordnungsrechtlich verstanden, d.h. als für die Gesellschafter selbst indisponibler Grundsatz, der eine "Selbstentmündigung"[140] gegenüber außenstehenden Dritten nicht zuläßt. Der Fall allgemeiner Weisungsunterworfenheit des Gesellschafters wird insofern einer unzulässigen Stimmrechtsabspaltung gleichgewertet.

b.) Kritik

ba.) Auch die Vertreter dieses zunächst streng und formell erscheinenden Ansatzes akzeptieren Durchbrechungen, insbesondere bei Treuhandverhältnissen. Dies führt auch hier zur Einführung eines "materiellen" Gesellschafterbegriffs[141], der sich auf eine GmbH-gesetzliche Legitimation jedoch nicht berufen

---

139 So insbesondere *Priester* FS Werner 1984, S. 657, 671ff; ähnlich Scholz/*K. Schmidt* § 47 Rn 42f; *Fleck* ZGR 1988, 104, 109ff; vgl. auch Hachenburg/*Ulmer* § 53 Rn. 23, 37, 84; Hachenburg/*Hüffer* § 47 Rn. 75ff; RGZ 169, 65, 80.

140 MünchenerKomm/*Ulmer* § 717 BGB Rn. 24.

141 Scholz/*K. Schmidt* § 47 Rn. 42; *Priester* FS Werner 1984, 657, 672f; *Fleck* ZGR 1988, 104, 109.

kann[142]. Die dagegen bestehenden Bedenken wurden bereits oben unter V.1.b[143] formuliert[144].

bb.) Hinzu kommt, daß von den Befürwortern der unter lit. a.) genannten Auffassung in Bezug auf konkrete Satzungsänderungen, z.B. beim Versprechen einer Kapitalerhöhung, Stimmbindungen sehr wohl zugelassen werden. Ein Grund, der mehr als das praktische Bedürfnis hierfür beschreibt, wird jedoch nicht angegeben[145].

Die Abgrenzung von abstrakter/konkreter Bindung erscheint jedoch auch aus anderem Grunde fragwürdig. Zum einen ist sie inhaltlich indifferent. Sie unterscheidet nicht nach der sachlichen Bedeutung des Beschlußgegenstandes, setzt so die Änderung von Sitz oder Geschäftsjahr einer Umwandlung oder Kapitalerhöhung gleich[146]. Ebenso indifferent verhält sie sich gegenüber der Frage, ob die dem Gesellschafter letztlich erteilte Weisung dessen Interessen berücksichtigt oder nicht. Sie vernachlässigt weiterhin, daß unabhängig davon, ob der Stimmbindungsvertrag eine mehr oder weniger abstrakte oder konkrete Festlegung für die Stimmabgabe enthält, die Satzungsautonomie jedenfalls insofern gleichermaßen betroffen ist, als dem Gesellschafter die Entscheidung in der beschlußfassenden Gesellschafterversammlung in jedem Falle aus der Hand genommen wird.

Das für die Zulässigkeit konkreter Bindungen angeführte "Bedürfnis" stellt dabei ein ambivalentes Argument dar, läßt es sich doch für eine abstrakte

---

142 Näher hierzu auch unter C.II.; solche Positionen "halben Rechts" zu verhindern, entspricht im übrigen dem Anliegen des Abspaltungsverbotes; vgl. B.V.2.c, S. 61ff.

143 S. 56ff.

144 Es wird zudem nirgends eine Erklärung angeboten, wie sich Treuhandkonstruktionen mit den in Fußnote 135 zitierten Bekenntnissen über den zwingenden Zusammenhang von Stimmrecht und Mitgliedschaft (etwa: "Inhaber des Stimmrechts ist der Gesellschafter und nur der Gesellschafter" - so Scholz/*K. Schmidt* § 47 Rn. 14 in Anlehnung an RGZ 82, 167, 169; 139, 224, 228) angesichts der formalen Voraussetzungen in den §§ 2 I Satz 2, 4 I Satz 1 und 2, 8 I Ziff. 3, 15 III u. IV, 16 I, 40, 51 II u. III, 82 I Ziff. 1 (strafrechtliches Bestimmtheitsgebot!) und dem Gebot der Rechtssicherheit und Rechtsklarheit vereinbaren lassen, und wie eine - somit erforderliche - auf materiellen Kriterien basierende Abgrenzung entwickelt und gehandhabt werden könnte.

145 Vgl. Diskussionsbericht ZHR 155, 209, 210; *Fleck* FS Fischer 1979, 107, 108; *ders.* ZGR 1988, 104, 110; *Priester* FS Werner 1984, 657, 675.

146 So ausdrücklich *Fleck* ZGR 1988, 104, 109.

oder konkrete Stimmbindung letztlich gleichermaßen bejahen oder verneinen. Rekurriert man auf den Bedarf, wäre vielmehr zu fragen, warum die Zulässigkeit von Bindungsart und -intensität nicht grundsätzlich der Privatautonomie anheimgestellt wird. Ein Bedürfnis zu definieren und zu artikulieren wird durch sie, in Art. 2 I grundgesetzlich verbürgt, vorrangig zur individuellen, nicht aber zur obrigkeitlichen Aufgabe erklärt.

Stellt man hingegen vorrangig auf das Gesellschaftsinteresse ab, so ist zu bedenken, daß unabhängig davon, ob eine abstrakte, konkrete oder gar keine Bindung vereinbart wurde, die letztlich vom abstimmenden Gesellschafter abzugebende Willenserklärung in allen Fällen identisch sein kann - ohne daß dieser Umstand in der unter a.) genannten These seinen Niederschlag finden würde. Es ließe sich sogar vorbringen, daß bei einer auf der Grundlage abstrakter Bindung erteilten Einzelweisung dem Einfluß von Treu und Glauben (vgl. die §§ 157, 315 BGB) und damit auch der Berücksichtigung aktueller Verbandsinteressen ein höherer Stellenwert zukommt als bei einer von vornherein eindeutig und unverrückbar ("pacta sunt servanda") festgelegten Bindung. Betrachtet man das "Maß" des Verlustes an Willensfreiheit des Gesellschafters, so kann zwar dagegengehalten werden, daß er bei einer konkreten Bindung immerhin zum Zeitpunkt des Abschlusses des Stimmbindungsvertrages mit seiner (konkreten) Verpflichtung - warum auch immer - einverstanden war[147]. Wie er aber zu ihr steht, wenn es tatsächlich zur Abstimmung kommt, wieviel Zeit und welche Ereignisse dazwischen liegen, bleibt außer acht. Vom Standpunkt eines autonom und frei gebildeten Willens kann dem Gesellschafter die vertraglich vorvereinbarte Stimmabgabe im Ergebnis genauso unerwünscht sein wie eine Einzelweisung des Nebenvertragsberechtigten bei abstrakter Bindung.

Unabhängig davon, wie und wann dem Gesellschafter schließlich die konkrete Stimmabgabe unerwünscht sein mag, ist er und sind alle anderen (auch späteren) Gesellschafter auch künftig an die - derart zustandegekommene - neue Satzung gebunden. Vom Topos der Satzungsautonomie ausgehend er-

147 So etwa *Priester* FS Werner 1984, 657, 675 im Gefolge von *Overrath*, S. 17.

scheint es insofern zweifelhaft - wie *Priester* und die o.g. Stimmen[148] - zwischen konkret und abstrakt bindendem Nebenvertrag zu unterscheiden. Diese Trennung steht, zumal angesichts inhaltlicher Vertragsgestaltungsfreiheit, auf unsicherem Grund: Es kann die Weisungsbefugnis des Nebenvertragsberechtigten von verschiedenen Voraussetzungen abhängen, dieser seinerseits Verpflichtungen und Bedindungen unterliegen, an Auflagen, Fristen, Umstände oder Handlungen anderer Personen gebunden sein[149].

Faßt man die genannten Bedenken zusammen, so erscheint die unter lit. a.) genannte These sowohl aus privatrechtlicher als auch aus gesellschaftsrechtlicher Sicht letztlich unscharf und fragwürdig. Diese Unschärfe stellt eine deutliche Asymmetrie gegenüber der rigorosen und auf Rechtssicherheit abzielenden Rechtsfolge der Vertragsnichtigkeit dar, wie sie von den Vertretern dieser Auffassung befürwortet wird[150].

bc.) Im Anschluß an die Ablehnung der Differenzierung nach abstrakter und konkreter Bindung ist mit *Zöllner*[151] der oben bei 3.a genannten These ferner entgegenzuhalten, daß bereits ihr Grundpostulat, wonach Stimmbindungen in Satzungsfragen (unabhängig von der Bindungsart) grundsätzlich als bedenklich einzustufen sind, in den übrigen Fällen (dito) aber umgekehrt von einer grundsätzlich zulässigen Bindung auszugehen ist[152], Anfechtungen unterliegt. Die einer Außenbindung entgegenstehenden mitgliedschaftlichen Bindungen eines Gesellschafters sind gerade in Satzungsangelegenheiten schwächer als bei

---

148 S.o., Fußnote 139, ebenso *Zöllner* in Baumbach/Hueck § 47 Rn. 77f; *ders.* in Kölner-Komm AktG § 179 Rn. 170; a.A. *ders.* in ZHR 155, 168, 182; hierzu auch bereits unter V.1.b, S. 59f.

149 Vgl. BGH NJW 1992, 2023 ("verschachtelte" Treuhand: A hält seinen Anteil treuhänderisch für B, ist dabei jedoch weisungsabhängig gegenüber C), bespr. von *Ulmer* in ZHR 156, 377, siehe insbes. S. 387ff.

150 Zumal sich auch hier im Wege der Umdeutung mittels einer geltungserhaltenden Reduktion sich der Vertrag für den konkreten Fall aufrechterhalten ließe, was jedoch neben den allgemeinen, primär aus dem Recht der AGB (vgl. BGH NJW 1984, 48, 49 m.w.N.) bekannten Bedenken zu - beeinträchtigenden - Unsicherheiten beim gebundenen Gesellschafter und zu einer Verwässerung des Abspaltungsverbots führen würde; vgl. V.2.c, S. 61ff.

151 ZHR 155, 168, 182 und bei *Priester* FS Werner 1984, 657, 671 jeweils m.w.N.

152 So etwa Scholz/*K. Schmidt* § 47 Rn. 39f, 42.

sog. einfachen Beschlüssen, die etwa Themen wie eine Organbestellung und allgemeine Geschäftsführungsfragen betreffen[153].

Grundlage hierfür ist die für die GmbH wesensbestimmenden Norm des § 45 GmbHG[154]. Danach ergeben sich die Befugnisse der Gesellschafter in den Angelegenheiten der Gesellschaft, soweit gesetzliche Vorschriften nicht entgegenstehen, aus dem Gesellschaftsvertrag. Enthält dieser im Einzelfall keine besonderen Bestimmungen, so gelten die §§ 46 bis 51. Die §§ 45ff gewähren damit der Gesellschafterversammlung einen weitgehenden Gestaltungsfreiraum (Autonomie) in den Gesellschaftsangelegenheiten. Sie auferlegen dieser in Fragen der Satzungsgestaltung zwar höhere formale Anforderungen (§§ 53 f), räumen ihr aber inhaltlich einen größeren Gestaltungsspielraum ein, unterwerfen die Gesellschafter lediglich der Bindung an das Gesetz[155]. Bei sog. einfachen Beschlüssen ist hingegen neben dem (GmbH-)Gesetz insbesondere der Gesellschaftsvertrag selbst zu beachten[156]. Dieser ist Maßstab der gesellschafterlichen Treu- und Förderpflicht; er kann Kompetenzen zuteilen und zugleich Richtlinien für ihre Ausübung auferlegen. Er stellt die Grundlage ("Satzung" = das Gesetzte) des Gesellschaftsverhältnisses dar.

bd.) Karsten Schmidt[157] vertritt zur Frage der Zulässigkeit von Drittbindungen bei strukturändernden Gesellschafterbeschlüssen eine eigene Position. Er sieht Stimmbindungen in diesem Bereich als grundsätzlich unwirksam an, anerkennt aber Ausnahmen, verlangt hierfür allerdings eine Rechtfertigung im Einzelfall[158]. Die Strukturveränderung muß dazu in den Dienst einer an sich zulässigen Einzelabrede gestellt sein, die Stimmbindung einem anderen, gesellschaftsrechtlich zulässigen Vertragshauptzweck dienen. Der Fall der Veräußerung ei-

---

153 *Zöllner* ZHR 155, 168, 182 m.w.N.; *ders.*, Schranken, S. 318ff; auch kommt weiteren Gesellschaftsorganen, wie etwa einem Bei- oder Aufsichtsrat bei Satzungsfragen kein Mitwirkungsrecht zu.

154 Vgl. demgegenüber § 23 Abs. 5 AktG

155 Zur Unanwendbarkeit des § 47 IV bei Satzungsänderungsbeschlüssen vgl. Hachenburg/-*Ulmer* § 53 Rn. 53.

156 Vgl. § 45 und § 243 I AktG, der analog auch im Recht der GmbH gilt.

157 In Scholz § 47 Rn. 42.

158 Ähnlich Hachenburg/*Hüffer* § 47 Rn. 75ff, 78.

nes vinkulierten Geschäftsanteils - hier ergibt sich die Bindung des Veräußernden schon aus dem Kaufvertrag über den Geschäftsanteil[159] - wird hierbei als ohne weiteres zulässiger Eingriff in die Gesellschaft erachtet, obwohl damit der elementare Bereich ihrer mitgliedschaftlichen Zusammensetzung berührt wird.

Auch wird § 15 V üblicherweise als Zeichen dafür angesehen, daß sich die Gesellschaft gegen das Eindringen Dritter legitimerweise schützen kann[160] und, trifft sie eine entsprechende Satzungsregelung, auch schützen will[161]. Das Auseinanderfallen von Gesellschaftsvertrag, der eigenständige Vorgaben enthält (z.B. die Gesellschaft gegen Dritte abschotten will) und Individualvertrag, der Ausdruck der Privatautonomie und somit offen ist gegenüber jedermann, wird hieran deutlich[162]. Die dabei auftretenden Spannungen lassen sich jedoch m.E. nicht auf die von *K. Schmidt* vorgeschlagene Weise lösen. Diese stellt den Richter vor kaum überwindliche Schwierigkeiten, sind doch weder die von *K. Schmidt* verwendeten Kriterien des Haupt- und Nebenzwecks des Stimmbindungsvertrages einigermaßen objektiv bestimmt. Zweifelhaft bleibt auch, wie der Richter, gelänge ihm eine begriffliche Zuordnung, die ihm angesonnene Gewichtung vornehmen soll[163].

Das Beispiel des § 15 V zeigt das Dilemma[164]: Unklar ist, wie eine umfassende Vertragskontrolle und Abwägung, die Berücksichtigung und Bewertung auch ökonomischer Faktoren, ein in-Rechnung-Stellen auch künftig noch zu erwartender Vorteile und Risiken ohne präsente justitiable Kriterien bewerkstelligt werden könnte[165]. Die Frage nach dem Haupt- oder Nebenzweck einer

---

159 S.o. sub III.2.a, S. 41f.

160 Hachenburg/*Zutt* § 15 Rn. 4; Scholz/*H. Winter* § 15 Rn. 102; Baumbach/*Hueck* § 15 Rn. 4.

161 Zu den hierbei gebräuchlichen Klauseln vgl. *Reichert/M. Winter* FS GmbHG 1992, 209, 212ff.

162 Dazu siehe bereits unter B.V.2.b, S. 56 und A.II.6.h, S. 19ff.

163 Was bedeutet z.B. eine "vernünftige(n) Planung des Unternehmens" aus richterlicher Sicht - so *K. Schmidt* - allgemein bzw. angesichts der zivilrechtlichen Elementarregel "stat pro ratione voluntas"; vgl. *Flume* II, § 1 I 5, S. 6; vgl. noch *Kuhn* WM 1972, 1142, 1152.

164 Allgemein zur Argumentation mit § 15 siehe oben III.2.a, S. 41f.

165 Ähnl. LG Berlin, Urt. v. 26.11.1990, 95.O.141/90 (unveröff.), S. 5:"Nach § 47 Abs. 1 und 2 GmbH Gesetz entscheidet die Mehrheit der abgegebenen Stimmen, nicht die besseren Argumente. Dies ist aus gutem Grund so geregelt, denn der Streit um die Argumente ist nicht justitiabel und soll es auch nicht sein, weil sonst das Gericht in das Selbstbestim-

Vereinbarung zu entscheiden und zu gewichten, entspricht weder der Befähigung noch der Aufgabe eines Richters[166]. Ob etwa der Vertragszweck eines Anteilsverkaufs angesichts der den Geschäftsanteil vinkulierenden Satzung, die Gesellschaft und Anteil definiert und konstituiert, nun Haupt- oder Nebenzweck sein soll oder kann, läßt sich objektiv und willkürfrei kaum ermitteln. Das Gesetz gibt für eine entsprechende Bewertung in § 15 I und V jedenfalls keine Anhaltspunkte: Es folgt gemäß § 433 I 2 BGB aus dem Kaufvertrag über den Geschäftsanteil für den Veräußerer die Pflicht, die Durchführung dieses Vertrages zu fördern und keinesfalls zu behindern, es spricht das gmbh-rechtliche Primat des Gesellschaftsvertrages andererseits dafür, die Beschlußfassung über die Zustimmung zur Anteilsübertragung als einen eigenständigen innergesellschaftlichen Akt anzusehen. Das schließt es nicht aus, daß ein Gesellschafter hierbei außergesellschaftliche, egoistische Interessen verfolgt, etwa hinsichtlich der ihm ansonsten wegen des Kaufvertrages drohenden Schadenersatzansprüche. Andererseits kann der Gesellschaftsvertrag auch mehr oder weniger präzise Vorgaben hinsichtlich der mitgliedschaften Zusammensetzung in der Gesellschaft enthalten, an die der Gesellschafter bei der Zustimmungserteilung - anders als beim Kaufvertragsabschluß - entsprechend der gesellschafterlichen Treu- und Förderpflicht gebunden ist. Insofern scheint es bedenklich, im Gesellschaftsinnenbereich dem Außenstehenden einen Anspruch auf Zustimmung zum Erwerb des Anteils nach § 15 V zuzubilligen.

Sieht man demgemäß in der nach Gesellschaftsvertrag und § 15 V erforderlichen Zustimmung - etwa anläßlich einer satzungsgemäßen Verweigerung durch den betreffenden Gesellschafter - jedoch einen Punkt des Zusammentreffens zweier wirksamer, aber konfligierender Pflichten (der aus Schuld- und Gesellschaftsvertrag), so entsprich die von *Karsten Schmidt* vertretene Auffassung weder allgemeinen schuldrechtlichen Prinzipien über die Lösung sich wider-

---

mungsrecht der Gesellschafter eingreifen würde. Zwar kann die aus dem Gesellschaftsvertragsgedanken, wie er sich aus § 705 BGB ergibt, fließende Treupflicht im Einzelfall ein bestimmtes Abstimmungsverhalten verlangen und einem Mißbrauch die Wirksamkeit versagen, jedoch muß dies als "Notbremse" auf Sonderfälle beschränkt bleiben..".

166 Vgl. die Argumentation des BGH zur geltungserhaltenden Reduktion bei AGB-Verträgen, BGH NJW 1984, 48, 49; BGHZ 107, 351, 358; s.a. *Zimmermann*, S. 84f, 177ff; *Medicus* Rn. 514f, 522f; *H. P. Westermann* FS Stimpel 1985, 69, 84ff; *Zöllner* FS GmbHG 1992, 85, 110.

sprechender Verpflichtungen. Dies wurde bereits bei der Ablehnung der These von der Komplementarität von Außen- und Innenbindung eingehend erörtert[167]. Auch im gesellschaftsrechtlichen Bereich bietet sie jedoch keine an handhabbaren Kriterien für die Bestimmung des Haupt- und Nebenzwecks einer Stimmbindung an. Die Theorie vermag daher nicht zu erklären, weshalb im einen Falle der Gesellschaftsvertrag den Nebenvertrag derogiert, in anderen (Abwägungs-)Fällen, wie einem Anteilsverkauf, jedoch der schuldvertraglichen Pflicht der Vorrang gebührt, obgleich der Gesellschafter mit der Verpflichtung zur Verfügung über den Geschäftsanteil doch den denkbar weitreichendsten Nebenvertrag eingeht.

Kulminiert insofern das Problem von schuldrechtlicher und gesellschaftsvertraglicher Bindung bei der Frage der Zustimmung zur Übertragung eines gemäß § 15 V vinkulierten Geschäftsanteils, so soll im Folgenden die Kollisionsproblematik anhand dieser Norm näher untersucht werden.

be.) § 15 V war Auslöser für die Grundlagenentscheidung BGHZ 48, 163[168]. Der Bundesgerichtshof traf in diesem Urteil aus dem Jahre 1967 folgende Feststellungen zum Verhältnis von mitgliedschaftlicher und Stimmbindung[169]:

> "Auch der Zweck des Genehmigungserfordernisses, das Eindringen unerwünschter Personen in die Gesellschaft zu verhindern, macht die vom Beklagten eingegangene Stimmbindung nicht unzulässig...[170]
> Ein GmbH-Gesellschafter, der sich zur Abtretung...und zur Verschaffung der statuarisch erforderlichen Genehmigung der Gesellschafter verpflichtet hat, kann sich nicht darauf berufen, der Berechtigte aus dieser Verpflichtung sei ihm und der Gesellschaft nicht erwünscht....Auch der Gesellschaftsvertrag und die Treupflicht des zur Abtretung verpflichteten Gesellschafters vermögen einen solchen Einwand nicht zu rechtfertigen..."[171] [172]

---

167 S. bei III.2, S. 36ff.

168 Zu diesem Urteil siehe bereits S. 37f, 41f. Die Ausführungen auf Seite 41f enthalten auch eine Darstellung des dem Urteils zugrundeliegenden Sachverhalts.

169 Seite 168f.

170 Siehe nächste Fußnote.

171 Den nachfolgenden Ausführungen kann nicht gefolgt werden, beschränken sie doch wieder das rechtliche Dürfen auf das rechtliche Können. Daß ein Stimmrechtsmißbrauch die Zuläs-

Die Argumentation des BGH in den zitierten Passagen spricht für eine eindeutigen Trennung gesellschaftsrechtlicher und schuldrechtlicher Pflichten. Hierfür lassen sich anhand von § 15 V verschiedene Argumente anführen. So begegnete ein auf eine Vinkulierungsregelung sich stützendes Drittbindungsverbot dem Bedenken, daß es für eine satzungsmäßige Verfügungsbeschränkung nach § 15 V durchaus unterschiedliche Motive geben kann. Daß damit jeglicher Einfluß Dritter auf Abstimmungen in der Gesellschafterversammlung unterbunden werden soll, läßt sich abstrakt - und der Gesellschaftsvertrag unterliegt den Grundsätzen objektiver Auslegung[173] - nur schwerlich feststellen. Sicher ist hingegen, daß der personelle Bestand in der Gesellschaft einer gewissen Kontrolle und Steuerung unterliegen soll. Damit in Zusammenhang steht, daß § 15 V explizit auch lediglich den Fall der Abtretung des Anteils anspricht, Rückwirkungen auf den schuldrechtlichen Kaufvertrag des Gesellschafters sind der Bestimmung nicht zu entnehmen. Sie läßt die Verpflichtungsfreiheit unangetastet von gesellschaftsrechtlichen Bindungen[174], beschränkt zwar die Freiheit, über den Geschäftsanteil Verfügungen zu treffen, berührt jedoch nicht die Freiheit, sich schuldvertraglichen Bindungen zu unterwerfen[175]. So stehen selbst bei eindeutigem Verstoß gegen statuarische Vorgaben, die z.B. für Gesellschafter ein bestimmtes Mindestalter, Familienzugehörigkeit oder dergleichen voraussetzen, gesellschaftsrechtliche Gründe einer Veräußerungsverpflichtung sogar gegenüber "inakzeptablen" Personen nicht entgegen[176]. Die Verpflichtungsfreiheit wird durch eine Vinkulierung, entsprechend den allgemeinen Regeln der Privatautonomie (vgl. § 137 S. 2 BGB[177]), nicht eingeschränkt.

---

sigkeit schuldrechtlicher Verpflichtungsmöglichkeiten einschränken soll, wird vorausgesetzt, aber an keiner Stelle begründet. Dazu siehe oben unter III.2, S. 35ff und V.2.b, S. 60f.

172 Ähnlich bereits BGHZ 15, 324, 330.

173 Siehe bei A.II.6.f, S. 18f.

174 Hachenburg/*Zutt* § 15 Rn. 96.

175 A.A. Baumbach/Hueck/*Zöllner* § 47 Rn. 78.

176 Daß der entsprechende Vertrag auch nicht gemäß § 306 BGB unwirksam ist, ergibt sich aus den unter III.2.d, S. 46f, dargelegten Gründen.

177 Dieser findet Anwendung auch auf unveräußerliche Rechte, überhaupt auf Rechte aller Art; vgl. *Jauernig* BGB § 137 Anm. 1; zu den Rechtsfolgen vgl. MünchenerKomm/*Mayer-Maly* BGB § 137 Rn. 29ff.

Ebenso wie § 15 V anerkennt § 15 IV das Abstraktionsprinzip, trennt zwischen Verpflichtungs- und Erfüllungsgeschäft[178]. Damit bleibt es auch hier bei der Unterscheidung von individualrechtlicher und gesellschaftsrechtlicher Verpflichtung und somit bei der Relativität (Impermeabilität) schuldrechtlicher Bindungen. Es wird das Nichterfüllungsrisiko nach allgemeinen Grundsätzen ausschließlich zwischen den jeweiligen Vertragsparteien verteilt[179]. Ein "Durchgriff" zwischen Individual- und Gesellschaftssphäre findet nicht statt. Den auf der vorherigen Seite zitierten Ausführungen des BGH ist deshalb zuzustimmen.

Die mannigfaltigen Parallelen von Vollrechtsveräußerung und Nebenvereinbarung als einer gleichsam "Teilrechtsbindung", aber auch die spezifischen Unterschiede, wie sie zwischen der Stimmbindung als vertraglicher Hauptpflicht und einem Geschäftsanteilsverkauf bestehen, lassen aus § 15 folgende Schlüsse ziehen: Obwohl diese Norm umfassend den für die Gesellschaft essentiellen Bereich des mitgliedschaftlichen Bestandes regelt, wird durch sie in keiner Weise die allgemeine Vertragsfreiheit der Gesellschafter eingeschränkt[180]. Hieraus läßt sich ableiten, daß auch Verpflichtungen anderer (minderer) Art, wie etwa Stimmbindungen, keinerlei Einschränkungen unterliegen, insbesondere - wie der Vergleich mit § 15 V zeigt - nicht durch den Gesellschaftsvertrag[181]. Hat die Gesellschaftssatzung, wie § 15 V bestätigt, keinen Einfluß auf die Verpflichtungsfreiheit, so erweist sich hier die klare Trennung zwischen Schuld- und Gesellschaftsrecht. Diese Trennung verbietet es, für bestimmte Teilbereiche aus gesellschaftsrechtlichen Gründen von der grundsätzlichen Unzulässigkeit schuldvertraglicher Stimmbindungen auszugehen.

---

178 Daneben spricht nur Absatz 1 des § 15, indem er die Veräußer- und Vererbbarkeit von Geschäftsanteilen zuläßt, in einem Satz die persönliche (schuldrechtliche) und die dingliche (mitgliedschaftliche) Seite bzgl. GmbH-Geschäftsanteilen an.

179 Auch hierzu s. unter III.2, S. 35ff.

180 Für den Abschluß von Verpflichtungen zur Abtretung eines Anteils an der GmbH werden den Parteien des Schuldvertrages lediglich Formpflichten auferlegt (§ 15 IV Satz 1; verzichtbar gem. Satz 2), die für die Stimmbindung jedoch nicht in Betracht gezogen werden können; zu den Unterschieden zwischen mitgliedschaftlicher und schuldrechtlicher Regelung vgl. A.II.6, S. 15ff.

181 Kurz: Läßt § 15 V die Wirksamkeit von (den gesellschaftsvertraglichen Vorgaben widersprechenden) Veräußerungsverpflichtungen unangetastet, so muß dies erst recht für bloße Stimmbindungen gelten.

Faßt man die in den letzten Absätzen genannten Gedanken allgemeiner, so ist - mit *Zöllner*[182] - davon auszugehen, daß die von *Karsten Schmidt* dem Richter angesonnene Vertragskontrolle (s.o., S. 70f) mit den Grundsätzen privatautonomer Dispositionsfreiheit nicht vereinbar ist. Jedem Rechtssubjekt steht es frei, persönliche Verpflichtungen einzugehen, sich bezüglich verschiedener Bestandteile seines Vermögens zu binden. Es steht ihm auch frei, sich hinsichtlich eines Bestandteils (wie dem Geschäftsanteil einer GmbH) mehrfach und auch widersprüchlich zu verpflichten. Vertragsfreiheit gilt für alle Bereiche des Zivilrechts, durch sie können nicht nur Sachbereiche wie etwa der des Kauf- und Darlehensrechts, sondern auch Angelegenheiten betreffend handels-, vereins- oder gmbH-rechtlicher Fragen grundsätzlich privatautonom gestaltet werden[183]. Die Lösung dabei auftretender Konflikte mit der jeweiligen lex specialis kann für das GmbH-Recht jedoch nicht in einer nachträglich umfassend abwägenden Vertragskontrolle liegen. Für die Nichtigerklärungen einer der kollidierenden Pflichten fehlt die entsprechende gesetzliche Grundlage[184].

Für Stimmbindungsverträge verbleibt danach die Frage der Erfüllung, welche den mitgliedschaftlichen Bereich, anders als der Verpflichtungsvertrag, sehr wohl tangiert. Da eine § 15 V entsprechende, Stimmbindungen beschränkende gesetzliche Norm fehlt und auch § 15 V selbst keine konkreten Regeln für Stimmbindungen enthält oder Rückschlüsse hierauf zuläßt[185], bleibt nur das Fazit, daß diese, anders als etwa die Erfüllung des Kaufvertrages über einen Geschäftsanteil, nicht der Kontrolle der Gesellschafter und des Gesellschaftsvertrages unterliegen. Konkret bedeutet dies, daß auch bei einer - z.B. - familiären Vinkulierung von Anteilen gemäß § 15 V eine Stimmbindung an ein Nichtmitglied der Familie keineswegs ausgeschlossen ist und vom Gesellschafter - dem

182 ZHR 155, 168, 182.

183 Als Obersatz auch von BGHZ 48, 163, 167 (sub II.2) akzeptiert, jedoch nicht konsequent durchgehalten; dazu siehe obiges Zitat aus BGHZ 48, 163 mit Anmerkungen in den zugehörigen Fußnoten.

184 Das gilt hier ebenso wie oben S. 46ff. Dieses Ergebnis läßt sich auch auf einen Umkehrschluß aus § 136 II AktG stützen; zu dieser Norm sogleich unter B.VI.

185 Siehe im vorletzten Absatz.

man ja schlecht bei der Abstimmung "in den Kopf schauen" kann[186] - auch erfüllt werden kann.

VI. Stimmbindungen zugunsten von Gesellschaft, Organen und Organmitgliedern

1. Verbot der Stimmbindung an Weisungen und Vorschläge der Gesellschaft und ihrer Organe

Mit § 136 II AktG liegt - anders als in den bisherigen Fällen - eine Norm vor, die Stimmbindungsverträge für nichtig erklärt. Eine analoge Anwendung dieser Regelung im GmbH-Recht wird teilweise befürwortet.

§ 136 II AktG erklärt Vereinbarungen für nichtig, in denen sich Aktionäre - gegenüber wem auch immer - verpflichten, entsprechend den Weisungen und Vorschlägen der Gesellschaft oder ihrer Organe abzustimmen. Verschiedentlich wird dies als Folge des in § 71b AktG angeordneten Ruhens des Stimmrechts aus gesellschaftseigenen Aktien angesehen[187]. Da das Ruhen des Stimmrechts beim Erwerb eigener Geschäftsanteile auch für die GmbH von der absolut h.M. befürwortet wird[188], käme insofern eine analoge Anwendung des § 136 Abs. 2 AktG in Frage.

Andere sehen den Zweck des in § 71b AktG angeordneten Ruhens entsprechend dem Wortlaut der Norm nur dann erfüllt, wenn die Anteile auch wirklich der Gesellschaft gehören, diese also auch das entsprechende Kapitalrisiko trägt[189]. Der eigenständige Sinn des § 136 Abs. 2 AktG wird sodann darin gesehen, daß der Verwaltung nicht eine Stimmrechtsmacht zukommen soll, die

---

186 *Baltzer* S. 7 und oben V.1.b, S. 59.

187 *Lübbert* S. 147f; *Peters* AcP 156, 311, 316f; *Boesebeck* NJW 1960, 7, 9f.

188 *Roth* § 33 Anm. 3.3.2.

189 *Zöllner* aaO.

inhaltlich völlig offen ist, also nicht durch den einzelnen Gesellschafter, dessen durch Vermögenseinsatz und Risikobeteiligung bewirkte Bindung an die Gesellschaft kontrolliert und sanktioniert werden kann. Eine derartige Aufgabenverteilung zwischen Verwaltung und Gesellschaftern wird als nicht dem institutionellen Aufbau und der Zuweisung von Verantwortlichkeiten nach dem AktG entsprechend, als Verstoß gegen die gesetzliche Kompetenzzuweisung und -abgrenzung zwischen den Organen angesehen[190]. Eine analoge Anwendung der Bestimmung wird wegen dieses, auch im GmbH-Recht zu befürwortenden Gesetzeszwecks bejaht[191].

Der in beiden Ansätzen enthaltene Grundgedanke, eine Interessenkollision bzw. den Richter in eigener Sache zu verhindern, ist auch im GmbHG durch § 47 IV verwirklicht[192]. Er bedarf auch für Weisungen von Organen der Anerkennung. Insofern liegt eine analoge Anwendung des § 136 II AktG nahe, bestünde doch ansonsten die Gefahr, daß die Gesellschaft letztlich unkontrolliert wirtschaftete. Ein ohne eine konkrete inhaltliche Vorbestimmung bestehendes "Stimmrecht über sich selbst" ist kein echtes Kontroll- und Sanktionsmittel, es stellt lediglich ein inhaltsloses Scheinrecht dar, erlischt daher aus dem Gedanken der Konfusion: die Willensbildung über das Organ darf nicht zur Willensbildung des Organs werden. Ob dies analog § 136 II AktG zur Unwirksamkeit des zugrundeliegenden Stimmbindungsvertrages führen muß, ist jedoch fraglich. Es soll an dieser Stelle vorerst offen bleiben.

---

190 Vgl. *Otto* AG 1991, 369, 376ff; dazu auch *Schröder* ZGR 1978, 578, 581ff.

191 Baumbach/Hueck/*Zöllner* § 47 Rn. 78; Rowedder/*Koppensteiner* § 47 Rn. 28; *Vogel* S. 67; Scholz/*K.Schmidt* § 47 Rn. 41 (anders noch in der Voraufl., § 47 Rn. 39); ebenfalls a.A. ist der Referentenentwurf eines Gesetzes über Gesellschaften mit beschränkter Haftung, Bundesjustizministerium (Hrsg.) 1969, Erläuterung zu § 80, S. 232; *Lübbert*, S. 148; *Renkl* S. 70; *Overrath*, S. 23; OLG Köln WM 1988, 974, 977.

192 Näher C.II.2.i, S. 195ff.

2. Stimmbindungen gegenüber Organmitgliedern

Das Gesetz unterscheidet zwischen dem jeweiligen Organ als institutionalisiertem Zuweisungsempfänger von Kompetenzen und den einzelnen Mitgliedern des Organs. Insofern gilt auch § 136 II AktG nicht etwa unmittelbar gegenüber Vorstandsmitgliedern der AG[193]. Einige Stimmen in der Literatur befürworten gleichwohl aufgrund der unter VI.1 beschriebenen Gefährdungslage eine analoge Anwendung des Stimmbindungsverbots auch bei einer persönlichen Verpflichtung gegenüber einem Mitglied von Geschäftsführung oder Aufsichtsrat.

a.) *Karsten Schmidt*[194] argumentiert - in Fortführung des unter VI.1 entwickelten Gedankens -, daß eine allgemeine oder speziell Beschlüsse über die Geschäftsführung betreffende Weisungsbefugnis des Geschäftsführers gegenüber einem Gesellschafter der gesetzlichen Kompetenzabgrenzung zwischen beiden Organen widerspreche. Den §§ 37, 38 werden hierbei für das Verhältnis der Organe der GmbH untereinander eindeutige Vorgaben entnommen: Weisungsbefugnis besteht auf Seiten der Gesellschafter, Weisungsunterworfenheit auf Seiten des Geschäftsführers. Spezifizierungen und Durchbrechungen dieses Grundsatzes bedürfen gemäß § 45 I, II und § 46 Nrn. 5, 6, 8 einer ausdrücklichen Regelung im Gesellschaftsvertrag.

b.) Andere Stimmen[195] gehen davon aus, daß sich ein Gesellschafter gegenüber einem Geschäftsführer "selbstverständlich" persönlich verpflichten könne, er daher etwa auch zusagen könne, für dessen Entlastung zu stimmen. Als unzulässig wird hingegen die Verpflichtung angesehen, ganz allgemein entsprechend der Weisungen des Geschäftsführers zu votieren.

Bedenken, die sich daraus ergeben, daß das GmbHG grundsätzlich Organ-, nicht aber Personenkompetenzen[196] regelt, und so auch in den §§ 37,

193 Vgl. Baumbach/Hueck/*Zöllner* § 47 Rn. 78; *Overrath* S. 21f; *Lübbert* S. 146; *Boesebeck* NJW 1960, 7, 10; Geßler/*Eckardt* AktG § 136 Rn. 60.

194 Scholz/*K. Schmidt* § 47 Rn. 41.

195 Etwa *Zöllner* ZHR 155, 168, 184.

196 Beide Bereiche treffen allerdings bei sog. Sonderrechten (z.B. solchen nach § 38 II) aufeinander.

38 lediglich angeordnet wird, daß Geschäftsführer verpflichtet sind, die Beschlüsse der Gesellschafterversammlung zu befolgen und der freien Widerruflichkeit durch diese in ihrem Amte unterliegen, nimmt *Zöllner*[197] auf. Bejaht er im Falle der Organbindung die (einfache) Analogie des § 136 II AktG für das GmbH-Recht[198], so spricht er sich hier gegen ein derartiges Verbot aus. Begründet wird dies damit, daß zwar die korporationsrechtliche Zuständigkeit nicht unterlaufen werden dürfe, andererseits ein prinzipielles Verbot insoweit aber nicht gefordert sei. Der Verbindlichkeit einer Verpflichtung des Gesellschafters, Weisungen zu unterlassen, stehe daher nichts entgegen. Auch eine Zurücknahme der Geschäftsführungskompetenzen der Gesellschafterversammlung in der Satzung sei hierfür nicht erforderlich.

c.) Stellungnahme

Zöllner sieht weder im gesetzlichen Gesamtzusammenhang noch aus Gründen des unmittelbaren Normzwecks Anlaß, individualrechtliche Bindungen von Gesellschaftern an Organmitglieder als Verstoß gegen die gesetzlich vorgenommene Kompetenzzuweisung zu betrachten. Der Gesellschafter hat dementsprechend alles zu tun, um der Stimmbindungsverpflichtung Folge zu leisten. Hierbei erscheint jedoch bereits das von *Zöllner* erwähnte Beispiel, nach dem ein Gesellschafter verspricht, gegenüber dem Geschäftsführer Weisungen zu unterlassen, auf den ersten Blick problematisch, begibt er sich doch damit selbst in eine allgemeine Weisungsunterworfenheit dem Geschäftsführer gegenüber (zu allem "ja" zu sagen). Ob dies Sinn und Zweck der §§ 45, 46, dieser das Wesen der GmbH unbestreitbar prägenden Normen entspricht, ist fraglich; ebenso aber, ob in diesen Normen eine - wie auch immer zu definierende - "materielle Machtgewichtung" innerhalb der Gesellschaft ordnungsrechtlich verkörpert wird. Selbst wenn man dies bejahte, ist es noch eine zusätzliche Frage, ob deshalb abstrakte Stimmbindungen an Organmitglieder als grundsätzlich unwirksam zu behandeln sind.

---

197 ZHR 155, 168, 185.

198 B.VI.1, S. 76f.

§ 136 II AktG enthält als Rechtsfolge die Nichtigkeit einer Stimmvereinbarung, der "Gebundene" wird somit gleichsam aller (Haupt-)Pflichten entledigt, ihn treffen insbesondere keine Schadensersatz- oder Vertragsstrafeverpflichtungen, die ihn in seiner Willensbildung beeinflussen könnten. Betrachtet man das Kompetenz- und Verantwortungsgefüge in der Gesellschaft, so bewirkt die Anwendung des § 136 II AktG die Sicherung gesellschafterlicher Willensfreiheit durch eine Einschränkung der allgemeinen Freiheit zum Abschluß schuldrechtlicher Verträge. Anhaltspunkte für eine derartige Einschränkung der Privatautonomie enthalten (von den über das Verhältnis von Gesellschaftern und Geschäftsführern bestimmenden Normen) aber weder die §§ 45, 46, noch § 38 I[199], der gerade schuldrechtliche Verträge "unbeschadet", d.h. auch "unbeschädigt" lassen will[200]. Gegen den aktienrechtlichen Analogieschluß spricht dabei bereits der Spielraum, den das flexible GmbH-Innenrecht den Gesellschaftern im Vergleich zum AktG mit seiner unabdingbare Kompetenzverteilung einräumt[201]. Angesichts der zweifelhaften Grundlagen des § 136 II AktG einerseits bei gleichzeitiger Verschiedenheit der inneren Organisationsstrukturen andererseits[202], ist so auch die in B.VI.1 gestellte Frage nach der einfachen Analogie des § 136 II AktG zu verneinen.

Folgt man dem und akzeptiert die Wirksamkeit von vertraglichen Bindungen gegenüber Organen und Organmitgliedern, so deutet sich jedoch ein Konflikt bei solchen Fällen an, in denen Gesellschafter eine gegebene Zusage durch nachträgliche Satzungsänderung wieder beeinträchtigen. Als Beispiel diene der Fall eines Drittgeschäftsführers, der sich, jedenfalls nach h.M., selbst bei einer Beschränkung der Widerruflichkeit gemäß § 38 II nicht gegenüber einer dies ändernden Satzungsänderung durchsetzen kann. Keine Schwierigkeiten bereiten

---

199 Ausführlich zu § 38 unter C.II.2.d, S. 177ff.

200 Insofern zutr. Hachenburg/*Hüffer* § 47 Rn. 74. Dies entspricht der Argumentation der ü.M. zu dem Parallelen aufweisenden Problem der Folgewirkung des § 1 GWB auf von Kartellmitgliedern in Befolgung einer Kartellabsprache mit Dritten geschlossenen Verträgen; vgl. *Langen/Niederleithinger/Ritter/Schmidt* GWB § 1 Rn. 121; entsprechend im EG-Recht, aaO Rn. 123.

201 Siehe insbesondere § 23 V AktG gegenüber § 45 I GmbHG.

202 Zur unterschiedlichen Stellung des Vertretungsorgans siehe die §§ 76 I, 84 III AktG gegenüber den §§ 37 I, 38 I GmbHG u. allg. § 23 V AktG sowie § 45 GmbHG.

solche Konstellationen denen, die hier generell für Nichtigkeit in Analogie des § 136 II AktG plädieren. Es ist jedoch per se nicht einsichtig[203], warum die Gesellschafter zuerst ihrem Geschäftsführer bestimmte Zusagen machen, es ihnen danach aber mittels Satzungsänderung, also gleichsam einen Vertrag zu Lasten Dritter, möglich sein soll, diese ohne weiteres wieder zu beseitigen. Weiterhin ist es auch wenig stringent, einerseits § 38 I zu entnehmen, daß die Abberufung eines Geschäftsführers zwar "unbeschadet ... bestehende[r] Verträge(n)" erfolgen soll, im hier fraglichen Fall aber aus der Norm genau das Gegenteil, nämlich die Nichtigkeit der Nebenvereinbarung zu folgern[204]. Zwar operiert die liberalere, die analoge Anwendung des § 136 II AktG ablehnende Auffassung weniger mit juristischen Argumenten als mit Beispielen, die das wirtschaftliche Bedürfnis nach solchen Vertragsgestaltungen demonstrieren sollen[205]; die Differenzierungen der Gegenmeinung, wann im Einzelfall die Bindung zulässig sein soll und wann nicht, sind jedoch überwiegend auf eher allgemein gehaltene Abwägungen angewiesen. Dies gilt insbesondere in Anbetracht der Tatsache, daß *jegliche* nebenvertragliche Einschränkung des gesellschafterlichen Weisungsrechts - schweigt die Satzung zu diesem Thema - angesichts der §§ 45, 38 I (de facto) als "Eingriff" in das Gesellschaftsstatut verstanden werden kann. Eine weitere Bewertung nach dem Gewicht des Verstoßes muß sich, schon angesichts des klaren Gesetzeswortlauts in § 38 I ("unbeschadet"), Argumenten bedienen, die nur beschränkt normativen Charakter besitzen.

Privatautonomie ebenso wie der Wortlaut des § 38 I gebieten somit die Zulassung derartiger Bindungen, seien diese nun als Klauseln in Geschäftsführerverträgen enthalten oder in selbständigen Vereinbarungen geregelt. Die Frage ihrer Vollstreckbarkeit wird im folgenden Kapitel behandelt. Aus Kapitel B.VI sind gegenüber der Durchsetzbarkeit von Stimmbindungen jedoch die Bedenken mit "hinüberzunehmen", die sich aus dem o.g. Fallbeispiel ergeben.

---

203 Die oben unter V.3 zur Frage der Bindung in Satzungsfragen (S. 65ff, 74) begründete Auffassung läßt sich auch hier anführen.

204 Wobei eine § 136 II AktG entsprechende Weisungsregelung sich auch in einem Anstellungsvertrag finden und für eine Abberufung relevant sein kann.

205 Vgl. *Fleck* ZGR 1988, 104, 122; *Zöllner* ZHR 155, 168, 185; dieser (unjuristische) Schluß vom "Sein" auf das "Sollen", von der Praxis auf das - sie ordnende (?) - Recht, findet sich bereits in BGHZ 48, 163, 171f; hiergegen schon *Brodmann* JW 1929, 615; bedenklich auch RGZ 17, 5, 13f; 99, 232, 234.

Akzeptiert man die Wirksamkeit der schuldvertraglichen Bindung des Gesellschafters, erscheint es wenig sinnvoll darauf abzustellen, ob dem Nebenvertrag erst durch nachträgliche Änderung oder bereits von vornherein die Satzung entgegenstand. Diese steht - wie gezeigt - einer jeglichen Einschränkung des gesellschafterlichen Stimmrechts entgegen.

VII. Die Durchsetzbarkeit von Stimmbindungsverträgen

Die ZPO enthält keine Bestimmung, die der Zwangsvollstreckung eines Stimmbindungsvertrages explizit entgegenstünde. Daß auch materiell-rechtliche Normen die Vollstreckung aus einem schuldrechtlichen Vertrag verhindern können, war jedoch bereits vor den bekannten Fällen der Rechtskraftdurchbrechung gemäß § 826 BGB[206] anerkannt. Auch § 888 II ZPO zeigt - abhängig von der Art der vertraglich eingegangenen Verpflichtung - den Einfluß materiellen Rechts auf die Vollstreckbarkeit. Ob, und wenn ja welcher der §§ 887, 888, 890, 894 ZPO die Durchsetzung eines Stimmbindungsvertrages ermöglicht, ist mit der Bejahung der generellen Zulässigkeit von Stimmbindungsverträgen noch nicht festgelegt[207]. Das Thema war und ist Gegenstand einer umfangreichen Diskussion[208].

206 Vgl. Palandt/*Thomas* BGB § 826 Rn. 46; siehe daneben auch die §§ 656, 762, 1298 BGB.

207 A.A. *Bartholomeyczik* DR 1940, 337, 338; *Fischer* GmbHR 1952, 65, 68f; OLG Köln WM 1988, 974, 976; Bedenken äußern *M. Wolff* JW 1929, 2115 und *Teichmann*, Gestaltungsfreiheit, S. 229ff; widersprüchlich *Fleck* ZGR 1988, 104, 107 (Fn. 6), 115.

208 Nachw. bei *Peters* AcP 156, 311, 320ff; Scholz/*K. Schmidt* § 47 Rn. 56.

1. Vertragsstrafe

Die Vertragsstrafe als Methode mittelbarer Vertragsdurchsetzung wird zwar von den einschlägigen Vertragsformularbüchern weiterhin als zweckmäßig empfohlen[209], ihre praktische Bedeutung scheint jedoch zurückgegangen zu sein[210]. Der Grund hierfür dürfte in der von der Rechtsprechung allgemein akzeptierten unmittelbaren Durchsetzbarkeit von Stimmbindungsverträgen mittels Erfüllungsklage und vollstreckbarem Leistungsurteil liegen[211].

Eine Vertragsstrafe ist grundsätzlich akzessorisch. Sie setzt voraus, daß die Hauptverpflichtung wirksam entstanden ist und noch im Zeitpunkt der Geltendmachung der (verwirkten) Vertragsstrafe wirksam besteht. Anstelle des Erfüllungsanspruchs steht dem Gläubiger sodann gemäß § 340 I BGB der Anspruch auf die Poenale zu. Bejaht man entgegen der hier unter B.VI vertretenen Auffassung die analoge Anwendbarkeit des § 136 II AktG, so scheidet mit dem Erlöschen der Hauptverpflichtung zugleich auch ein Anspruch auf eine vereinbarte Vertragsstrafe aus.

2. Erfüllungsklage

Stimmen, die einer Klage generell ablehnend gegenüberstehen, sind heute weitgehend verstummt; als Begründung diente zumeist die fehlende Vollstreckungsmöglichkeit[212] des sich auf eine Stimmbindung stützenden Titels[213]. Bereits das Reichsgericht bejahte aber für die Rechtsschutzform der Feststellungsklage die

---

209 *Heidenhain/Meister* Münchener Vertragshandbuch, Band 1, Gesellschaftsrecht, Formular IV.29, § 3 mit Anm. 5, S. 423f.

210 So der empirische Befund von *Zutt* nach seiner in ZHR 155, 213, 215 mitgeteilten Umfrage.

211 Zur Rechtsprechung s. *Lübbert* S. 125f.

212 Dazu näher sogleich unter 3.

213 *Peters* AcP 156, 311, 320; a.A. für eine Klage auf Erbringung einer Dienstleistung (vgl. § 888 II ZPO) VerZivSen RGZ 72, 393, 394.

Klagbarkeit von Stimmbindungen[214]. Da es die Vollstreckbarkeit von Verpflichtungen aus Stimmbindungsverträgen jedoch stets abgelehnt hat, versagte es das Vorgehen im Wege der Leistungsklage[215].

Überwiegend wird unter Berufung auf § 888 II ZPO ganz selbstverständlich davon ausgegangen, daß auch das Fehlen der Vollstreckbarkeit die Erfüllungsklage keinesfalls ausschließt[216]. Einwenden ließe sich hiergegen, daß einer solchen Klage das Rechtsschutzinteresse fehlen könnte[217]. § 888 II ZPO läßt sich dabei aufgrund der ihm zugrundeliegenden besonderen Verhältnisse (Schutz der personalen Integrität) als Argument im Bereich schlichter Stimmbindungen kaum heranziehen[218]. Zudem betrifft er lediglich unvertretbare Handlungen, Willenserklärungen[219] werden hingegen ausdrücklich durch § 894 ZPO erfaßt. Das Ob und Wie (§§ 887, 888 oder 894 ZPO) der Rechtsdurchsetzung ist damit noch nicht geklärt.

3. Vollstreckbarkeit

a.) Das Reichsgericht urteilte noch, daß es nicht angehe, durch äußeren Zwang in die Willensbildung des Körperschaftsorgans einzugreifen, als welches sich die Gesellschafterversammlung darstellt[220]. Anläßlich einer aktienrechtlichen Entscheidung äußerte es den auch darüberhinaus akzeptierten Satz, daß der Aktionär in der Ausübung des Stimmrechts völlig frei sei[221]. Zwang sei mit den

---

214 RGZ 112, 273, 279; 119, 386, 389f; 160, 257, 262; hierzu auch *Overrath* S. 111f.

215 RGZ 133, 90, 95f; 170, 358, 372.

216 *Lübbert* S. 126f; *Zöllner* ZHR 155, 168, 186; allgemein VerZivSen RGZ 72, 393, 394; RGZ 163, 380, 384; OLG Köln NJW 1966, 1864; Baumbach/*Hartmann* ZPO § 888 Rn. 23.

217 AlternativKomm./*Lange-Klein* BGB § 1353 Rn. 12.

218 *Lübbert* S. 180 m.w.N.

219 Zur Vertretung bei der Stimmabgabe s. § 47 III.

220 So RGZ 112, 273, 279: grundlegende Entscheidung, auf die das Reichsgericht auch später immer verwiesen hat; Bsp. RGZ 131, 179, 183, 185.

221 Urt. v. 10. Januar 1928; RGZ 119, 386, 389 mit Hinweis auf den damaligen § 252 HGB.

aktienrechtlichen Vorschriften über die Willensbildung in der Generalversammlung unvereinbar[222]. Bedenken gegen Eingriffe in die freie Willensbildung der Gesellschafterversammlung (Einflüsse von Gesellschaftsfremden, der Gesellschaft selbst oder übermäßigen Einfluß einzelner Gesellschafter[223]) ließen die Rechtsprechung lange zögern, über einen Schadenersatzanspruch hinaus Sanktionen wegen der Verletzung einer Stimmbindung zuzusprechen[224].

b.) Die Wende in der höchstrichterlichen Rechtsprechung brachte im Jahre 1967 die Entscheidung BGHZ 48, 163[225]. Seither wird auch von der h.M. die Vollstreckbarkeit von Stimmbindungsverträgen bejaht und zur Durchsetzung des Anspruchs die Anwendung von § 894 ZPO befürwortet[226]; d.h., das Gerichtsurteil ersetzt die vom Gebundenen geschuldete Willenserklärung. Dem wurde und wird jedoch bis heute entgegengehalten[227], daß damit der Richter eine Willenserklärung gegen einen Dritten, nicht am Prozeß Beteiligten, ausspricht. Da er dabei - die Gesellschaft selbst ist nicht Prozeßpartei - nicht prüfen kann, ob der Gebundene auch Gesellschafter ist und die Willenserklärung im Einklang mit der Satzung steht, kann es dazu kommen, daß durch das Gericht eine unwirksame Willenserklärung abgegeben wird.

Die heute h.M. folgt gleichwohl der Auffassung des BGH, wonach für die Vollstreckung § 894 ZPO anzuwenden sei[228]. Als Folge der Relativität des der Stimmbindung zugrundeliegenden Schuldverhältnisses und in Einklang mit der sog. prozessualen Rechtskrafttheorie, wonach das Urteil die Rechtslage nicht gestaltet, sondern nur zwischen den Prozeßparteien feststellt[229], nimmt sie es hin, daß die durch Klage und gerichtliches Urteil erzwungene Willenserklä-

---

222 RGZ 133, 90, 95.

223 Außerhalb ihres satzungsmäßigen Stimmrechts, s. §§ 47 I, 45.

224 Vgl. *Fischer* FS Kunze 1969, S. 102f; *ders.* GmbHR 1953, 65ff; *Lübbert* S. 124, 176ff; zu der dem Reichsgericht damals überwiegend folgenden Literatur vgl. *Janberg* DB 1952, 96 und die zahlreichen Nachweise bei *Grimm* S. 95 Fn. 2.

225 Dazu bereits unter III.2, S. 37f, III.2.a, S. 41f sowie V.3.be, S. 72f.

226 Dazu *Fischer* aaO, S. 104ff; bestätigend OLG Köln GmbHR 1989, 76, 77.

227 *Kohler* AcP 80 (1893), 141, 269ff; *Zöllner* ZHR 155 (1991), 168, 186f.

228 Zu den Einzelheiten s. *Overrath* S. 115ff, 126ff; weitere Nachweise, auch zur Gegenauffassung, bei *Happ* ZGR 1984, 169, 171; s.a. *Erman* AG 1959, 300ff.

229 Dazu Baumbach/*Hartmann* ZPO Einf. §§ 322-327 Rn. 9.

rung etwa wegen Treuwidrigkeit gleichwohl dem Dritten (der Gesellschaft) gegenüber nichtig sein kann. Durch § 894 ZPO wird nach Rechtskraft der Entscheidung lediglich die Abgabe der Willenserklärung ersetzt, nicht aber deren Zugang oder weitere Wirksamkeitsvoraussetzungen[230].

c.) Eine andere Vollstreckungsmöglichkeit bietet das Vorgehen nach § 888 ZPO[231]. Hierbei spricht das Gericht nicht die Willenserklärung selbst aus, sondern nur die Verpflichtung des Gesellschafters zu ihrer Abgabe. Auch diese Verpflichtung kann sich jedoch auf eine nichtige Willenserklärung beziehen, womit im Ergebnis gegenüber § 894 ZPO nicht viel gewonnen ist. Festzuhalten bleibt, daß im Zweiparteienprozeß der ZPO, der eine notwendige Beiladung (anders als etwa die VwGO) nicht kennt[232], die Durchsetzung von Stimmbindungsverträgen Schwierigkeiten bereitet. Als Alternative böte es sich - unter Bruch mit den genannten zivilprozessualen Prinzipien - an, die Gesellschaft sowie die übrigen Gesellschafter zwangsweise in den Prozeß mit einzubeziehen. Lehnt man ein solches - ebenso aufwendiges wie zeitraubendes[233] - Verfahren ab, bliebe ansonsten nur die Rückkehr zur Auffassung des Reichsgerichts von der Nichtvollstreckbarkeit.

---

230 BGH GmbHR 1990, 68. Weitere, sich daraus ergebende Schwierigkeiten zeigt *Brodmann* JW 1929, 615: Der Gesellschafter bestreitet z.B., daß das Urteil die in der gerade stattfindenden Gesellschafterversammlung zur Abstimmung stehende Frage betreffe, daß das Urteil (z.B. wegen Zustellungsmängeln, eingelegter Rechtsmittel) noch nicht rechtskräftig sei; "lauter Dinge, welche die Gesellschaft nichts angehen, welche der Gesellschafter mit anderen auszufechten hat, und über deren Erledigung oft Monate und noch mehr vergehen".

231 *Fischer* GmbHR 1952, 65, 69; auch BGHZ 48, 163, 173 schließt diesen Weg nicht aus. Dem folgend Zöller/*Stöber* ZPO § 888 Rn. 3 a.E.; OLG Braunschweig NJW 1959, 1929; OLG Hamm MDR 1971, 401; ablehnend Baumbach/*Hartmann* ZPO § 894 Rn. 7; *Overrath* S. 115, 125f; weitere Nachw. bei *Happ* ZGR 1984, 168, 171. Für § 887 ZPO: *Peters* AcP 156, 311, 326ff; *Bartholomeyczik* DR 1941, 337, 339; dort auch zu den Schwierigkeiten angesichts der Tatbestandsvoraussetzung einer *fälligen* Verpflichtung.

232 Ausnahmen: §§ 666 III, 640e ZPO.

233 Näher zu diesem Problem sogleich unter 4.

4. Rechtskraft als Vollstreckungsvoraussetzung

Eine weitere Streitfrage hinsichtlich der Voraussetzungen zwangsweiser Durchsetzung von Stimmbindungen entstammt dem zwischen § 888 und § 894 ZPO bestehenden Spannungsverhältnis. Letzterer nennt als Voraussetzung der Vollstreckung ausdrücklich die Rechtskraft des Titels, ersterer enthält diesbezüglich keine Angaben, weshalb gemäß den §§ 704 ff ZPO vorläufige Vollstreckbarkeit genügt. Problematisch erscheint beim Vorgehen nach § 888 ZPO der Fall, daß ein vermeintlicher Schuldner sich zwar durch Abgabe der gewünschten Willenserklärung - außerhalb der Gesellschafterversammlung und damit unter Verstoß gegen § 48 I GmbHG - der drohenden Zwangsvollstreckung (in Form von Zwangsgeld und Zwangshaft) entziehen könnte, nach Obsiegen in der Berufung oder Revision aber lediglich § 717 II ZPO zur Reparation des entstandenen "Schadens" zur Seite hätte. Eine Beseitigung des inzwischen gefaßten Beschlusses wird aber kaum je möglich sein; das Beziffern eines Vermögensschadens stößt auf gleichermaßen unverkennbare Schwierigkeiten[234]. Birgt auch das Abwarten der Rechtskraft - nicht alle Gesellschafterbeschlüsse lassen sich auf längere Zeit hinausschieben - unter dem Gesichtspunkt effektiven Rechtsschutzes ebenfalls unübersehbare Gefahren in sich, so wird doch - aufgrund der gezeigten Folgeprobleme - eine Ungleichbehandlung in der Vollstreckung gegenüber § 894 ZPO nicht zu rechtfertigen sein. Dies spricht für das Erfordernis eines rechtskräftigen Titels, selbst wenn man grundsätzlich einer Vollstreckung nach § 888 ZPO den Vorzug gibt[235].

5. Der Erlaß einer einstweiligen Verfügung

Die bei der Frage der Vollstreckung einer Abstimmungserklärung vor Eintreten der Rechtskraft auftretenden Probleme tauchen bei der Durchsetzung von Stimmbindungsverträgen im Wege der einstweiligen Verfügung erneut und in

---

234 Vgl. *Peters* AcP 156, 311, 320f m.w.N.

235 Gleiches gilt für § 887 ZPO; näher *Zöllner* ZHR 155, 168, 188 m.w.N.

gesteigertem Maße auf[236]. Einerseits wird ein Hauptverfahren regelmäßig zu spät kommen[237], erst recht das Eintreten der Rechtskraft. Andererseits ist die Richtigkeitsgewähr einer einstweiligen Verfügung verfahrensbedingt noch geringer als selbst bei einem vorläufig vollstreckbaren Titel. Nimmt man den wohl typischen Fall, in dem die Rechtmäßigkeit einer angekündigten Stimmabgabe nicht offenkundig ist, der Parteienstreit sich vielmehr gerade an dieser Frage entzündet, so sind Zweifel an dem nur beschränkte Erkenntnismöglichkeiten zulassenden einstweiligen Rechtsschutzverfahren nicht von der Hand zu weisen. Praktische Schwierigkeiten und Lösungsversuche sollen im Folgenden veranschaulicht werden.

a.) Die Problematik einstweiligen Rechtsschutzes angesichts einer typischen Konfliktsituation

Anlaß zum Streit bietet die Ankündigung des gebundene Gesellschafters, in der bevorstehenden Gesellschafterversammlung nicht vereinbarungsgemäß abzustimmen. Der aus dem Nebenvertrag Berechtigte hat dann nach h.M. die Möglichkeit, die Stimmbindung mittels Erfüllungsklage gemäß § 894 ZPO durchzusetzen. Fraglich ist jedoch, ob dieses Recht auch wirklich praktisch nutzbar ist - die wichtigste Frage, die an ein Zwangsvollstrekkungsverfahren gestellt werden kann. Der Streit um die Stimmrechtsausübung wird in der Regel erst kurz vor der entscheidenden Gesellschafterversammlung zu Tage treten. Zwischen der Einberufung, die grundsätzlich gleichzeitig die jeweiligen Beschlußthemen festlegt (§ 51 Abs. 2 i.V.m. Abs. 4[238]), und dem Termin der Gesellschafterversammlung liegen normalerweise zwei bis vier Wochen; das Gesetz verlangt in § 51 Abs. 1 Satz 2 als Mindestfrist eine Woche[239]. Auch wenn regelmäßige Konsultationen häufig schon im Vorfeld wichtiger Entscheidungen stattfinden,

---

236 S. hierzu bereits *Zluhan* AcP 128 (1928), 62, 157, 298f und *Brodmann* JW 1929, 615.

237 Das haben bereits *Brodmann* JW 1929, 615, *Zluhan* AcP 128, 257, 298f und BGHZ 48, 163, 170 gesehen; ebenso *Zutt* ZHR 155, 190, 192.

238 *Roth* § 51 Anm. 3; *Vogel* S. 134.

239 § 45 erlaubt auch hiervon Abweichungen.

wird doch die Weigerung eines Stimmrechtsgebundenen oftmals erst kurz vor der entscheidenden Versammlung offenbar werden. Eine Klage im Hauptsacheverfahren kommt unter diesen Umständen in jedem Falle zu spät[240]. In der bis zur entscheidenden Gesellschafterversammlung verbleibenden Zeit kann nicht einmal mit einem erstinstanzlichen Verhandlungstermin, noch weniger mit einer Entscheidung, erst recht nicht mit deren Rechtskraft gerechnet werden[241].

Selbst wenn der geschilderte Weg aber zum Erfolg führen sollte, kann dies der gebundene Gesellschafter leicht dadurch vereiteln, daß er vorher zwar vertragsgemäßes Verhalten verspricht, in der Gesellschafterversammlung aber nichts weniger tut[242]. Es muß dies nicht einmal böswillig geschehen: vielleicht haben ihn die übrigen Gesellschafter überzeugt, ihn neue Informationen (vgl. § 51a I) umgestimmt, vielleicht hat die Versammlung die Interessen der Gesellschaft stärker in sein Blickfeld gerückt[243].

Angesichts der praktischen Ineffizienz von Klage und Vollstreckung muß der Umfang der geleisteten theoretischen Arbeit, müssen Intensität und Dauer der

240 Zu den Schwierigkeiten s. bereits RGZ 112, 273, 279f und *Brodmann* JW 1929, 615; dort auch zu den praktischen Problemen, die eine vorbeugende Klage im Verfahren gemäß § 259 ZPO mit sich bringt; umfassend *Schrötter*, Grenzen, S. 143ff.

241 Zu weiteren Schwierigkeiten plastisch *Brodmann* JW 1929, 615.

242 Auf eine nach Rechtskraft des Titels mögliche, erneute Abhaltung einer Gesellschafterversammlung zwecks wiederholter Abstimmung über dieselbe Frage besteht grundsätzlich kein Anspruch. Umgekehrt können jedoch die Gesellschafter in einer anderen Gesellschafterversammlung durch gegenteilige Abstimmung einen Titel hinfällig machen; RGZ 112, 273, 279f; siehe hierzu auch C.II.2.a, S. 164.

243 Dazu s. *Baltzer* S. 121. Eine "Kopfschau" soll auch hier nicht betrieben werden. Der Gesellschafter kann jedoch, wie gezeigt, durchaus "ehrenhafte", gesellschaftsbezogene Motive für seine Entscheidung haben. Dies ist der Ausgangspunkt des in Teil C.II der Arbeit entwickelten Simultaneitätsprinzips, das der Versammlung, den Beiträgen der anderen Gesellschafter und letztlich auch dem stimmgebundenen Gesellschafter selbst das geben soll, was ihnen das GmbHG als Recht einräumt, aber auch als Pflicht auferlegt: Sein und Werden, die "Angelegenheiten der Gesellschaft" (§ 47 I) zum zentralen Thema der Gesellschafterversammlung zu machen. *Müller-Erzbach*, S. 249, spricht in diesem Zusammenhang vom "ungehemmten Einfluß des mitgliedschaftlichen Interesses". Vgl. auch den durch die gemeinsame Zwecksetzung geprägten Begriff der *Ver*sammlung gegenüber einer bloßen Ansammlung, BVerfGE 69, 315, 343.

Diskussion über diese Fragen erstaunen[244]. Die Beobachtung, die hinter der Äußerung *Karsten Schmidts* steht, wonach kein vernünftiger Mensch eine Leistungsklage zur Durchsetzung einer Stimmbindung anstrengen würde, ist ebenso alt wie berechtigt[245]. Paradox erscheint es unter diesem Gesichtspunkt, daß Rechtsprechung und Literatur zwar weitgehend einhellig die Klag- und Vollstreckbarkeit von Stimmbindungsverträgen befürworten, der Gewährung einstweiligen Rechtsschutzes aber zögerlich bis ablehnend gegenüberstehen[246]. Hier lassen sich - entgegen den Äußerungen von der "gefestigte(n) Rechtsprechung","..kaum noch umstritten...Bedenken...gehen fehl"[247] - Vorbehalte und Zweifel gegenüber der gerichtlichen Einflußnahme auf die verbandsinterne Willensbildung nicht ableugnen[248] [249]. Diese Zurückhaltung befremdet um so mehr, als jedes Abstimmungsverhalten, sei es z.B. eine nebenvertragswidrige Enthaltung oder auch das Befolgen einer vom Stimmbindungsvertrag nicht gedeckten Weisung, Folgen nach sich ziehen kann, die im Nachhinein nicht wieder beseitigt werden können[250]. Dies soll anhand der nachfolgenden Beispiele demonstriert werden.

---

244 So auch *Lübbert* S. 127, der jedoch, nach eingehender Suche (S. 186ff) der noch am ehesten geeigneten Art der Zwangsvollstreckung (S. 190), gleichwohl die Zulassung einstweiliger Verfügungen ablehnt (S. 193).

245 Jahrb. d. Fachanwälte f. Steuerrecht 1988/1989 S. 143, 146; ebenso MünchenerKomm/-*Ulmer* BGB § 717 Rn. 26 und bereits *Brodmann* JW 1929, 615; *Zluhan* AcP 128 (1928), 62, 257ff.

246 Baumbach/Hueck/*Zöllner* § 47 Rn. 81; *ders.* in KölnerKomm AktG § 136 Rn. 117; Rowedder/*Koppensteiner* § 47 Rn. 32; *Meyer-Landrut*/Miller/Niehus § 47 RN. 21f; Scholz/-*K.Schmidt* § 47 Rn. 59; *Overrath* S. 139ff; *Lübbert* S. 193f; *Erman* AG 1959, 300, 303; *Happ* ZGR 1984, 168, 176; anders bereits *Zluhan* AcP 128 (1928), 257, 287ff; *Bartholomeyczik* DR 1941, 337, 339.

247 Scholz/*K.Schmidt* § 47 Rn. 55.

248 Vgl. OLG Frankfurt BB 1982, 274 u. GmbHR 1993, 161; OLG Hamm m. Anm. *Michalski* GmbHR 1993, 163; OLG Celle GmbHR 1981, 264, 265; OLG Hamburg GmbHR 1991, 467, 468 (im Anschluß an den Aufsatz des Senatsvorsitzenden *v. Gerkan* in ZGR 1985, 167, 187ff) m. Anm. *K. Schmidt*; *Semler* BB 1979, 1533, 1536; Rowedder/*Koppensteiner* § 47 Rn. 32, 76; zweifelnd auch *Ulmer* NJW 1987, 1849, 1850, 1855; Baumbach/Hueck/-*Zöllner* § 47 Rn. 80f; KölnerKomm/*Zöllner* AktG § 136 Rn. 112f; *Priester* FS Werner 1984, 657, 668f Fn. 80; Hachenburg/*Hüffer* § 47 Rn. 81f; Geßler/*Eckardt* AktG § 136 Rn. 56; Scholz/*K.Schmidt*, 6. Aufl. 1978, § 47 Rn. 53 spricht trotz grundsätzlicher Zustimmung von "Unbehagen".

249 Dazu sogleich unter VII.5.cb.

250 Vgl. dazu die Rechtsprechungszitate in der vorvorherigen Fußnote.

b.) Beispielsfälle[251]

- Satzungsänderungen: kommt es wegen eines vereinbarungswidrigen Abstimmungsverhaltens durch ein Mitglied eines Minoritätskonsortiums zu einer Satzungsänderung, hilft auch dessen spätere Verurteilung nichts mehr. Die Satzungsänderung läßt sich mit den Stimmen des Minderheitenkonsortiums (inklusive des Titels gegen den Abweichler) nicht revidieren[252].

- Ähnliches dürfte gelten, wenn es sich um die Billigung oder Ablehnung von Geschäftsführungsmaßnahmen handelt. Diese sind regelmäßig von Marktfaktoren abhängig und daher zeitlich gebunden. Die Maßnahme (die auch in einem Unterlassen bestehen kann) wird sich kaum wieder rückgängig machen oder nachholen lassen, ist der entsprechende Zeitpunkt (z.B. bei einer Geschäftschance) erst einmal verflossen[253].

- Zustimmung zu einer Übertragung vinkulierter Geschäftsanteile: ist die Übertragung erst einmal erfolgt, so bringt ein Titel gegen den sie vertragswidrig ermöglichenden Gesellschafter den Anteil nicht wieder zurück. Gleiches gilt in anderen Fällen, in denen Rechte Dritter durch den Beschluß oder dessen Ausführung entstanden sind.

Die Fälle lassen sich - man denke an die Durchführung einer Kapitalerhöhung oder einer Fusion - nahezu beliebig vermehren. Allgemein gesprochen sind die meisten Sachverhalte betroffen, die zugleich die Rechte Dritter berühren. Wo immer es also *gerade* auf das vereinbarungsgemäße Verhalten des gebundenen Gesellschafters ankommt, um ein bestimmtes Beschlußergebnis zu erzielen, kann dessen Weigerung Folgen nach sich ziehen, die durch eine nachträgliche Verurteilung nicht mehr aus der Welt geschafft werden können[254]. Andererseits bestehen Irreversibilitätsprobleme auch in umgekehrter Richtung: kommt ein

251 Nach *Zutt* ZHR 155, 190, 194f; vgl auch *Schrötter* NJW 1979, 2592, 2596.

252 *M. Winter* ZHR 154, 259, 275f.

253 S.o.: man bedenke die Zeit, die bis zur Rechtskraft eines Titels verstreichen kann.

254 Das betont auch *v. Gerkan*, Anm. zu OLG Koblenz EWiR § 47 GmbHG 3/86, 373.

bestimmter Beschluß vermittels einer im Wege der einstweiligen Verfügung "abgegebenen" Stimme zustande, lassen sich dessen Folgen, sollte der Titel später wieder aufgehoben werden, ebenfalls kaum je wieder beseitigen[255].

c.) Die Lösung nach Zutt

Zutt[256] billigt im zuletzt genannten Fall dem gebundenen Gesellschafter eine Beschlußanfechtungsklage wegen fehlerhafter Stimmabgabe analog § 243 I AktG zu. Diese findet im Gesetz keine Stütze. Auch wenn man allgemein bürgerlichrechtliche Anspruchsgrundlagen (wie die §§ 119, 123 BGB) als Anfechtungsgrund für Gesellschafterbeschlüsse akzeptiert[257], liegt bei der gerichtlichen Zwangsdurchsetzung einer Stimmbindung kein solcher - oder dem auch nur vergleichbarer Fall - vor. Eine vom Gericht selbst (§§ 938, 894 ZPO)[258] oder mittels gerichtlichen Zwanges (§§ 938, 888 ZPO) abgegebene Stimme ist nicht "widerrechtlich durch Drohung" im bürgerlich-rechtlichen Sinne (§ 123 BGB) zustandegekommen[259]. Die durch das Gericht bewirkten Zwangsmaßnahmen sind Teil öffentlich-rechtlichen Handelns. Auch die ZPO ist diesem Bereich zuzuordnen: sie legitimiert hoheitliche Eingriffe in private Rechte[260]. Daß wiederum private Rechte Anlaß und Voraussetzung für solche Eingriffe sind, ändert nichts an der festgestellten Rechtsnatur als öffentlich-rechtlicher Eingriffsermächtigung[261]. Die Rechtmäßigkeit der Eingriffsmaßnahmen richtet sich dabei nach der jeweiligen Ermächtigungsnorm, d.h. nach den einschlägigen Vorschriften der ZPO (z.B. den §§ 940, 938). Ob die Maßnahme auch nach bürgerlichem Recht "berechtigt" ist, ist für die Rechtmäßigkeit des Eingriffs selbst

255 Vgl. *Zutt* ZHR 155, 190, 201f m.w.N.; s.a. § 895 ZPO.

256 ZHR 155, 190, 206; ihm folgend, der in ZHR 155, 209, 212 berichtete Diskussionsbeitrag.

257 Vgl. Baumbach/Hueck/*Zöllner* § 47 Rn. 3 u. 4; Anh. § 47 Rn. 63ff; Hachenburg/*Ulmer* § 53 Rn. 95f; eingehend *Bartholomeyczik* AcP 144, 287, 295ff, 318ff.

258 Hierzu sogleich unter lit. cd.

259 Vgl. auch die Unterscheidung zwischen privatrechtlichen und behördlichen bzw. gerichtlichen Maßnahmen in den §§ 136, 137, 935 I u.II BGB.

260 Art. 20 II 2 HS 2 GG; vgl. auch BVerfG NJW 1979, 1539 zu § 758 ZPO.

261 Vgl. z.B. auch § 2 II PolG Ba-Wü und § 4 II Berl.ASOG über das Tätigwerden der Polizei zum Schutz privater Rechte.

grundsätzlich ohne Belang. Das Vorliegen eines ordnungsgemäßen Gerichtsverfahrens schließt es insofern aus, die "Drohung" als "widerrechtlich" zu behandeln[262]. Auch in anderen Fällen rechtsstaatlich ordnungsgemäß zustandegekommener Zwangsmaßnahmen (etwa aufgrund eines vorläufig vollstreckbaren Titels), würde niemand auf den Gedanken kommen, diese ex post als rechtswidrig und die durch sie erzwungenen Rechtshandlungen als anfechtbar oder nichtig zu behandeln, wenn sich in der Berufung, Revision oder Wiederaufnahme die materielle Rechtswidrigkeit der Maßnahme herausstellen sollte. Weder der Richter, der die Maßnahme verhängt hat, noch derjenige, der sie mit den ihm vom Gesetz eingeräumten Mitteln erstritten hat, handelt hierbei unrechtmäßig.

Die genannten Bedenken drängen zu dem Verdacht, daß hier mit materiell-rechtlichen Notbehelfen versucht wird, Defizite des für die Lösung solcher Fälle eigentlich zuständigen Zivilprozeßrechts auszugleichen. Hinzukommt, daß selbst die von der ZPO gebotenen Reversions- und Restitutionsmöglichkeiten, wie sie etwa durch § 945 eröffnet werden, keine Eingriffsmöglichkeiten in die Rechtskreise Dritter (der Gesellschaft und übrigen Gesellschafter[263]) vorsehen. Im Anschluß an das oben unter VII.4 und 5[264] Erörterte gilt es weiterhin zu bedenken, daß die Frage, ob eine (vermeintliche) Stimmbindung zu Recht vollstreckt wurde, erst mit Rechtskraft der Entscheidung in der Hauptsache (der noch ein Widerspruchs- oder Berufungsverfahren vorausgehen kann) als geklärt betrachtet werden kann. Zu diesem Zeitpunkt kommt jedoch, wie dargelegt, eine Anfechtungsklage in jedem Falle zu spät. Gleiches gilt im umgekehrten Falle: Konnte der Bindende sein Recht im Eilverfahren nicht durchsetzen, so dauert auch hier ein Hauptsacheverfahren zu lange, um noch effektiven Einfluß zu ermöglichen. Dem außenstehenden Dritten steht nach allgemeiner Auffassung dabei zudem keine Möglichkeit der Beschlußanfechtung zu. Diese aus vollstrekkungsrechtlicher Sicht nicht gerechtfertigte Asymmetrie - d.h. Ungerechtigkeit - im Verhältnis Bindender/Gebundener spricht ebenfalls gegen die These *Zutts*.

---

262 Wäre sie dies, könnte der Betroffene sich hiergegen mittels Notwehr behelfen! S.a. § 113f StGB und den speziellen strafrechtlichen Rechtmäßigkeitsbegriff des § 113 III, IV (zu Rechtsbehelfen s. dort Satz 2) StGB.

263 Sollten diese den Beschluß nicht auch anfechten dürfen?

264 S. 86ff.

d.) Weitere Problemkreise

Weitere, bei der Zulassung einer einstweiligen Verfügung bestehende Probleme seien hier im einzelnen nur angedeutet. So muß sich die einstweilige Verfügung zur Durchsetzung von Stimmbindungsverträgen (insbesondere durch sog. Gebotsverfügungen) mit dem Vorwurf der Vorwegnahme der Hauptsache auseinandersetzen, eines nur in seltenen Ausnahmefällen durchbrochenen Grundsatzes einstweiliger Rechtsschutzverfahren[265]. Dieser müßte nach Art des § 25 UWG[266] regelmäßig außer Kraft gesetzt werden[267], wofür das Gesetz im hier relevanten Bereich keine Handhabe bietet. Hinzu kommt, daß das Gericht bei Prüfung des Verfügungsanspruchs - nach der von Befürwortern der einstweiligen Verfügung überwiegend bejahten Auffassung - auch die volle Rechtswirksamkeit der Stimme im konkreten Beschluß zu prüfen hat[268]. Daß etwa die Frage der Treuwidrigkeit - angesichts der Nichtbeteiligung der Gesellschaft bzw. der anderen Gesellschafter am Verfahren - selbst im prüfungsumfangreicheren Hauptverfahren keinesfalls Gegenstand der gerichtlichen Kontrolle sein kann, wurde jedoch bereits oben unter 3.b und c[269] dargelegt[270]. Insofern könnte die Frage allein für die Bejahung des Verfügungsgrundes (Rechtsschutzinteresses[271]) eine Rolle spielen, zwingt das Gericht aber auch dort zu zusätzlichen Prüfungen, die mit den bereits genannten Schwierigkeiten verbunden sind.

Setzt man sich über diese Bedenken hinweg, stellt sich das Problem der Vollstreckungsart, d.h. die Frage der Anwendbarkeit des § 894 ZPO im einst-

---

265 § 1615o BGB, § 85 I PatG, §§ 11a, 20 GebrMG, §§ 627 I, 641d ZPO, § 25 UWG; mit Recht erkennt der Diskussionsbeitrag in ZHR 155, 208, 210, daß diesen, vom Gesetz vorgesehenen bzw. der Rechtsprechung anerkannten Fällen gänzlich andere, mit einer Stimmbindung nicht vergleichbare (Zwei-Parteien-)Konstellationen zugrunde liegen. Zum ganzen *Thomas/Putzo* § 940 Anm. 4 und *Zutt* ZHR 155, 190, 200 m.w.Nachw.

266 Ähnlich § 61 VI 2 UrhG, § 85 I PatG, § 11a GebrMG, vgl. daneben § 1650o BGB.

267 Vgl. die Umstände der unter VII.5.a (S. 88f) geschilderten, typischen Fallkonstellation.

268 *Zutt* ZHR 155, 190, 204 m.w.Nachw.

269 S. 85f.

270 Das übersieht *Zutt* ZHR 155, 190, 204.

271 Ein solches dürfte bei einer, letztlich z.B. wegen Treuwidrigkeit nicht zu zählenden Stimme, kaum bestehen.

weiligen Rechtsschutzverfahren des § 940 ZPO[272]. Erneut ist das Hindernis zu überwinden, daß § 894 ZPO ausdrücklich ein materiell rechtskräftiges Urteil voraussetzt, einer einstweiligen Verfügung - aufgrund der eingeschränkten Prüfungsmöglichkeiten des Gerichts - aber nur formelle Rechtskraft zukommen kann. Wiederum tritt die Schwierigkeit auf, daß weder Gesetzeswortlaut noch Gesetzessystematik für den Richter ein derart weitreichendes Eingriffsrecht vorsehen, wie es die Vorwegnahme der Hauptsache *ohne* die Einhaltung der damit verbundenen rechtsstaatlichen Absicherungen darstellt.

Die hier nur angerissenen Probleme lassen erkennen, daß sowohl für die Beschränkung des einstweiligen Rechtsschutzverfahrens auf (grundsätzlich) lediglich vorläufige Maßnahmen als auch für das Verlangen des § 894 ZPO nach einem rechtskräftigen Titel gute Gründe sprechen. Gerade angesichts des Verfahrens im einstweiligen Rechtsschutz zeigen sich die Schwierigkeiten bei der Anwendung des Zivilprozeßrechts auf Stimmbindungsverträge. Die bereits im Hauptsacheverfahren[273] festgestellten Probleme werden dabei nicht beseitigt, sondern lediglich durch andere ersetzt, erweitert und vergrößert.

e.) Aufgabenstellung

Schwierigkeiten bei der zwangsweisen Durchsetzung von Stimmbindungen offenbaren sowohl die divergierenden Gerichtsentscheidungen als auch der intensive literarische Streit über dieses Thema[274]. Bezeichnend ist in diesem Zusammenhang das in ZHR 155, 209, 212 wiedergegebene Diskussionsergebnis: "Das Instrumentarium der ZPO sei zur Lösung des ... Problems in der Tat denkbar

---

272 Zum Streitstand vgl. *v. Gerkan* ZGR 1985, 167, 180ff; *Thomas/Putzo* ZPO § 894 Anm. 3; *Zöllner* ZHR 155, 168, 188.

273 S.o. VII.3 et. seq., S. 84ff.

274 Vgl. die in den Fußnoten zu VII.5.b enthaltenen Hinweise und Baumbach/Hueck/*Zöllner* § 47 Rn. 81; *ders.* in KölnerKomm AktG § 136 Rn. 117; Scholz/*K. Schmidt* § 47 Rn. 59; Rowedder/*Koppensteiner* § 47 Rn. 31; Hachenburg/*Hüffer* § 47 Rn. 82; *Overrath* S. 140f; *Lübbert* S. 193f; *v. Gerkan* ZGR 1985, 167, 168, 174ff, 179ff; *Damm* ZHR 154 (1990), 413ff; *Heinze* ZGR 1979, 293 und insbes. *Zutt* ZHR 155, 190, 196ff.

ungeeignet". Der Bemerkung *Fischers*[275], der mit der die Vollstreckbarkeit zulassenden Entscheidung BGHZ 48, 163, eine auf möglichste Klarheit und Einfachheit basierende Rechtsentwicklung vollendet sah, muß aus heutiger Sicht widersprochen werden. Die erheblichen Komplikationen bei der Zwangsvollstreckung von Abstimmungs-Willenserklärungen legen vielmehr den Schluß nahe, daß damit ein nicht passendes bzw. gesetzlich nicht vorgesehenes Verfahren angewendet wird.

Liegen die Schwierigkeiten hierbei weniger in der Zuordnung der Stimmabgabe als Willenserklärung (= Bereich der Allgemeinen Rechtsgeschäftslehre), als vielmehr darin, daß diese nur Teil eines Gesellschafterbeschlusses ist (= Bereich des Gesellschaftsrechts), so muß an dieser Stelle für die weitere Untersuchung angesetzt werden. Zu fragen ist, ob und welches Rechtsdurchsetzungsverfahren gegenüber Gesellschafterbeschlüssen das GmbH-Gesetz selbst vorsieht, zum zweiten, ob sich das Verfahren für Stimmbindungsverträge eignet oder (drittens) welche Schlüsse daraus für das hiesige Problem zu ziehen sind.

Der Bundesgerichtshof hat in der eingangs erwähnten sog. Kerbnägelentscheidung[276] erstmalig die zweite Frage insofern bejaht, als er eine Beschlußanfechtung aufgrund einer nebenvertraglichen Bindung zugelassen hat. Die geschilderten Rechtsdurchsetzungsprobleme scheinen insofern entschärft, sie sind jedoch keineswegs ausgeräumt. So verwahrt sich der BGH in seinen Urteilen ausdrücklich gegen eine breitere Anwendung seines Verfahrens auf Fälle, in denen nicht alle Gesellschafter nebenvertraglich gebunden sind[277]. Für eine grundsätzliche Lösung der bestehenden Probleme eignen sich die Urteile angesichts der in ihnen genannten Entscheidungskriterien somit nicht. Sie würden im übrigen die Defizite an effektivem Rechtsschutz, wie die unter 5.b[278] aufgeführten Beispielsfälle erkennen lassen, durch die Zulassung erweiterter Anfechtungsgründe gleichfalls nicht beseitigen.

---

275 Festgabe für Kunze 1969, S. 96, 108.

276 A.I: BGH NJW 1983, 1910; ebenso BGH NJW 1987, 1890.

277 BGH NJW 1983, 1910, 1911; 1987, 1890, 1892; distanziert gegenüber der neuen Rechtsprechung des BGH äußert sich OLG Hamm ZIP 1986, 1188, 1191 m. Anm. *Lutter*.

278 S. 91f.

Sind Stimmbindungsverträge einerseits de facto nicht einer Vollstreckung nach einem gerichtlichen Hauptverfahren zugänglich[279], mangelt es andererseits aber bei der einstweiligen Verfügung sowohl an hinreichender Richtigkeitsgewähr als auch an Mitteln, die Folgen fehlerhafter Beschlüsse adäquat zu beseitigen, so bleibt zu fragen, ob nicht von vornherein Schadenersatz schlechterdings deren einzige von Gesetzes wegen gegebene Sanktionierung darstellt. Ob die damit einhergehende Freistellung des Gesellschafters bzw. der damit verbundene Schutz der verbandsinternen Willensbildung den Wertungen des GmbHG entspricht oder letztlich auf eher irrationalen Ängsten gegenüber zivilrechtlichen Zwangseinflüssen auf gesellschaftliche Innenbereiche beruht[280], ist somit die alte und neue Rechtsfrage.

VIII. Zusammentreffen von Schuld- und Gesellschaftsrecht im Kerbnägelfall

Anhand der im letzten Kapitel aufgeworfenen Fragen[281] soll das Verhältnis von Schuld- und Gesellschaftsrecht näher beleuchtet werden, um sodann die in der Kerbnägelentscheidung vom Bundesgerichtshof vertretenen Thesen im einzelnen untersuchen zu können.

---

279 S.o. VII.5.a und b, S. 88ff.

280 *Isay* LZ 1928, 1295, 1302; *Peters* AcP 156, 311, 322; vgl. auch die in ZHR 155, 209, 210f mitgeteilten Diskussionsbeiträge: dem "praktischen Bedürfnis" entgegengehalten wird "Unbehagen", "..ein Rechtswert an sich", "wie in anderen Rechtsordungen müsse auch im deutschen Recht...".

281 VII.5.e, S. 96f.

1. Das gesetzlich vorgesehene Verfahren für zwangsweise Eingriffe in die Freiheit der Willensbildung der Gesellschafterversammlung

Das GmbHG enthält neben den allgemeinen Regeln über die Gesellschafterversammlung (§§ 45ff) keine Bestimmungen, die eine zwangsweise Einflußnahme auf deren Willensbildungsprozeß oder -ergebnis vorsehen. Nach allgemeiner Auffassung[282] sind jedoch die Bestimmungen der §§ 241ff AktG über die Anfechtbarkeit und Nichtigkeit von Hauptversammlungsbeschlüssen für die Gesellschafterversammlung der GmbH analog anwendbar. Insbesondere *Karsten Schmidt*[283] ist dabei der Hinweis zu verdanken, daß diese entsprechende Anwendung aktienrechtlicher Bestimmungen bereits dem Willen des historischen Gesetzgebers entsprach. Dieser äußert in der Begründung zum "Entwurf eines Gesetzes betreffend die Gesellschaften mit beschränkter Haftung"[284]:

> "Rücksichtlich der Befugniß jedes einzelnen Mitgliedes, Gesellschaftsbeschlüsse wegen Verletzung des Gesetzes oder des Gesellschaftsvertrages durch Klage anzufechten, bedarf es keiner besonderen Bestimmung, da diese Befugniß sich aus allgemeinen Grundsätzen ergiebt. Einschränkende Bestimmungen über die formellen Voraussetzungen des Anfechtungsrechts, wie sie im Artikel 190a des Aktiengesetzes und im § 49 des Genossenschaftsgesetzes mit Rücksicht auf die große Zahl der Mitglieder getroffen sind, können hier als entbehrlich betrachtet werden."[285]

Zweierlei wird hieraus unmittelbar ersichtlich. Einmal, daß die Anfechtungsklage als reine Mitgliederklage konzipiert ist, zum anderen, daß sie nur bei Verletzung von Gesetz und Gesellschaftsvertrag eingreift[286]. Beides steht in direktem

282 Beispielhaft BGHZ 51, 209, 210f; zur Entwicklung in Gesetzgebung, Rechtsprechung und Literatur vgl. *Noack*, Beschlüsse, S. 115ff.

283 AG 1977, 243, 247f; JZ 1977, 779; FS Stimpel 1985, 217, 233ff; eingehend zur Entwicklung *Raiser* FS GmbHG 1992, 587, 588ff; s.a. *Leistikow* S. 13f; bei diesem auch zur Lage in anderen europäischen Rechtsordnungen angesichts der Problematik.

284 Amtliche Ausgabe Berlin 1891, S. 96 (zu § 46).

285 Ebenso BGHZ 11, 231, 235f; 104, 66; zur Abweichung in der Klagefrist, wonach nicht binnen eines Monats, sondern lediglich innerhalb angemessener Zeit die Klage erhoben werden muß s. (st. Respr.) RGZ 170, 358, 380; 172, 76, 79; BGHZ 101, 113, 117; 104, 66; 111, 224; BGH BB 1992, 2239f.

286 Dazu s. *Noack*, Beschlüsse, S. 41ff.

Zusammenhang: nur Gesetz und Satzung konstituieren und definieren die Mitgliedschaft[287].

Noch deutlicher insoweit RGZ 17, 5, 16:

> "Die in Artt. 190a. 222 des Reichsgesetzes vom 18. Juli 1884 zum Zwecke der Anfechtung eines Generalversammlungsbeschlusses gegebenen Klage gehört dem Gesellschaftsrechte an und dient zum Schutze der gesellschaftlichen Interessen; sie kann deshalb nur von einem Gesellschafter als solchen ... angestellt werden. Sie richtet sich auf die Herbeiführung eines nicht bloß unter den Parteien, sondern allen Gesellschaftern gegenüber in Wirksamkeit tretenden Urteils über die Gültigkeit oder Ungültigkeit des angefochtenen Beschlusses..."

Dies entspricht § 248 AktG, dessen analoge Anwendbarkeit für die GmbH ebenfalls allgemein akzeptiert ist. Die Regelung bestimmt, daß das einer Anfechtungsklage stattgebende Urteil den entsprechenden Beschluß mit rückwirkender und für und gegen alle Gesellschafter geltender Gestaltungswirkung beseitigt[288]. In Verbindung damit steht, daß die Klage gemäß §§ 246 II 1, III AktG am Sitz der Gesellschaft und gegen diese selbst zu erheben ist, wobei die Gesellschafter durch Bekanntmachung in den Gesellschaftsblättern (§ 246 IV AktG) hiervon zu unterrichten und am Verfahren gemäß § 62f ZPO beteiligt sind[289]. Dies ist nicht nur Ausdruck der Tatsache, daß der Beschluß ein der GmbH unmittelbar zuzurechnender Akt ihres Willensbildungsorgans darstellt (vgl. § 48 I); es macht das Urteil - was damit zusammenhängt, da das Gesetz bei der Zurechnung eben auf das Organ, nicht aber auf dessen Mitglieder abstellt[290], - zugleich unabhängig von Gesellschafterausscheiden, -zugang oder -wechsel, auch während der Dauer des Anfechtungsprozesses[291]. Nur die organ-

---

287 Dazu näher im Teil C der Arbeit.

288 § 241 Nr. 5 AktG analog; vgl. BGH LM Nr. 1 zu § 199 AktG m. Anm. *Fischer*; s.a. *K. Schmidt* AG 1977, 206ff.

289 *Thomas/Putzo* § 62 Anm. 2c; dort (Anm. 5ff) auch zu den Folgen der Streitgenossenschaft für Prozeßhandlungen, Fristen, Entscheidung, Rechtsbehelfen und Rechtskraft (erst wenn keiner der Streitgenossen mehr anfechten kann).

290 Siehe hierzu bereits unter B.VI.2, S. 78f.

291 Vgl. BGHZ 43, 261, 266f; für die Nichtigkeitsklage gilt das Gesagte entsprechend, vgl. § 249 AktG.

schaftliche Zurechnung vom Beschluß als dem "Willen" der GmbH kann erklären, warum alle nachfolgenden Gesellschafter an den Beschluß einerseits - allein kraft ihrer Mitgliedschaft - gebunden sind, diesen aber auch andererseits jederzeit frei widerrufen können[292].

Zur Durchsetzung von Stimmrechten steht damit ein ausgereiftes gesetzliches System zur Verfügung[293]. Es bietet, ebenso wie das Stimmrecht selbst, nur Gesellschaftern (i.S.v. § 16) die Möglichkeit, Beschlüsse der Gesellschafterversammlung mit gerichtlichen Zwangsmitteln und Wirkung ex tunc[294] zu beeinflussen, wobei es in der GmbH - entgegen § 245 AktG - auf Anwesenheit des Anfechtenden in der Gesellschafterversammlung jedoch nicht ankommt[295]. Das Anfechtungsrecht ist so ein ausschließlich in der Mitgliedschaft wurzelndes Individualrecht, das unabhängig von Stimmrecht, Versammlungspräsenz oder Darlegung eines unmittelbaren eigenen rechtlichen Interesses an der Beschlußbeseitigung jedem Gesellschafter zusteht[296], dabei als Mitgliedschaftsrecht aber auch dessen Bindungen, insbesondere der Treu- und Förderpflicht unterliegt[297]. Dies erscheint schon aus dem Grunde zwingend, da das Klagerecht für jeden einzelnen Gesellschafter zugleich die Möglichkeit eröffnet, Maßnahmen der Gesellschaft zumindest vorläufig - aber auf längere Sicht, bis zur Revisionsinstanz können schließlich mehrere Jahre vergehen - zu blockieren. Für eine dringend erforderliche Kapitalerhöhung, für den Vollzug eines Unternehmensvertrages, eine Verschmelzung oder Umwandlung kann dies wegen der steten Gefahr rückwirkender Aufhebung und deren schwerwiegenden Folgen unter Umständen das sofortige "Aus" bedeuten. Daher unterliegt auch das Anfechtungsrecht als Mitgliedschaftsrecht der mitgliedschaftlichen Förderpflicht, kann es nicht ohne Rücksicht auf die Gesellschaft und die Bedürfnisse des von ihr getragenen Unternehmens ausgeübt werden. Sogar begründete Klagen können danach treuwid-

---

292 Hierzu auch C.II.2.a, S. 164f und C.III.1, S. 217f.

293 So *K. Schmidt* FS Stimpel 1985, 217, 220ff mit näheren Darlegungen.

294 Dies bieten Klagen aus Stimmbindungsverträgen jedenfalls grundsätzlich nicht.

295 H.M. Hachenburg/*Raiser* Anh. § 47 Rn. 152; Baumbach/Hueck/*Zöllner* Anh. § 47 Rn. 72.

296 RGZ 146, 385, 395; BGHZ 43, 261, 265ff; näher Hachenburg/*Raiser* Anh. § 47 Rn. 167.

297 *T. Raiser* FS GmbHG 1992, 587, 604f.

rig sein, wenn sich der mangelhafte Beschluß etwa gemäß § 244 AktG bestätigen oder fehlerfrei wiederholen läßt, oder wenn der gerügte Mangel in keinem Verhältnis zu den Nachteilen steht, die der Gesellschaft durch das Verfahren drohen.

Die in Kapitel VII[298] geschilderten vollstreckungsrechtlichen Probleme bei schuldrechtlichen Stimmbindungsverträgen sind bei einem Titel gegen die Gesellschaft, wie er nach einem Verfahren analog §§ 241ff AktG vorliegt, weitgehend entschärft. Die Gesellschaft ist am Verfahren beteiligt (analog § 246 II AktG - am Nebenvertrag war sie es hingegen nicht), die Entscheidung des Gerichts wirkt - wie ein Beschluß - für und gegen alle Gesellschafter und Gesellschaftsorgane[299] (§ 248 I AktG analog[300]). Verbindendes Element hierbei ist die Mitgliedschaft: geprägt durch Gesetz und Satzung ist ihr Wesensmerkmal die gleichsam automatische Unterworfenheit aller Gesellschafter unter statuarische und andere - darauf basierende - mitgliedschaftliche Regelungen[301]. Damit schließt sich der Kreis zu § 248 I AktG: auch hiernach ist gleichgültig, ob der Gesellschafter am betreffenden Beschluß oder anschließenden Gerichtsverfahren beteiligt war, denn das Urteil trifft ihn alleine aufgrund seiner Verbandszugehörigkeit.

2. Die Entscheidung BGHZ 48, 163

Erkennt man in den §§ 241ff AktG analog das vom Gesetz vorgesehene Verfahren zur zwangsweisen Durchsetzung von Rechten bezüglich Gesellschafterbeschlüssen[302] und zieht andererseits die Schwierigkeiten in Betracht, die bei

---

298 Insbes. S. 85ff.

299 Zu den Informationspflichten von Gericht und Geschäftsführung gegenüber den Gesellschaftern bei solchen Verfahren vgl. BGH EWiR § 47 GmbHG 2/86, 371f m. Anm. *Hommelhoff*.

300 Dies, obwohl die Gesellschaft am Stimmbindungsvertrag gar nicht beteiligt war. Das ist - entgegen § 13 - das Durchgriffselement der Entscheidung; näher dazu unter B.VIII.3.c.

301 Näher siehe unter A.II.6, S. 17ff.

302 Zu den (deklaratorischen) Zwecken einer Beschlußfeststellungsklage s. *Reichard*, Anm. zu OLG Hamburg EWiR § 47 GmbHG 1/91, 899.

nicht mitgliedschaftlichen sondern schuldrechtlichen Bindungen einem "normalen" Zivilprozeß und Zwangsvollstreckungsverfahren gegenüberstehen, so erscheint die vor BGHZ 48, 163 überwiegend vertretene Auffassung, nach der nebenvertragliche Stimmrechtsabreden jedenfalls nicht vollstreckbar sind, keineswegs mehr als so überholt, wie sie gewöhnlicherweise abgetan wird[303].

Der Bundesgerichtshof bekannte sich in der genannten Entscheidung erstmals zur Vollstreckbarkeit von Stimmbindungen. Vollstreckungsrechtliche Gesichtspunkte ließ er ebensowenig unerwähnt wie aus gesellschaftsrechtlicher Sicht entgegenstehende Interessen, folgte aber im Ergebnis vor allem pragmatischen, weniger systematischen Erwägungen[304]. Dem BGH ist dabei zweifellos darin zu folgen, daß ein Gesellschafter, der die Übertragung seines Geschäftsanteils zugesagt hatte, in der Gesellschafterversammlung nicht dazu beitragen darf, die nach Satzung hierfür erforderliche Genehmigung (und damit auch der Vollziehung des Geschäfts) zu verhindern. Dem Gesellschafter ein derart widersprüchliche Verhalten zu unterbinden ist legitim. Daß hierbei auf die üblichen Zwangsvollstreckungsmittel nicht verzichtet wird, ist ebenso naheliegend, handelt es sich doch um ein "übliches" Verpflichtungsgeschäft[305].

---

303 Hierfür spricht sowohl die im Zögern der Rechtsprechung bei der Gewährung einstweiligen Rechtsschutzes und der Zulassung von auf Satzungsänderungen gerichteten Stimmbindungen liegende Inkonsequenz als auch einzelne Äußerungen in der Literatur, z.B. in der in ZHR 155, 209, 210f berichteten Diskussion, von *M. Winter* ZHR 154, 259, 280 ("müßte...nochmals überdacht werden") oder - dezidierter - von *Ulmer* NJW 1987, 1849, 1855 und *Happ* ZGR 1984, 168, 174.

304 Das Urteil enthält eine Zusammenstellung, nicht jedoch Verarbeitung der zur damaligen Zeit bekannten Gegenargumente; so auch *Loewenheim* JuS 1969, 260, 263f. Daß das Urteil auch einige Fehlangaben und -zitate enthält, sei immerhin erwähnt (in BGHZ 48, 171 wird auf BGHZ 45 [anstatt 44] verwiesen; in JZ wird korrekt zitiert. In BGHZ 48, 171 und JZ wird auf Bartholomeyzik, statt -czik verwiesen).

305 *Zöllner* in Baumbach/Hueck § 47 Rn. 80 sieht im der Entscheidung zugrundeliegenden Sachverhalt - der BGH geht (aaO. S. 164) von einem Treuhandverhältnis aus - jedoch einen "Sonderfall", empfindet die daraus gefolgerte allgemeine Vollstreckbarkeit von Stimmbindungen als zu weitgehend. Dies verkennt, daß einem Treuhandverhältnis ausschließlich schuldrechtliche, nicht aber mitgliedschaftliche Bindungen zugrundeliegen, insofern die Generalisierung der Entscheidung BGHZ 48, 163 keineswegs inkonsequent erscheint; daneben dokumentiert *Zöllners* Überlegung aber ebenso wie die Entscheidung in BGHZ 48, 163 die Gefahr von Treuhandverhältnissen als Einfallstor des Schuldrechts in (eigentlich) durch spezialgesetzliche Regelung geschützte Bereiche.

Die gleiche pragmatische Vorgehensweise, die sich letztlich auf ein - als solches keineswegs unzulässiges[306] - "warum nicht" stützt, ist in der Entscheidung des BGH zum Kerbnägelfall erkennbar[307] [308]. Auch hierfür sollen die entsprechenden Bedenken formuliert und analysiert werden.

3. Mögliche Begründungsansätze für den Kerbnägelfall

a.) Aus gesellschaftsrechtlicher Sicht

Geht man von der für die Rechtsfolgenseite einschlägigen Norm des § 243 I AktG aus, so bietet sich an, den einverständlichen Nebenvertrag als Satzungsauslegungsabrede unter den Gesellschaftern anzusehen[309]. Rekurriert man derart auf den Parteiwillen, stellen sich jedoch unmittelbar Schwierigkeiten ein. Zum einen widerspricht der Ansatz dem - auch vom BGH im Urteil betonten[310] - Grundsatz objektiver Satzungsauslegung[311], der es verbietet, außerhalb der Vertragsurkunde liegende Umstände zu ihrer Auslegung heranzuziehen. Zum anderen ist gerade fraglich, ob die Parteien, haben sie explizit eine *neben*vertragliche Vereinbarung getroffen, den Willen hatten, diese als Satzungsbestandteil zu behandeln[312].

Denkbar wäre auch, in der nebenvertragswidrigen Stimmabgabe einen Verstoß gegen die gesellschafterliche Treu- und Förderpflicht (§ 1 GmbHG, §§ 705, 242 BGB) zu erkennen, der als Gesetzesverletzung i.S.v. § 243 I AktG analog

---

306 Recht kann im grundgesetzlich verfaßten Staate niemals Selbstzweck sein! Vgl. BGHZ 10, 350, 359.

307 Die Parallele erkennt insbesondere *Happ* ZGR 1984, 168, 174.

308 Das bemängeln *Happ* ZGR 1984, 168, 172f ("kaum noch zu übertreffende(r) Knappheit") und *Ulmer* NJW 1987, 1849f ("kärglich", "kursorisch(er)") und *Zutt* ZHR 155, 190, 195.

309 Vgl. hierzu insbesondere *Ulmer* NJW 1987, 1849, 1851f.

310 A.III.1, S. 24f.

311 Hachenburg/*Ulmer* § 2 Rn. 138ff; s.a. bei A.II.6.f, S. 18.

312 Näher s. *Ulmer* NJW 1987, 1849, 1852; dort auch zu Konflikten mit der von der h.M. bezgl. der Auslegung von Urkunden vertretenen sog. Andeutungstheorie.

ebenfalls eine Anfechtungsklage rechtfertigen kann[313]. Durch die unter sämtlichen Gesellschaftern bestehende Einigung könnte eine Konkretisierung der Treupflicht eingetreten sein. Würde gegen die daraus sich ergebenden Rechtspflichten verstoßen, so könnte dies zugleich als Verletzung der gesellschafterlichen Treupflicht zu bewerten sein[314].

Der grundlegende Unterschied zwischen dem Gesellschaftsvertrag als der Grundlage der gesellschafterlichen Treu- und Förderpflicht[315] und der förmlich und inhaltlich außerhalb davon bestehenden Nebenvereinbarung würde auch bei dieser Argumentation übergangen[316]. Die mitgliedschaftliche Treupflicht ergibt sich aus der Bindung der Gesellschafter an die GmbH, d.h. deren (objektiv auszulegende) Satzung, die insbesondere den Gesellschaftszweck definiert und mit der sich die Gesellschafter zu Förderung und Rücksichtnahme gegenüber der Gesellschaft und den Mitgesellschaftern verpflichten, sowie der auf dieser Grundlage bestehenden Beschlußlage. Durch diese Komponenten bestimmt sich das Gesellschaftsinteresse. Bindungen der Gesellschafter untereinander kommt eine solche Wirkung nicht zu[317]. Würde man derartigen, neben der Satzung getroffenen Individualvereinbarungen eine satzungsgleiche Wirkung zubilligen, so begegnete dies den bereits hier im letzten Absatz genannten Bedenken: Die Treupflicht würde nicht aus dem Gesellschaftsverhältnis, sondern nach einer außerhalb davon bestehenden individualrechtlichen Bindung beurteilt. Der BGH hat im Kerbnägelfall daher auch eine Argumentation ausdrücklich abgelehnt, die über die Generalklausel der Treupflicht, § 242 BGB, Nebenabreden unmittelbaren Einfluß auf die Sphäre der GmbH verschaffen möchte[318].

Der Gedanke des Stimmrechtsmißbrauchs[319] führt hierbei ebenfalls nicht weiter, anerkennt man, daß eine außerhalb des Gesellschaftsvertrages mit anderen Gesellschaftern oder Dritten bestehende nebenvertragliche Bindung keinen

---

313 Hachenburg/*T. Raiser* Anh. § 47 Rn. 121; KölnerKomm/*Zöllner* AktG § 243 Rn. 69, 189ff; *M. Winter*, Treubindungen, S. 295ff.

314 So Baumbach/Hueck/*Zöllner* § 47 Rn. 79.

315 Dazu *M. Winter*, Treubindungen, S. 63ff.

316 Vgl. A.II.6, S. 15ff.

317 *M. Winter*, Treubindungen, S. 198ff.

318 A.III.2, S. 24f; ebenso *Paschke* FS Serick 1992, 313, 318 m.w.N.

319 Baumbach/Hueck/*Zöllner* § 47 Rn. 74.

satzungsgleichen Einfluß auf die Gesellschafterversammlung und die Gesellschaft haben kann und akzeptiert weiterhin die im Gesellschaftsvertrag begründete Treupflicht als Quelle und tragendes Element beider Anspruchsgrundlagen. Insofern geht es auch nicht an, den §§ 241ff AktG - die ja nicht wörtlich auf die GmbH Anwendung finden - aus gmbh-rechtlichen Gründen im Wege der Analogie noch den Anfechtungsgrund des Konsortialverstoßes hinzuzufügen. Sowohl die vom Bundesgerichtshof in Teil 1 und 2 des Urteils praktizierte dogmatische Strenge[320] als auch die ausschließlich prozessuale Begründung in Teil 3 fügt sich hierin[321]. Der Verzicht auf eine rechtsformspezifische Argumentation seitens des BGH spricht dagegen, in der Abkehr vom Erfordernis eines Verstoßes gegen den Gesellschaftsvertrag - entgegen § 243 I AktG - nur eine formale Lockerung gegenüber dem Aktienrecht parallel zum Verzicht auf die starre Monatsfrist - entgegen § 246 I AktG - und den Widerspruch zu Protokoll - entgegen § 245 Nr. 1 AktG - zu sehen. Tatsächlich kreiert der zweite Senat des BGH in der Entscheidung einen neuen Anfechtungsgrund[322] und erleichtert nicht nur das Verfahren zur Durchsetzung der für die GmbH gesetzlich vorgesehenen.

b.) Aus schuldrechtlicher Sicht

Die gesellschaftsrechtstypische Sanktion der Beschlußanfechtung bedeutet auch aus obligationenrechtlicher Sicht ein Novum als Rechtsfolge eines Verstoßes gegen schuldvertragliche Bindungen.

Stimmbindungsverträge sind schuldrechtliche Vereinbarungen[323]. Allgemein gilt, daß der Verpflichtete mit der vertragswidrigen Abgabe einer Willenserklärung gegenüber einem Dritten zwar seine obligatorischen Bindungen verletzt, dies jedoch die Wirksamkeit dieser pflichtwidrig abgegebenen Willens-

---

320 Siehe unter A.III.1 und 2, S. 24f.

321 A.III.3, S. 26, Rn. 5

322 *Ulmer* NJW 1987, 1849, 1854. Gegen eine - über das bereits Genannte hinausgehende - Erweiterung der §§ 241ff AktG auch BGH GmbHR 1989, 120, 122.

323 So auch der BGH in A.III.3, S. 25, Rn. 1; ausführlich siehe A.II.6, S. 15f.

erklärung nicht beeinflußt. Diese bleibt dessenungeachtet wirksam[324]. Ein etwa durch sie zustandegekommenes Rechtsgeschäft ist nicht etwa sittenwidrig oder etwa nach bürgerlich-rechtlichen Regeln vernichtbar[325]. Anhand der Bestimmung des § 137 BGB[326] läßt sich zeigen, daß, selbst wenn die in einem ersten Vertrag eingegangene Verpflichtung gerade (auch) darin bestand, ein bestimmtes (zweites) Rechtsgeschäft zu verhindern, dieses, kommt es gleichwohl zustande, unanfechtbar wirksam ist[327]. Diese, auf der Relativität schuldrechtlicher Bindungen aufbauende, getrennte Betrachtung, schützt die privatrechtliche Handlungsfreiheit ebenso wie die Sicherheit des Rechtsverkehrs[328]. Bis zur Entscheidung im Kerbnägelfall galt dasselbe auch für Stimmbindungsverträge, entsprach es allgemeiner Auffassung, daß die einer Abstimmvereinbarung zuwider abgegebene Stimme eine Beschlußanfechtung nicht rechtfertigt[329].

Aus schuldrechtlicher Sicht handelt es sich bei der Konstellation des Kerbnägelfalles um eine Verletzung schuldvertraglicher Pflichten, um die Nichterfüllung eines Vertrages in der betreffenden Abstimmung. Der Bundesgerichtshof geht in seinen Urteilen davon aus, daß trotz dieser Leistungsstörung jedenfalls keine Unmöglichkeit vorliegt. Herkömmlicher Dogmatik gemäß wäre somit nach erfolgtem pflichtwidrigen Verhalten positive Vertragsverletzung zu prüfen[330]. Diese setzt entgegen den Vorschriften über die Beschlußanfechtung

---

324 *Peters* AcP 156, 311, 313f m.w.N.

325 Allg. Auff., s. MünchenerKomm/*Mayer-Maly* BGB § 137 Rn. 29ff; RGZ 107, 67; 119, 386, 388; 133, 90, 93; 165, 68, 78; BGHZ 29, 385, 392f; 48, 163, 170; *Peters* AcP 156, 311, 313.

326 Der auch auf unveräußerliche Rechte, überhaupt Rechte aller Art Anwendung findet; vgl. *Jauernig* BGB § 137 Anm.1; Palandt/*Heinrichs* BGB § 137 Rn. 5.

327 Über den verfügenden und verpflichtenden Charakter von Stimmbindungsverträgen siehe B.III.2 lit a (S. 38ff) und e (S. 48ff). Um einen Fall des § 399 BGB handelt es sich bei einer Stimmbindung nicht: eine derartige "Inhaltsbestimmung" im Wege eines schuldrechtlichen Vertrages ist dem Gesellschafter gegenüber dem durch Gesetz und Gesellschaftsvertrag definierten Stimmrecht nicht möglich. Stimmbindungsverträge regeln die Ausübung, nicht aber den Inhalt des mitgliedschaftlichen Stimmrechts.

328 *Jauernig* BGB aaO Anm. 2; s.a. unter B.III.2.c, S. 44ff.

329 St. Respr., RGZ 107, 76, 70; 119, 386, 390; OLG Koblenz DB 1990, 2413; vgl. auch A.III.3, S. 25, Rn. 3.

330 So *Grimm* S. 120ff; *A. Hueck* FS Nipperdey 1965 Bd. I, S. 401, 407; *Godin/Wilhelmi* AktG § 136 Anm. 8 nehmen Schadensersatz wegen Nichterfüllung an; s.a. *Lübbert* S. 175.

(§§ 241ff AktG) jedoch Verschulden voraus[331]. Als Anspruchsgrundlage für eine Anfechtung und Neufassung des Beschlusses käme aus schuldrechtlicher Sicht sodann § 249 S. 1 BGB in Frage[332], der jedoch die Anfechtung auch Nichtgesellschaftern eröffnete, als Bestandteil des zivilistischen Schadensrechts darüber hinaus weitere, gegenüber den gesellschaftsrechtlichen Bestimmungen systemfremde Probleme mit sich bringt (vgl. die §§ 250ff BGB), zudem (Relativität der Schuldverhältnisse) aber auch lediglich zur Verurteilung der Gesellschafter, nicht jedoch - wie in der Kerbnägelentscheidung - der Gesellschaft führen kann[333] [334].

c.) Anfechtung als Durchgriffsfall?

Die unter A.III.3[335] wiedergegebene These des BGH, wonach eine nebenvertragliche Vereinbarung aller Gesellschafter als eine solche der Gesellschaft zu behandeln sei, führte dazu, daß mehrere Autoren die Kerbnägelentscheidung als Anwendungsfall der Durchgriffslehre ansahen[336]. Die Trennung zwischen Gesellschafter und Gesellschaft wird im Urteil überwunden, die gesellschafterliche Vereinbarung unmittelbar der GmbH zugerechnet[337]. Problematisch erscheint hierbei, daß damit ein Durchgriff zugunsten einzelner Gesellschafter (oder Dritter) geschaffen würde, obwohl sich die Gesellschafter doch gerade auf eine formlose Stimmvereinbarung mit deren spezifischen (schwächeren) Rechtsschutzwirkungen verständigt hatten. Das so zugunsten einzelner Gesellschafter

---

331 Speziell zur Stimmbindung vgl. Baumbach/Hueck/*Zöllner* § 47 Rn. 80.

332 *Vomhof* GmbHR 1984, 181, 182; anders noch RGZ 119, 383, 388; 122, 273, 280; 133, 90, 95; RG JW 1929, 2833; OLG Naumburg OLG-Respr. 27, 349.

333 Vgl. auch A.III.3, S. 25, Rn. 3; dies würde ansonsten auch zu einer Verlagerung des Prozeßrisikos und der - häufig beträchtlichen - Prozeßkosten führen.

334 Damit fügen sich die im Aktiengesetz enumerativ genannten Anfechtungsgründe in diesen - hier schuldrechtlich begründeten - Ansatz nahtlos ein: sie erlauben eine Anfechtung nur bei Verstößen gegen gesellschaftsrechtliche Bindungen, nicht jedoch bei Verstößen gegen schlichte obligatorische Verträge.

335 S. 25, Rn. 4. Vgl. dazu den letzten Gedanken zu soeben VIII.3.b.

336 *Happ* ZGR 1984, 168, 172f; *Ulmer* NJW 1987, 1849, 1853f; Hachenburg/*Hüffer* § 47 Rn. 84; *M. Winter* ZHR 154, 259, 277f.

337 So bereits RGZ 160, 257, 262f; *Zluhan* AcP 128, 257, 297 unter Berufung auf *Horrwitz*.

geschaffene Formprivileg weist nur schwache Parallelen zu den anerkannten Fällen des Zurechnungsdurchgriffs auf, handelt es sich doch um einen "umgekehrten" Durchgriff auf die juristische Person, ohne daß im Fall etwa Rechte Dritter betroffen gewesen wären[338] [339]. Ob mit der Etikettierung als Durchgriffsfall mehr als nur eine neue Bezeichnung, sondern auch eine systematische Herleitung und Problemlösung verbunden sein kann, darf schon angesichts des Fehlens einer festumrissenen Durchgriffsdogmatik bezweifelt werden[340].

4. Die Argumentation des BGH

a.) Der Kerbnägelfall

Der tragende Gedanke des BGH[341], den Klägern mit einer einzigen Klage gegen die Gesellschaft effektiven Rechtsschutz zu gewähren, ist unbeschadet der Probleme der systematischen Einordnung des Urteils bestechend. Dies gilt insbesondere im Vergleich zum Vollzug von Stimmbindungsklagen nach bisheriger

---

338 Dies unterscheidet die von *Happ* ZGR 1984, 168, 173 und *Ulmer* NJW 1987, 1849, 1853 zitierte Entscheidung BGHZ 29, 385, 392 (= LM Nr. 2 zu § 84 AktG m. Anm. *Fischer*) maßgeblich vom Durchgriff im Kerbnägelfall; weitere Bedenken gegen das Heranziehen dieser Entscheidung bei *M. Winter* ZHR 154, 259, 277 Fn. 69; vgl. dagegen BGHZ 65, 15, 21 (ITT); BGH WM 1982, 928, 929.

339 *Happ* ZGR 1984, 168, 173; Hachenburg/*T. Raiser* Anh. § 47 Rn. 144 m.w.N.; a.A. *Ulmer* NJW 1987, 1849, 1853, der jedoch i.E. die Entscheidungen des II. Senats im Kerbnägelfall ebenso wie in BGH NJW 1987, 1890 ablehnt, die Anwendung des Durchgriffs auf eindeutige Mißbrauchsfälle reduziert sehen will. Ob damit ein hinreichend präzises Zurechnungsktiterium geschaffen wird, ist jedoch zweifelhaft (ähnl. Hachenburg/*T. Raiser* Anh. § 47 Rn. 144); fraglich ist gerade, ob der Formzwang des § 243 I AktG nicht auch den Streit darüber ausschließen möchte.

340 So auch *Ulmer* NJW 1987, 1849, 1853 unter Hinweis auf *K. Schmidt*, GesR S. 186ff, 1033; *Rehbinder* S. 91; zu den verschiedenen Ansätzen vgl. *ders.* S. 94ff; *Wilhelm* S. 285ff, 380ff; *Schanze*, Durchgriffshaftung, S. 56ff; Hachenburg/*Mertens* Anh. § 13 Rn. 28ff und *K. Schmidt* GesR S. 186ff. Die Frage nach Gesellschafts- oder Nebenvertrag ist die nach der Bestimmung des einschlägigen Schutzbereichs (vgl. A.II.6, S. 15ff), ob ein "Durchgriff" möglich ist, somit ein Problem des anzuwendenden Normenbestandes (vgl. *Schanze* aaO S. 102ff); dies soll in Teil C der Arbeit näher erörtert werden.

341 A.III.3, S. 26, Rn. 5

Praxis. Dabei mußte jeder Gebundene einzeln verklagt werden, wobei das zusprechende Urteil noch keinesfalls den Beschluß ersetzte, der bei vertragsgemäßer Stimmabgabe erzielt worden wäre. Beklagter ist jeweils der gebundene Gesellschafter, das (rechtskräftige!) Urteil ersetzt somit lediglich dessen Stimm*abgabe* (vgl. § 894 ZPO). Um den gewünschten Beschluß zustandezubringen, muß demnach eine Gesellschafterversammlung einberufen werden, die den ursprünglichen Beschluß aufhebt und neu faßt[342].

Folgt man dem BGH, so kann nebenvertragswidrig zustandegekommenen Gesellschafterbeschlüssen mit der Anfechtungsklage gegen die Gesellschaft (§ 246 I S.1 AktG analog) begegnet werden. Da insofern ein Anspruch gegen die Gesellschaft selbst besteht, kann auch das Entstehen von Rechten Dritter aus dem Beschlußvollzug mit einer gegen die Gesellschaft gerichteten einstweiligen Verfügung verhindert werden. Dies wäre ansonsten mangels eines gegenüber der Gesellschaft bestehenden Verfügungsanspruchs nicht möglich[343].

b.) Vergleich mit BGHZ 48, 163

Stellt man das Urteil im Kerbnägelfall der Entscheidung BGHZ 48, 163 gegenüber[344], so fällt auf, daß der Bundesgerichtshof mit seiner 1983 getroffenen Entscheidung an einer wesentlichen Stelle über die Erwägungen, die ihn rund 15 Jahre zuvor die Vollstreckbarkeit bejahen ließen, hinausgeht, einen damals tragenden Grund nun nicht mehr anerkennt. In BGHZ 48, 163, 171 begründete der II. Zivilsenat, warum nach seiner Auffassung gegen die Vollstreckbarkeit von Stimmbindungen keine Bedenken bestehen:

> "In die Willensbildung der Gesellschaft wird nicht eingegriffen, denn der Vollstreckungszwang richtet sich nicht gegen die Gesellschaft, sondern gegen den aus

---

342 Näher *Happ* ZGR 1984, 168, 172; *Overrath* S. 126f; *Lübbert* S. 186ff m. zahlr. Nachw.

343 *Happ* ZGR 1984, 168, 175f m.w.N.; zu den Voraussetzungen und Bedenken siehe B.VII.5, S. 87ff und Rowedder/*Koppensteiner* § 47 Rn. 116.

344 Den Zusammenhang der beiden Entscheidungen betonen auch *Happ* ZGR 1984, 168, 174, *Vomhof* GmbHR 1984, 181, 182; *Ulmer* NJW 1987, 1849 und 1855; ähnlich bereits *Lübbert* S. 175.

der Abstimmungsvereinbarung verpflichteten Gesellschafter (Bartholomeyczik DR 1941, 337, 338)."

Damit bricht der BGH[345] mit der Kerbnägelentscheidung[346]. Die Wirksamkeit der Stimmabgabe in der Gesellschafterversammlung wird unmittelbar, d.h. vermittels Anfechtungsklage durchsetzbar, von einem bloßen Nebenvertrag abhängig gemacht und so direkt in die Entschließungsfreiheit der Gesellschafterversammlung eingegriffen[347]. Damit hat die schuldrechtliche Stimmbindung unmittelbare, körperschaftliche Auswirkungen; die Entscheidung des Bundesgerichtshofes im Kerbnägelfall deutet so darauf hin, daß die in BGHZ 48, 163 im Jahre 1967 vorgetragenen Argumente Inkonsistenzen enthalten, bei konsequenter Anwendung sich vielmehr gegen ihre eigenen Grundlagen richten[348].

---

345 *Kellermann*, Jahrb. d. Fachanwälte für Steuerrecht 1988/1989, 143, 146 spricht von ihr als einer "festen Rechtsprechung".

346 Unklar *Priester* FS Werner 1984, 657, 667 (Fn. 71).

347 Zu den Folgen des Urteils darf man, ohne daß darin die Rechtsprechung des BGH selbst berücksichtigt worden wäre, auch die Entscheidungen des OLG Koblenz NJW 1986, 1692 und NJW 1991, 1119 zählen (vgl. aaO S. 1120). Nach der Rechtsauffassung des OLG soll die Ausübung des gesellschafterlichen Stimmrechts in dringenden Fällen evident rechtswidrigen Stimmverhaltens durch eine einstweilige Verfügung untersagt werden können. Dies gelte aber nur bei Verstoß gegen einen Stimmbindungsvertrag, nicht jedoch bei Verstoß gegen die gesellschafterliche Treupflicht (anders noch in der Vorinstanz LG Mainz EWiR § 47 1/90, 267 m. Anm. *Fleck*). Der dahinterstehende Gedanke, Nebenverträge als gegenüber der gesellschaftvertraglichen Regelung höherwertig zu erachten, entspricht der Linie des BGH, jedoch nicht der unterschiedlichen Intensität einer rein schuldrechtlichen Verpflichtung nach § 242 BGB und der umfassenderen Bindung, wie sie mit der gesellschafterlichen Treu- und Förderpflicht auch in der GmbH allgemein anerkannt ist. Ein unmittelbarer (unter Ziff. 1.bcc der Entscheidung heißt es "unzulässiger") Eingriff in die Willensbildung der Gesellschafter kann - lt. OLG Koblenz NJW 1986, 1693 - in einer einstweiligen Verfügung nicht liegen, da durch die rechtsgeschäftliche Vereinbarung die Gesellschafter sich selbst die Bindung auferlegt hätten, ihnen diese also nicht erst durch die einstweilige Verfügung aufgezwungen werde (?!) - das heißt die einstweilige Verfügung zulassen, weil ein Verfügungs*anspruch* dargetan ist und müßte entsprechend für jegliche Vertragsverpflichtung gelten, auch der aus dem Gesellschaftsvertrag. Das OLG in NJW 1991, 1120: "Eine Stimmrechtsvereinbarung ist eine Regelung mit klar umschriebenem und dem Verpflichteten in allen Einzelheiten genau bekannten Inhalt"- verwiesen sei auf A.II, den Sachverhalt im Kerbnägelfall und die unter B.III (S. 41f) und B.V (S. 59f, 61ff, 65ff) behandelte Problematik; zu Recht gegen dieses Urteil auch OLG Hamburg GmbHR 1991, 467, 468 m. Anm. *K. Schmidt*.

348 So auch Geßler/*Eckardt* AktG § 136 Rn. 56.

c.) Das Problem der Kritik

Das Aufgeben der unter A.II.6[349] getroffenen, festumrissenen Unterscheidung von Schuld- und Gesellschaftsrecht durch die Urteile des Bundesgerichtshofs stellt sich nach allem zwar als dogmatisches Problem dar. Gegen die sich im konkreten Fall auf Prozeßökonomie stützende Argumentation des BGH muß jedoch die in der Literatur geäußerte Kritik akademisch-formalistisch wirken. Der Grund hierfür liegt - wie der obige Urteilsvergleich erkennen läßt - letztlich in dem auch von den Kritikern grundsätzlich mitgetragenen Ansatz über die Zulässigkeit der Vollstreckung von Stimmbindungsverträgen[350]. Bejaht man diese, überschreitet damit die Grenzlinie zwischen Obligationen- und Gesellschaftsrecht, läßt in diesem Sinne einen "Durchgriff" zu, so leuchtet das vom BGH im Kerbnägelfall gefundene Ergebnis unmittelbar ein[351]. Es muß in der Tat schikanös erscheinen und dürfte den Betroffenen kaum zu vermitteln sein, warum man einerseits gegen das (positive) Hineinregieren in die Gesellschafterversammlung keine Einwände hat, andererseits aber den Berechtigten auf den umständlichen Weg der Klage gegen jeden einzelnen gebundenen Gesellschafter (auf Zustimmung zur Aufhebung des vertragswidrigen Beschlusses) verweisen muß, ohne die kassatorischen Möglichkeiten einer (einzigen!) Anfechtungsklage nutzen zu können[352].

349 S. 15ff.

350 Das erklärt die theoretisch fundierte Ablehnung der Entscheidung bei gleichzeitiger Zustimmung zum praktischen Ergebnis sowohl bei *Happ* ZGR 1984, 168, 175ff als auch bei *Ulmer* NJW 1987, 1849, 1855. Daß die heutige Praxis der Stimmbindungsverträge bereits als solches einen Fall von "Durchgriff" darstellt, bemerkt *Wiedemann* FS Schilling 1973, 105, 115. Ebenso bereits RGZ 119, 386, 389: "So wenig es angeht, daß gegen den Aktionär, der sich schuldrechtlich verpflichtet hat, in gewissem Sinne zu stimmen, ein Erfüllungszwang geübt und auf dem Wege des § 894 ZPO seine Verurteilung zu vereinbarten Stimmabgabe vollstreckt wird (RGZ Bd. 112 S. 273), so wenig kann das Ergebnis einer Abstimmung, wenn es nur aktienrechtlich einwandfrei zustande gekommen ist, dadurch berührt werden, daß durch die Stimmabgabe rein schuldrechtliche Verpflichtungen des abstimmenden Aktionärs gegenüber der Gesellschaft verletzt worden sind."

351 So auch *Ulmer* NJW 1987, 1849.

352 Vgl. Rowedder/*Koppensteiner* § 47 Rn. 96a.

5. Ergebnis und Aufgabe

Bei der danach anstehenden Überprüfung der h.M. zur Vollstreckbarkeit von Stimmbindungen kann es nicht darum gehen, den Schwierigkeiten, welche seitens der Zivilprozeßordnung bei Akten kollektiver Willensbildung bestehen, einfach auszuweichen. Auch darf nicht verkannt werden, daß die Zubilligung eines Schadenersatzanspruches bei Verstößen gegen nebenvertragliche Bindungen in der Mehrzahl der Fälle den eingetretenen Schaden, falls dieser überhaupt in Geld meßbar sein sollte[353], nicht mehr wird beseitigen können. Alle gezeigten "praktischen" Schwierigkeiten sollen jedoch nicht Hindernis, sondern gerade Anlaß sein, die Vereinbarkeit der Zwangsvollstreckung aus Stimmbindungsverträgen mit dem GmbH-Recht zu untersuchen. Dies ist, obwohl die Diskussion darüber bis an den Anfang dieses Jahrhunderts zurückverfolgt werden kann[354], nicht ausschließlich die Frage nach dem, was sich die Väter des GmbHG vorgestellt haben mögen, sondern vielmehr danach, was sich aus Wortlaut und Systematik des GmbHG nach heutigem, von der Rechtsprechung des II. Zivilsenats maßgeblich mitgeprägten Verständnis[355] ableiten läßt.

---

353 Auch § 287 ZPO dürfte insofern nur schwachen Trost bieten; so bereits *Zluhan* AcP 128, 257, 294 ("ein kümmerlicher Behelf") und *Lübbert* S. 174f.

354 *Hachenburg* LZ 1908, Sp. 640, 645f; *Friedländer*, Zeitschrift für das gesamte Aktienwesen 1921, 228, 230; *Zluhan* AcP 128, 257, 293ff m.w.N.; *Isay* LZ 1928, 1295; weitere Nachw. bei *Fischer* FS Kunze 1969, 95, 99.

355 Vgl. etwa *Ulmer*, Entwicklungen, *ders.* in FS Jur. Fak. HD 1986, 389, 391ff.

Teil C: Eigener Ansatz

I. Formen im Recht der GmbH

1. Allgemeines

Die Bedeutung der gesetzlichen Form als Bestandteil und Gewährleistung objektiver Ordnung ist unbestreitbar - man denke nur an den Aspekt der Rechtssicherheit[1] [2]. Formfragen als solche verschließen sich jedoch früher oder später stets einer materiell-rationalen Begründungs- und Argumentationskette, verkommen zum bloßen "Formalismus"; sie entbehren insofern nicht eines gewissen Dogmatismus oder der Willkürlichkeit[3]. Striktes Festhalten an gesetzlichen Formzwängen stellt dabei einerseits einen gewissen Lästigkeitsfaktor dar[4], eine Bevormundung der Parteiinteressen, die verordnete Beschränkung des "an sich" frei wirksamen rechtsgeschäftlichen Willens. Andererseits verlöre eine Privatautonomie ohne objektive Ordnungsfaktoren an Glaubwürdigkeit und Verbindlichkeit. Hinzu kommt, daß auch die Durchbrechung von Formvorschriften im Einzelfall Ausdruck von Willkür sein kann[5]. Die rechts-wissenschaftliche Frage

---

1 Vgl. BGHZ 52, 316, 319 m.w.N.

2 "Denn, was man schwarz auf weiß besitzt, kann man *getrost* nach Hause tragen" (Faust I, Studierzimmer II, Verse 1966f).

3 *V. Tuhr* S. 496: "Formvorschriften...der willkürlichste Teil einer Rechtsordnung"; s.a. *Häsemeyer* S. 25.

4 Im Kerbnägelfall hätten die Gesellschafter entsprechend dem Wortlaut des § 243 I AktG, um einer Anfechtungsklage zum Erfolg zu verhelfen, zuerst eine Satzungsänderung vornehmen müssen. Selbst dann hätte jedoch die Anfechtung jedoch lediglich zur Kassation des Beschlusses geführt (vgl. §§ 248, 241 Nr. 5 AktG) diesen nicht zugleich durch einen anderslautenden ersetzt (vgl. die Inkongruenz von A.III.3, S. 26, Rn. 5 Satz 1 HS 3 u. Satz 2). Im Ergebnis kommt es in BGH NJW 1983, 1910 so zu einer positiven Verurteilung der GmbH, wobei der BGH davon ausgeht, daß diese von ihren (nicht am Prozeß beteiligten) Gesellschaftern ein von der Satzung nicht gedecktes Abstimmen verlangen kann.

5 Vgl. BGH NJW 1965, 812ff und die Rezension von *W. Lorenz* JuS 1966, 429; *ders.* AcP 156, 381; BGHZ 85, 315, 319 (zu § 313 BGB); s.a. die erbrechtlichen Fälle BGHZ 80, 242; 80, 246, 250; 86, 41; dazu *Schanze* in Miller/Meyers S. 113ff.

nach den bei der Anwendung von Formvorschriften geltenden Grundsätzen ist insofern zugleich eine nach der Gerechtigkeit[6].

a.) Aspekte gesetzlicher Form

Privatautonomie bedeutet die Anerkennung rechtsgeschäftlicher Selbstbestimmung, gesetzliche Form aber die hoheitliche Fremdbestimmmung über die Wirksamkeit privater Willensäußerungen. Beide Prinzipien stehen insofern im Widerspruch zueinander, als beim Willen auf eine subjektive, beim Gesetz jedoch auf eine objektive, außerpersönliche Entscheidungsinstanz abgestellt wird[7]. Folgende Aspekte gilt es zu berücksichtigen[8]:

Das Formerfordernis ist kraft Gesetzes der Privatautonomie als einem rechtlich garantierten, aber von privat (d.h. gerade nicht hoheitlich) definierten Wertungen bestimmten Freiheitsbereich zugeordnet. Gesetzliche Formvorschriften enthalten dabei heteronom gesetztes, zwingendes Recht, sind insofern Parteiwille und Parteidisposition nicht preisgegeben. Sie werden diesen Elementen vielmehr zwangsweise hoheitlich zugeordnet und unterliegen richterlicher Kontrolle. Durch sie wird damit die Privatautonomie gerade eingeschränkt, weshalb der Parteiwille auch nicht über die gesetzliche Form disponieren kann. Der gesetzlichen Form diesen objektiven Ordnungscharakter absprechen heißt, sie in der gewillkürten Form aufgehen zu lassen, die im Gesetz vorgesehene gegensätzliche Behandlung beider zu übergehen (vgl. BGB § 125 Satz 1: zwingend, konstitutiv, lex perfecta; Satz 2: dispositiv, Beweisregel, Sollvorschrift)[9].

---

6 Zum Ganzen instruktiv *Häsemeyer* S. 15ff, 160ff.

7 Hierzu *Reinhardt* FS Schmidt-Rimpler 1957, 115f, 122f, 129ff, 135f.

8 Ausführlich *Häsemeyer* S. 160ff, 195f.

9 Selbst wenn mit der gesetzlichen Form überwiegend Beweiszwecke verbunden sein sollten, ist sie nicht lediglich Beweisregel, sondern Teil zwingenden Rechts. Der Zwangscharakter geht damit über die funktionelle Bezogenheit hinaus, er bewirkt, daß gesetzliche Formen, im Gegensatz zu den der Parteiherrschaft unterliegenden gewillkürten, gerade nicht direkt funktionsabhängig sind; vgl. *Kötz* JZ 1967, 288.

Angesichts der eine Gesetzes- oder Satzungsverletzung verlangenden Regelung des § 243 I AktG hätte eine Auseinandersetzung mit diesem Problem für den BGH anläßlich des Kerbnägelfalles eigentlich nahegelegen[10] [11]. Der Bundesgerichtshof unterläßt dies jedoch, die Formfrage zum bloßen "Störfaktor" degradierend, ebenso wie eine Erörterung des allgemein für Urkunden anerkannten Satzes, wonach die Parteiabreden in einer solchen vollständig und richtig niedergelegt sind[12].

b.) Die Konsequenzen im konkreten Fall

Nach Darlegung der materiell-rechtlichen Unbedenklichkeit von Stimmbindungsabreden in Teil B der Arbeit, kann es hier nicht darum gehen, diese für formnichtig zu erklären[13]. Stimmbindungsverträge sind etwas qualitativ anderes als eine Satzung, sie unterliegen daher auch nicht den für diese geltenden Formvorschriften[14]. Genau diesen qualitativen Unterschied gilt es aber zu be-

---

10 Besonders auffällig wird hierbei der Kontrast zwischen der im ersten Teil des Urteils (A.III.1 u. 2) postulierten dogmatischen Strenge mit den dabei abgeleiteten Verwertungsverboten und dem, was im zweiten Teil des Urteils (A.III.3) - konträr dazu - dann doch heranzuziehen erwogen wird: was Teil 1 verbietet, wird in Teil 2 zur Pflicht! Vgl. die doppelte Prüfung der Entstehungsgeschichte und des Treuegedankens - § 242 BGB - in A.III.2 und 3b, noch deutlicher in BGH NJW 1987, 1890 Abschnitt I.4, mit jeweils unterschiedlichem Untersuchungsausgang (die Verwirrung, die solches Doppelspiel stiftet, zeigt sich bei *Happ* ZGR 1984, 168, 170, Fn. 3 und *Fleck* ZGR 1988, 104, 124f). Hält man die beiden Teile des Urteils unmittelbar nebeneinander, wird das Mißverhältnis von (systematischem) Anspruch und der (vom reibungslosen Betriebsablauf bestimmten) Wirklichkeit ersichtlich; ebenso an der von *Vomhof* GmbHR 1984, 181 verfaßten Rezension (insbes. sub 3, Satz 1 ggü. 2).

11 So nunmehr auch BGH GmbHR 1993, 497, 498f m. Anm. *Habersack* ZGR 1994, 354.

12 *Jauernig* BGB § 126 Anm. 3.

13 A.A. wohl *M. Winter* ZHR 154, 259, 280 (1. Absatz); *Baumann/Reiss* ZGR 1989, 214f; Rowedder/*Rittner* § 3 Rn. 56; vgl. auch die strikte Handhabung des Formzwanges in BGH WM 1978, 87f im Falle einer PublikumsKG (für eine Normal-KG dagg. BGH WM 1978, 88f).

14 KölnerKomm/*Lutter* AktG § 54 Rn. 22: "Gegenstand solcher Einzelvereinbarungen können alle diejenigen besonderen Pflichten sein, die für den korporativen Bereich als unzulässig qualifiziert wurden"; ähnl. RGZ 48, 102, 106; dagg. RG JW 1903, 342, 344; s.a. RGZ 79, 332, 336f; 79, 418, 422ff; 83, 216, 218ff; RG JW 1930, 2675, 2676f (zu § 3 II); zu den

achten und die Konsequenzen daraus zu ziehen. Es müssen - vor dem Hintergrund des formpflichtigen Gesellschaftsvertrages - Mängel der gesetzlichen Form Sanktionen auslösen, ansonsten läge ein Fall gewillkürter Formbindung vor. Dies wäre damit unvereinbar, daß gesetzliche Formen als normative Ordnungsinstrumente im Bereich der Privatautonomie konstitutiv und nicht lediglich als Beweisform wirken[15]. Das konstitutive Element der Form würde aber verkannt, würde man den unterschiedlichen Rechtsakten (Satzung und Nebenvertrag) im Ergebnis dieselben Rechtsfolgen zubilligen. Die verschiedenen Voraussetzungen, unter denen die jeweiligen Verträge zustandekommen - und die sich insbesondere in den unterschiedlichen Formerfordernissen manifestieren - würden ansonsten zum Selbstzweck erklärt. Eine konsequente Beachtung der andersartigen Rechtsnatur von Satzung und Nebenvertrag läßt deren gegenseitige Austauschbarkeit - und dies stellt die Zubilligung identischer Rechtsfolgen auf der Tatbestandsseite dar - nicht zu. Schon angesichts des zwischen beiden Rechtsformen bestehenden - ebenso essentiellen[16] wie evidenten[17] - formalen Unterschieds, kann entgegen der im Kerbnägelfall vertretenen Auffassung des BGH dabei auch ein quantitatives Kriterium keine Rolle spielen. Das Abstellen auf die Zahl der Nebenvertragsbeteiligten rekrutiert sich aus dem Schuldrecht, nicht aber aus der sedes materiae der Gesellschafterbeschlüsse und deren Anfechtung, dem Gesellschaftsrecht. Letzteres differenziert zwischen Gesellschaftsvertrag, Beschluß und Nebenvertrag, nicht aber zwischen einstimmigen oder mit anderen Quoren zwischen Gesellschaftern oder mit Dritten geschlossenen Nebenverträgen[18].

Betrachtet man das gesetzliche Formverlangen als eine Art Korsett für den Parteiwillen, (Anlege-)Zwang und (Austragungs-)Stütze, so kommt für die hiesige Fragestellung hinzu, daß formale Gesichtspunkte bei einem nicht realen,

---

Anforderungen an zur Satzungsänderung verpflichtende Stimmbindungen s. Hachenburg/-*Ulmer* § 53 Rn. 39, 43.

15 Vgl. § 125 S. 1 BGB; hierzu *Häsemeyer* S. 197f.

16 Hierzu siehe A.II.5 et seq., S. 8ff.

17 D.h. "sichtbaren" (näher dazu siehe unten).

18 Ähnlich bereits RGZ 119, 386, 390; *Happ* ZGR 1984, 168, 177; ausführlich hierzu - auch zu § 48 II, III - unter C.II.2.c, S. 171ff.

materiellen, sondern juristisch-fiktiven Gebilde wie einer GmbH notwendige Kriterien für dessen (juristische) Existenz markieren[19]. Sie sind das, was den "Körper" selbst erst erschafft, ihn von den Mitgliedern abtrennt (vgl. §§ 11, 13) und damit auch deren Enthaftung begründet. Formale Kriterien stellen insofern einen materiellen, qualitativen Faktor dar, der über bloße Einschränkung des Konsensprinzips als Mittel privatautonomer Rechtsgestaltung hinausgeht.

Die Besonderheiten werden hierbei - in jeweils zunehmendem Maße - an den unterschiedlichen Rechtsfolgen von Formverstößen erkennbar: Bei Rechtsgeschäften führen Verstöße gegen die gesetzliche Form zur Nichtigkeit (§ 125 S. 1 BGB). Die für organisationsrechtliche Verträge des Personengesellschaftsrechts nach der Lehre von der fehlerhaften Gesellschaft demgegenüber geltenden Einschränkungen rechtfertigen sich insbesondere aufgrund von Rechtsschutzinteressen Dritter am Bestand der Gesellschaft. Juristische Personen unterliegen dagegen eigenen, formalen Bedingungen. Ist eine GmbH erst einmal entstanden, sind Mängel am Gesellschaftsvertrag für ihre Existenz überhaupt unbeachtlich (vgl. § 75), selbst eine Auflösung für die Zukunft ist nur unter engen Voraussetzungen möglich (§§ 75, 77). Der darin zum Ausdruck kommende Bestandsschutz juristischer Personen besteht unabhängig von etwaigen Interessen Dritter[20].

---

19 Getreu Le Corbusiers Grundsatz von der Form, die nicht "bloße Funktion, sondern gedachte Ordnung, daher auch ein Wesen" ist (zit. nach FAZ v. 5. Dezember 1990, S. 37). Zur Fiktionstheorie und dem Zusammenhang zwischen dem künstlichen Gebilde "juristische Person" und der Mitgliederversammlung vgl. *Gierke*, Entwurf, S. 145ff, S. 150: "Die Mitgliederversammlung sinkt also zu einem Sammelapparat für die Willenserklärungen einer zur Interessentenschaft verbundenen Summe von Individuen herab". Gegenüber dem damaligen § 44 III bemängelt *Gierke* aaO, daß es niemals "Versammlungsbeschluß", sondern lediglich "Beschluß der Mitglieder" heiße. Auch ist nach seiner Auffassung (aaO S. 151) die Vorschrift, wonach es im Falle der Zustimmung aller Mitglieder einer Versammlung überhaupt nicht bedürfe (§ 48 III) eine "vollkommen unorganische und mit den Bedingungen des Körperschaftslebens unverträgliche Bestimmung". Inwieweit dies für GmbH zutrifft, dazu im Folgenden.

20 Vgl. A.II.6.c, S. 16.

Neben dem Ausschluß der Haftung gemäß §§ 11, 13[21] und der Fungibilität der Geschäftsanteile nach § 15 sind dies nur einige Aspekte und Auswirkungen der *formal* begründeten Trennung zwischen Gesellschaftern und Gesellschaft[22].

Anders der BGH in "Kerbnägel" und der Folgeentscheidung in NJW 1987, 1890, wo ausschließlich darauf abstellt wird, wieviele Gesellschafter an der Nebenabrede beteiligt sind. Der formlosen Nebenabrede wird abhängig hiervon eine satzungsgleiche Wirkung zugesprochen, das qualitative Moment der Form durch das quantitative Moment der Einstimmigkeit substituiert bzw. als solches übergangen[23]. Insofern ist es nur konsequent, daß im Anschluß daran die Diskussion auf dieser quantitativen Ebene fortgesetzt wurde[24]. Dementsprechend ist zu fragen - und die "Willkürfreiheit"[25] der Urteile ist vergleichend daran zu messen - wie die Entscheidung des BGH bei einer Bindung von z.B. lediglich 99,99% der Stimmen hätte aussehen müssen bzw. ausgesehen hätte[26] [27]. Eine Beteiligung der verbleibenden Gesellschafter im Wege der streitgenössischen Nebenintervention (§§ 69, 61 ZPO) bereitet grundsätzlich keine Schwierigkeiten[28] [29]. Hätte man also in einem solchen Falle einer Anfechtungsklage (mit der

---

21 Zur beschränkten Haftung der Gesellschafter in der durch die Errichtung der Satzung entstehende Vorgesellschaft s. Baumbach/*Hueck* § 11 Rn. 22f m.w.N.

22 Vgl. auch BGH DB 1987, 1930; für die Einmanngesellschaft *Schanze*, Durchgriffshaftung, S. 41, unter Bezugnahme auf *Gierke*, Genossenschaftstheorie, S. 833ff: ".. daß die Anerkennung einer juristischen Person allein durch den einen *besonderen* Willen bildenden Personenverband legitimiert werden könne, der als Aufhebung der Einzelinteressen, als ein von der Einzelperson getrennter Organismus zu behandeln sei" (Hervorhebung nicht im Original); zu den verschiedenen Ansätzen vgl. *M. Winter*, Treubindungen, S. 193ff, 197ff.

23 Vgl. A.III.3, S. 25, Rn. 4.

24 Vgl. bei *Happ* ZGR 1984, 168, 177f, *Köhler* S. 39, *M. Winter* ZHR 154, 259, 275 und *Piehler* DStR 1992, 1654, 1661.

25 Art 3 I GG, s.o. unter 1.

26 Unter diesem Aspekt lehnt bereits RGZ 119, 386, 390 eine Naturalrestitution bei bindungswidrigem Stimmverhalten ab.

27 Der BGH verschließt sich solchen Fällen nicht grundsätzlich, wie am "zumindest solange..." in A.III.3, S. 25, Rn. 4 erkennbar wird. Durch diese "jedenfalls-dann"-Argumentation (ähnl. BGHZ 105, 306, 318) wird die Übertragbarkeit der im Kerbnägelfall formulierten Grundsätze auch auf andere Fallkonstellationen mit einer Bindung von unter 100% offengehalten.

28 *Ulmer* NJW 1987, 1849, 1854; *Happ* ZGR 1984, 168, 178; a.A. *K. Schmidt* NJW 1986, 2018, 2020; *M. Winter* ZHR 154, 259, 275; *ders.*, Treubindungen, S. 170ff; dort, S. 51f,

sich auf Prozeßökonomie stützenden Argumentation des BGH im Kerbnägelfall) den Erfolg versagen können, ohne daß - im Vergleich zum Kerbnägelfall - kaum hinnehmbare Ungerechtigkeiten entstünden[30]? Hätte man es einem solchen Gesellschafter zumuten dürfen, ihn auf den "umständlichen Weg einer Klage gegen die Mitgesellschafter zu verweisen"[31]? Genügte andererseits nicht schon die Bindung von 3/4 der Stimmen, die immerhin eine Satzungsänderung nach § 53 II ermöglicht, zur Rechtfertigung einer Anfechtung?

Weiter ist zu fragen, ob nicht auch ein satzungsändernder Beschluß, der trotz Erreichen des erforderlichen Quorums gegen eine nebenvertragliche Bindung von 100% der Gesellschafter verstößt, deshalb anfechtbar wäre[32]. Das Urteil des BGH läßt diesbezüglich keine Einschränkung erkennen. Mit § 243 I AktG scheint eine solche Anfechtung jedoch kaum vereinbar, wird damit doch die Satzung als der Kontrollmaßstab des § 243 I AktG zum Kontrollgegenstand, aus dem normativen "Schutzobjekt" somit eine "Gefahrenquelle" im Sinne eines zu kontrollierendes Rechtsgeschäfts[33].

---

auch zu den weiteren prozessualen Bedenken gegenüber der Kerbnägelentscheidung: der Verstoß gegen eine unter den Gesellschaftern getroffene Vereinbarung wird durch Klage gegen die daran nicht beteiligte Gesellschaft sanktioniert (falsche Beklagte). Der die Gesellschaft im Prozeß vertretende Geschäftsführer muß dabei auch nicht notwendig über die zu einer erfolgversprechenden Rechtsverteidigung erforderlichen Informationen verfügen.
Auch materiell-rechtlich wären andere Konstruktionen denkbar (z.B. über §§ 328, 158 II BGB): nach BGH ist die Verpflichtung (allen) anderen Gesellschaftern gegenüber "eine solche der Gesellschaft" (A.III.3, S. 25, Rn. 4); daraus werden dann wieder die Gesellschafter berechtigt, einen Gesellschafterbeschluß dieser gegenüber anzufechten (aaO Rn. 5).

29 Zu den in Beschlußanfechtungsfällen bestehenden Informationspflichten des Geschäftsführers und des Prozeßgerichts gegenüber *sämtlichen* Gesellschaftern vgl. BGH EWiR § 47 GmbHG 2/86, 371 m. Anm. *Hommelhoff*.

30 Bei 99,99% erhält der Berechtigte, kommt er zu spät, lediglich Schadensersatz, bei 100% Bindung steht ihm jedoch die Anfechtungsklage offen. Zur nur beschränkten Tauglichkeit des Schadensersatzes vergleiche B.VII.4 und 5.ca und lit. cb.

31 BGH NJW 1983, 1910, 1911 (= A.III.3, S. 26, Rn. 5).

32 So wäre der vom GmbHG für die einschränkende "Handhabung" des Unternehmensgegenstandes (vgl. den Kerbnägelfall) vorgesehene Weg, der einer Satzungsänderung. Hätten dabei die Gesellschafter den Unternehmensgegenstand der Satzung so eingeschränkt, daß diese nicht mehr den im BGH-Fall beanstandeten Erwerb des Konkurrenzunternehmens gedeckt hätte, so hätten sie diesen in der Satzung danach mit der entsprechenden Mehrheit auch wieder ausweiten können.

33 So auch *Happ* ZGR 1984, 167, 178.; *Ulmer* NJW 1987, 1849, 1854.

Akzeptiert man demgegenüber die Thesen des Bundesgerichtshofs als solche (d.h. ohne Ausschluß satzungsändernder Beschlüsse), so wäre daran anschließend zu überlegen, wie bei einer Bindung von nur 75% die Entscheidung auszusehen hätte[34]. Stellt man, wie der BGH, den Gedanken effektiven Rechtsschutzes und der Prozeßökonomie in den Vordergrund[35], ist darüberhinaus - mit *M. Winter*[36] - zu fragen, ob nicht die Anfechtungsklage gerade im Falle eines nur eine Sperrminorität nebenvertraglich Bindenden zugelassen werden muß. Stimmen die Gebundenen vertragswidrig mit der Mehrheit und ermöglichen so einen satzungsändernden Beschluß, kann dieser mittels Leistungsklage gegen die gebundenen Gesellschafter nicht wieder beseitigt werden. Allein mittels einer Anfechtungsklage wäre hierbei Rechtsschutz möglich[37].

Auch dürfte bei Nicht-Satzungsänderungsbeschlüssen nicht nur eine Bindung von über 50% des stimmberechtigten Kapitals, das in der Gesellschafterversammlung jederzeit für die Aufhebung des jeweiligen Beschlusses genügte, einer Anfechtungsklage zum Erfolg verhelfen. Im Rahmen einer solchen Klage müßten auch noch geringere %-Zahlen zu berücksichtigen sein, wenn etwa zwischenzeitlich - den damaligen Beschluß tragende - Gesellschafter ausgeschieden sind, eingelenkt und ihr Votum revidiert haben oder es aus anderen Gründen zu neuen Mehrheiten gekommen ist[38]. Darauf, wann sich einzelne (bzw. die übri-

---

34 Weiterführend dazu in der nächsten Fußnote.

35 A.III.3, S. 26, Rn. 5. Wirklich "prozessual" kann man - bei großzügiger Betrachtung - hierbei nur den Teil der Entscheidung nennen, der es dem überstimmten Gesellschafter erlaubt, Klage gegen die *Gesellschaft* anstatt gegen die Gesellschafter (als den Nebenvertragsverpflichteten) zu erheben; ein Grund für dieses Zugeständnis dürfte auch darin zu sehen sein, daß in der Revisionsinstanz (BGH) ein Parteiwechsel als nicht zulässig erachtet wird (RGZ 160, 204, 212; *Thomas/Putzo* ZPO, Vorbem. § 50 Anm. 4.c; Baumbach/*Hartmann* ZPO § 263 Rn. 13), man den Kläger aber nach Jahren des Prozessierens wohl nicht einfach um die Früchte des bisher Erreichten bringen wollte mit der Begründung, er habe die falsche Partei verklagt (so *Vomhof* GmbHR 1984, 181). Ähnliche Erwägungen dürften auch bei anderen Entscheidungen im Bereich des Durchgriffs eine Rolle gespielt haben (BGHZ 65, 15 (ITT), dazu *M. Winter*, Treubindungen, S. 44, 209; BGH NJW 1986, 188 (Autokran) mit Anm. *Ulmer* NJW 1986, 1579; krit. dazu auch Mestmäcker/Behrens/*Schanze* 473, 498ff; *Schanze/Kern* AG 1991, 421; zu beiden Urteilen *Assmann* FS GmbHG 1992, 657 m.w.N.).

36 ZHR 154, 259, 275f.

37 Vgl. die unter B.VII.5.b, S. 91f aufgeführten "Problemfälle" und bei *M. Winter* aaO.

38 Dies gilt dann ab Bindung von unter 75% auch wieder für die o.g. Satzungsänderungsbeschlüsse.

gen) Gesellschafter dem Nebenvertrag de facto oder de iure angeschlossen haben, kann es dabei, folgt man der Argumentation des BGH (vgl. A.III.3, S. 25f, insbes. bei Rn. 5), nicht ankommen; es müßte auch noch während des Prozesses jederzeit möglich sein. Daß dies die Bestandskraft von Gesellschafterbeschlüssen in Frage stellt und auch zu Konflikten mit den nach h.M. für die Anfechtung geltenden Klagefristen führen kann, sei hier nur angemerkt[39]. Diese Probleme treten auch auf, betrachtet man die Anfechtungsklage - wie der BGH - als zusätzlichen Rechtsbehelf, der das Vorgehen mittels einer auf den Nebenvertrag sich stützenden Leistungsklage keineswegs ausschließt[40].

Entsprechendes gilt für die Bindung der Stimmen unter Beteiligung oder unmittelbar an einen Dritten. Den ersten Fall meint die Konsortialvariante, bei der etwa eine Vorabstimmung einer Gesellschaftergruppe unter Beteiligung eines Dritten stattfindet. Diesem Außenstehenden kann dabei ein beliebig gewichtiges, dem Vor-Stimmrecht[41] beteiligter Gesellschafter also gleichrangiges, geringeres oder gewichtigeres Votum zukommen. Der zweite Fall meint das bei der erstgenannten (stufenlos möglichen) Einflußsteigerung erreichbare Maximum, wonach dem Dritten volles Direktionsrecht eingeräumt ist. Auch hier betritt man schwankenden Grund, hat man erst einmal das formale *und* qualitative Merkmal[42] des Gesellschaftsvertrages verlassen und billigt Nebenverträgen grundsätzlich gleiche Einflußmöglichkeiten auf die Willensbildung in der Gesellschafterversammlung zu. Im Anschluß daran scheint die Ablehnung der Anfechtungsklage gegenüber einem Dritten, der 100% der Stimmen in der Gesellschaft unmittelbar oder durch eine Vorabstimmung gebunden hat, nur schwerlich überzeugend begründbar. Warum sollte diesem nicht gestattet sein, verhalten sich die zu 100% gebundenen Gesellschafter nicht vereinbarungsgemäß, entsprechend der Stimmvereinbarung nachträglich die Gesellschafter auf Geltendmachen ihres Anfechtungsrechts zu verklagen, bzw. - mit Blick auf die Betonung der Prozeßökonomie durch den BGH im Kerbnägelfall - selbst diese

---

39 Es als Folge der - ungerechtfertigten - Gleichstellung von Beschluß und Vertrag zu erkennen, bleibt dem Folgenden überlassen.

40 Vgl. OLG Köln GmbHR 1989, 76, 77; Hachenburg/*Ulmer* § 3 Rn. 125; *Lutter/Hommelhoff* Anh. § 47 Rn. 45; s.a. C.III.1, S. 219f.

41 Vgl. A.II.3, S. 7.

42 Einzelheiten unter A.II.6, S. 15ff.

Klage gegen die Gesellschaft zu erheben[43]? Die oben auf S. 118f herangezogene Reihe von 100 absteigender Prozentzahlen schließt daran an, ebenso Fragen danach, ob nicht bei einer Bindung der jeweils erforderlich Kapitalquote auch das Recht zur Einberufung von Gesellschafterversammlungen, Bestimmung von Tagesordnungspunkten etc. (§ 50) Dritten zustehen sollte. Die Beispiele sind Legion.

Die geschilderten Schwierigkeiten haben eine gemeinsame Ursache. Sie sind Folgen des Umstandes, daß die Willensbildung über die Angelegenheiten der GmbH der Gesellschafterversammlung als solcher mehr und mehr aus den Händen genommen und in diejenigen einzelner Gesellschafter (untereinander) oder auch Dritter gelegt wurde[44]. Den freien, nicht nebenvertragsgebunden Gesellschaftern wird man bei erneuter Beschäftigung mit der jeweiligen Sachfrage (vor Gericht) dabei kaum verwehren können, in der Zwischenzeit - warum auch immer - ihre Meinung geändert zu haben und nun anders als bei der eigentlichen Abstimmung zu befinden. Man kann noch weiter gehen: wer weiß schon, wie die nicht gebundenen Gesellschafter bei der damaligen Abstimmung sich entschieden hätten, hätten der oder die Nebenververtragsverpflichteten damals anders votiert. Gruppendynamische Phänomene, äußerten sich diese nun in einer Art "Herdentrieb" oder aber in einer "Trotzreaktion" sind jedenfalls nicht von vornherein auszuschließen[45]. Versuche der Erklärung unter Rückgriff auf die Begriffswelt der Psychologie zeigen indes, daß es hier letztlich darum geht, den Gesellschaftern in die Köpfe zu schauen. Solch Haruspizium ist jedoch ebenso fruchtlos wie entgegen der Intention des Gesetzes (s. § 47 II!), das lediglich besondere *formale* Anforderungen an den Beschluß stellt[46] und nur standardisierte, d.h. einheitliche und (relativ) eindeutige Zeichen anerkennt

---

43 Fehlende Klagebefugnis (analog § 245 AktG) kann, hat man erst die Hürde des § 243 I AktG nebenvertraglich übersprungen, kein tragfähiges Argument mehr sein; vgl. die Begründungskette des BGH in A.III.3, S. 23, Rn. 1-5, gegen deren Anwendbarkeit auf Drittbindungen keine grundsätzlichen Bedenken bestehen - was angesichts der Tatsache, daß der BGH klar zwischen gesellschaftsrechtlicher und schuldrechtlicher Argumentation zu trennen sucht (A.III.1 ggü. 2 u. 3), auch nicht verwundert.

44 Näher hierzu unter C.II, S. 164f, 215f.

45 *Batholomeyczik* AcP 144, 287, 326.

46 Dazu im einzelnen *Baltzer* S. 97ff.

("Ja", "Nein", Handheben u. dgl.), an *materiellen* Kriterien aber alleine Gesetz und Satzung akzeptiert. Geschriebenes Recht mithin, nicht aber Vermutungen[47].

Begibt man sich auf die Ebene des Nebenvertrages und ersetzt die der Gesellschafterversammlung als Organ[48] des selbständigen Rechtssubjekts GmbH zustehende Entscheidungskompetenz durch das (wann auch immer erfolgte, wem auch immer gegenüber erklärte) Einverständnis von Gesellschaftern[49], muß man sich jedoch konsequenterweise auf die quantitativ-numerischen Erwägungen, d.h. die "Zahlenspiele" der vorigen Seiten einlassen. Sie stellen auf der Ebene des Nebenvertrages das qualitative Differenzierungsmerkmal dar, ihnen muß der Wertungsgesichtspunkt zu entnehmen sein, der über Begründetheit oder Unbegründetheit der jeweiligen Klage entscheidet. Sie, d.h. *die durch sie vermittelte - ihre - Ratio* muß, als zwischen Erfolg und Mißerfolg entscheidendem Gesichtspunkt, den Urteilstenor in nachvollziehbarer Weise begründen können[50]. Daß bei den genannten Fallbeispielen Begründungsschwierigkeiten offenbar werden, ist damit der Ungenügendheit des Differenzierungskriteriums, mithin dem vom Bundesgerichtshof eingeschlagenen Weg einer quantitativen Betrachtungsweise - ansonsten dem GmbH-Recht fremd[51] - zuzuschreiben. Aus rechtsstaatlicher Sicht zeigt die Schwäche der Begründung die Insuffizienz des Differenzierungsmerkmals bzw. Rechtssatzes[52].

Aus dieser Problematik erklärt sich letztlich sowohl die Knappheit der Begründung des BGH im Kerbnägelfall als auch, noch deutlicher, in der diese

---

47 Näher dazu insbes. unter C.III.1, S. 217f.

48 RGZ 169, 65, 80f spricht vom "obersten Willensorgan". Zum Organbegriff, inbes. dessen formal-normativer Komponente, ausführlich *Baltzer* S. 29ff.

49 Zu diesem Unterschied vgl. auch *Kohlmann* FS Werner 1984, 393, 399, 403; s.a. *M. Winter*, S. 192ff; *Flume* I/2 § 1 I 2, S. 3ff, § 1 V, S. 26ff; *Wilhelm* S. 341ff.

50 Sie stellt die sog. ratio decidendi dar - als Gegensatz zum obiter dictum; s. *Mühl* FS Fischer 1979, 509, 517ff.

51 Seit der "offiziellen" Zulassung der Einmann-Gründung dem Gesetz (im gesellschaftskonstitutiven Bereich, auf den § 243 I AktG abstellt) fremder denn je.

52 Darum verlangt das Rechtsstaatsprinzip auch grundsätzlich für jede hoheitliche Maßnahme eine Begründung, vgl. etwa § 313 ZPO, § 39 VwVfG, §§ 73 III, 108 I, 122 VwGO, § 34 StPO, § 57 I GWB; v. Münch/*Gubelt* GG Art 3 Rn. 32; v. Münch/*Kunig* GG Art. 1 Rn. 36, Stichw. "Begründungszwang".

Rechtsprechung bestätigenden Entscheidung BGH NJW 1987, 1890[53]. Gleiches gilt für das Beharren des Bundesgerichtshofs auf einer rein prozessualen Argumentation. Diese verweigert sich inhaltlich-vergleichenden Wertungen ausdrücklich und nimmt, trotz abstrakter Formulierung der das Urteil begründenden Sätze[54], lediglich Bezug auf den einzelnen Fall. Die obigen Zahlenvariationen offenbaren insofern eine durch den Systembruch (qualitativ/quantitaiv) zustandegekommene argumentative Unsicherheit. Dies begegnet nicht zuletzt Bedenken angesichts der Anforderungen, die das Gesetz an die Arbeit des Bundesgerichtshofs stellt[55], wird insbesondere dem Bedürfnis nach Rechtsklarheit nur wenig gerecht[56]. Das Urteil spiegelt damit in gewisser Weise die bereits auf dem Gebiet der Vollstreckbarkeit verursachte Verwirrung wider[57], obwohl solches zu verhindern ein typisches Element formaler Gesetzeslogik ist, d.h. formaler Tatbestandsmerkmale ebenso wie formaler Argumentation. Das Streben nach Rechtssicherheit und Systemgerechtigkeit entspricht darüberhinaus den Intentionen des Rechtsstaatsprinzips[58].

---

53 *M. Winter* ZHR 154, 259, 266 ("apodiktisch"); *Ulmer* NJW 1987, 1849f.

54 Vgl. unter A.III.2 und 3, S. 24f.

55 Fortbildung des Rechts, vgl. §§ 546 I 2, 554 III Nr. 2, 554b I, 556a III ZPO, § 137 GVG a.F., dagegen RGZ 99, 232, 234; grundlegend BVerfGE 34, 269 ("Soraya"); *Mühl* FS Fischer 1979, 509; *Ulmer* NJW 1987, 1849, 1850; ders. FS Jur. Fak. HD 1986, 389ff; *ders.*, Entwicklungen, S. 31ff, 41ff; *Fischer* FS Kunze 1969, 95ff; *Kübler* FS Stimpel 1985, 3, 5ff; *Hüffer* FS Steindorff 1990, 59, 69ff; *Hesselberger* FS Kellermann 1991, 153; *Boujong* GmbHR 1992, 207. Zum Verhältnis von Formzwang und richterlicher Rechtsfortbildung lesenswert ist die zu § 1027 ZPO ergangene Entscheidung BGHZ 38, 155, 164f (S. 161f zur Unterscheidung statuarischer und schuldrechtlicher Regelungen), s.a. BGH GmbHR 1993, 497, 498f.

56 So auch *Happ* ZGR 1984, 168, 173.

57 Vgl. u.a. die diffuse Meinungsvielfalt bei den Stimmbindungen, zum Abspaltungsverbot, einstweiligen Rechtsschutz, *K. Schmidts* unter B.V.3.bd dargestellte Abwägungsthese, *Köhler* S. 96f etc.

58 Zum Gebot der Systemgerechtigkeit siehe v. Münch/*Gubelt* GG Art. 3 Rn. 30f m.w.N.

2. Die gesetzliche Form, Bezugspunkte und Folgen nach dem GmbHG

Gesetzliche Formen haben allgemein weder die Aufgabe, sich den rechtsgeschäftlichen Regelungsakt unterzuordnen, noch dienen sie - im Gesellschaftsrecht - ausschließlich dazu, sicherzustellen, daß der rechtliche Erfolg eines Geschäfts auch nur in strikter Abhängigkeit von der Erklärung eintritt. Im formalisierten Recht der privaten Körperschaften handelt es sich so nicht lediglich um die Verfolgung von Klarstellungs-, Beweis- und anderen Sicherungszwecken, sondern um für die juristische Person konstitutive Momente[59]. Bei funktionaler Betrachtung kann man im Sinne einer materiellen Begründung des Formzwanges - in Anlehnung an *Lüderitz*[60] - von einer schematisierend typischen Gefahrengemengelage sprechen, die durch die Form erfaßt und reguliert - "gefaßt" im doppelten Wortsinne - werden soll. Es stellen hierbei Kompetenzzuordnungen (§§ 36ff) und Haftungsfragen einen wesentlichen (§§ 11 I u. II, 13 II - vgl. auch die unterschiedliche Behandlung der Vorgründungs- gegenüber der Vorgesellschaft[61]), doch keineswegs den einzigen Aspekt dieser Gemengelage dar. Will die Form ihre Funktion erfüllen, muß sie, wie bei anderen Rechtsgeschäften auch, die wirkliche und vollständige Erklärung der Beteiligten erfassen und ihr zur Rechtswirklichkeit verhelfen. Das erklärt zugleich den überwiegend - auch für Gesellschaftsverträge - anerkannten Auslegungsgrundsatz, wonach außerhalb der Urkunde befindliche Umstände nur dann berücksichtigt

---

59 S.o. C.I.1, S. 114ff. Dementsprechend können etwa im willensdominierten Erbrecht gegenüber dem u.a. durch die typische Personenmehrheit, zwingende Notariatsbeteiligung, Verkehrsinteressen und Publizitätserfordernisse mediatisierten GmbH-Recht weniger strenge formelle Anforderungen befürwortet werden (ähnlich BGHZ 86, 41; allgemein BGH WM 1980, 1171). Zur vorrangigen Beweisfunktion der Form bei letztwilligen Verfügungen vgl. *Foerste* DNotZ 1993, 84, 86ff, 98. Dieser weist u.a. anhand von § 2078 BGB nach, daß es die Absicht des Gesetzgebers war, durch die Anfechtung eines Testaments "den wahren Willen des Erblassers zur Geltung zu bringen" (Protokolle der Kommission für die zweite Lesung des BGB, Bd. 5, S. 64, ebenso BGH LM Nr. 4 zu § 2078 BGB). Da jedoch regelmäßig die nach der Anfechtung eintretende gesetzliche Erbfolge diesem wahren Willen des Erblasser noch ferner liegen würde (Bsp. bei *Foerste* aaO S. 98), ergibt sich bereits daraus ein erweiterter Auslegungsspielraum bei letztwilligen Verfügungen. Vgl. weiterhin die Kommentarliteratur zu § 2084 BGB sowie *Schanze* in Miller/Meyers S. 113ff.

60 Auslegung, S. 194f.

61 BGHZ 80, 129 = NJW 1981, 1373; BGHZ 72, 45, 50; 80, 182 = NJW 1981, 1452; BGH NJW 1984, 2164.

werden können, wenn sie in der Urkunde selbst einen wie auch immer gearteten Niederschlag gefunden haben[62]. Umgekehrt bedeutet dies aber auch, daß formlose Vereinbarungen nicht dieselben Rechtsfolgen auslösen können wie förmliche.

a.) Die Form bei Begründung und Übertragung der Mitgliedschaft, §§ 2, 15 III

Die Kunstfigur der juristischen Person bedarf, da nicht materiell vorgegeben sichtbar in der Natur (wie der Mensch als die natürliche Person) existierend, einer formalen Definition und Hülle (Investitur) zur Korporation[63], d.h. der Abgrenzung zu ihren Mitgliedern (§§ 2, 11 I, 13)[64]. Die Bestimmung des § 15 reiht sich ein in diesen formalen Kanon: ist bei der GmbH, anders als bei der AG (§ 10 AktG), keine wertpapiermäßige Verkörperung der Verbandszugehörigkeit vorgesehen, fehlt es an sichtbaren Anteilen, so bedarf der Übergang der Mitgliedschaft selbst der Verkörperung, um den für die GmbH konstitutiven formellen Zusammenhang zu gewährleisten[65]. Zugleich dient die Form des § 15 III nach überkommener Auffassung dem Zweck, den spekulativen Handel mit GmbH-Anteilen zu verhindern[66]. Sie steht insofern nicht nur gesetzestechnisch-

---

62 Sog. Andeutungstheorie, vgl. RGZ 154, 41, 44f; BGHZ 87, 150, 154; Palandt/*Heinrichs* BGB § 133 Rn. 19.

63 Bzw. "Inkarnation".

64 Daß die BGH NJW 1983, 1910 entgegengebrachte Argumentation - wie in A.IV, S. 27 bemerkt wird - stellenweise etwas "theoretisch" oder auch "künstlich" klingt, ist insofern erklärt und gerechtfertigt: es ergibt sich unmittelbar aus der "Natur der Sache", dem Konstrukt oder "künstlich angenommene[n] Subjekt" (*Savigny*, zit. nach *Flume* I/2 § 1 I, S. 6) GmbH; s.a. unter C.I.1, S. 116f.

65 Wobei insbesondere § 15 III u. IV den Zusammenhalt der Gesellschafter untereinander stärken, § 15 IV 2 gleichzeitig aber auch als Ausdruck dafür gewertet werden kann, daß das Gesellschaftsrecht (als konstitutive lex specialis) Vorrang vor Fragen der schuldrechtlichen Individualbindung beansprucht; ähnl. zum Verhältnis beider Rechtssysteme bei *Gierke*, Genossenschaftstheorie, S. 9f, 723.

66 Vgl. Begründung zum Entwurf eines Gesetzes betreffend die Gesellschaften mit beschränkter Haftung, Amtliche Ausgabe Berlin 1891, S. 37; RGZ 135, 70, 71f; BGHZ 13, 49, 51f m.w.N.; Hachenburg/*Zutt* § 15 Rn. 9 m.w.N.

räumlich in Nachbarschaft zu § 16[67] und stärkt den - formell begründeten - Zusammenhalt der Gesellschafter[68]. Denn gerade dies stellt im Ursprung eine GmbH dar (§§ 1, 2 I): ein formal begründeter Zusammenhang der Gesellschafter[69]. Das soll im Folgenden näher erläutert werden.

b.) Die Form des Gesellschaftsvertrages, § 2 I

Bei der GmbH-Gründung dient die durch § 2 I auferlegte Verpflichtung zur Einhaltung notarieller Form (vgl. § 128 BGB) sowohl der Sicherheit und Klarheit im Rechtsverkehr als auch Beweiszwecken (Erleichterung der registergerichtlichen Prüfung). Gleichfalls dient sie aber dem Schutz der Beteiligten selbst, die durch den Notar "Warnung und Belehrung" erfahren sollen[70].

Die zwingende Beteiligung eines Notars beim Vertragsschluß läßt, da von vornherein ein objektiver Dritter am Vertrag beteiligt ist, genauer: an dessen Abfassung, ohne jedoch selbst Vertragspartei zu sein, folgende Schlüsse zu:

1. Der Notar ist als unabhängiger Träger eines öffentlichen Amtes, § 1 BNotO, Repräsentant der Öffentlichkeit als gleichsam der Menge aller Dritten;

2. Er stellt seine Kenntnisse von der Vertragsgestaltung und Vertragsauslegung der Gesellschaft - d.h. auch allen künftigen Gesellschaftern - zur Verfügung[71];

3. Der Vertragswortlaut wird durch die Beurkundung vergegenständlicht und verselbständigt. Durch die urkundliche Verkörperung wird er zunächst zum pa-

---

67 Dazu s. unter C.I.2.g, S. 145ff.

68 Dies ist nicht gleichzusetzen einer Steuerung des Rechtsverkehrs aus öffentlichem Interesse; vgl. *Häsemeyer* S. 175, 190. Näher unter C.III.1.

69 Näher dazu sogleich und unter C.II.

70 BGHZ 80, 76, 79; Hachenburg/*Ulmer* § 2 Rn. 11.

71 Vgl. §§ 17, 9 BeurkG; Zweifel sind *vorab* zu klären.

piernen Objekt[72], das durch die Eintragung in das Handelsregister wiederum zur Grundlage eines neuen Rechtssubjekts wird, in das Rechtsleben tritt, allgemeine Sichtbarkeit erlangt und seinen "unsterblichen"[73] eigenen (! - daher ist es selbst Subjekt), im Gesellschaftsvertrag aber verobjektivierten Willen besitzt[74].

Dies erklärt, warum Gesellschaftsverträge[75]

> "nach objektiven Gesichtspunkten aus sich heraus einheitlich auszulegen [sind]; im Unterschied zu Individualverträgen haben Umstände auszuscheiden, die außerhalb der Vertragsurkunde liegen und nicht allgemein erkennbar sind. Das gilt insbesondere für die Entstehungsgeschichte der Satzung, für Vorentwürfe und die Vorstellungen und Äußerungen von Personen, die an der Abfassung des Gesellschaftsvertrages mitgewirkt haben."[76]

Anzufügen wäre noch, daß diese Grundsätze für die Satzung bereits von Anfang an Geltung beanspruchen - Konsequenz des Gebots einheitlicher Auslegung "aus sich heraus", d.h. gerade unabhängig vom Mitgliederbestand: sowohl ohne Rücksicht auf das Verständnis der Gründer als auch der momentan der GmbH verbundenen Gesellschafter oder dritter Personen.

Die Grundsätze objektiver Auslegung sollen hier anhand einiger neuerer Entscheidungen des BGH erörtert werden, die sich mit der Frage von Sonderrechten von Gesellschaftern befassen, ebenso wie der Kerbnägelfall somit Privilegierungen einzelner Gesellschafter behandeln. In der Entscheidung BGH WM 1981, 438f[77] betont der Bundesgerichtshof (aaO S. 439) hierbei u.a. den Aspekt der Rechtssicherheit. Im unveröffentlichten Nichtannahmebeschluß vom 19. Fe-

---

72 Zu den Einzelheiten vgl. *Winkler* DNotZ 1980, 578, 580ff.

73 Zum daraus sich ergebenden Gebot der Auslegung "mit Blick auf die Ewigkeit" s. sogleich.

74 Zum Verein: BGHZ 21, 370, 374f; 47, 172, 179f; zur GmbH: *Ulmer* NJW 1987, 1849, 1850f; ausführlich *Wiedemann* GesR I § 3 II 1, S. 159ff.

75 Zitat aus BGH NJW 1983, 1910f, vgl. A.III.1.a, S. 24.

76 Notabene "Abfassung", nicht "Vertragsschluß", womit auch der Notar selbst und weitere Dritte, wie etwa Familienangehörige, Steuer-, Unternehmensberater o.ä., die häufig bei Gesellschaftsgründungen beteiligt, aber nicht Vertragsparteien sind, zu Recht als für die Auslegung irrelevant angesehen werden.

77 = GmbHR 1982, 129.

bruar 1990, II ZR 184/89, nimmt er Bezug auf dieses Urteil. In beiden Fällen wird der Gedanke der Parität der Gesellschafter (Gleichbehandlung in der Satzung) als maßgeblicher Grund für die Bejahung eines im Gesellschaftsvertrag nicht ausdrücklich als solches gekennzeichneten Sonderrechts auf Geschäftsführung angesehen. Die Auslegung erfolgt damit nach den bereits genannten Grundsätzen "im Angesicht der Ewigkeit"; das Sonderrecht wird nicht gegenüber dem jeweils anderen, sondern im Vergleich zu einem beliebigen, künftigen Gesellschafter-Geschäftsführer als Rechtsposition *gegenüber der GmbH* erkannt. Diese ist als juristische Person unabhängig vom Mitgliederbestand immer dieselbe[78]. Die Satzung ist so von Gesetzes wegen für einen unbestimmten Personenkreis angelegt, sie wird daher auch mit Blick auf einen unbestimmten Personenkreis ausgelegt.

Eine lediglich geringfügige Abweichung von einem radikal objektiven Satzungsverständnis ergibt sich aus § 6 IV. Durch diese Auslegungsregel wird gleichsam ein vermuteter (subjektiver) Gründerwille entgegen dem rein objektiven Verständnis zum Satzungsregelinhalt erklärt. Enthält danach der Gesellschaftsvertrag eine Klausel, wonach sämtliche Gesellschafter zur Geschäftsführung berechtigt sein sollen, so würde - nach objektivem Satzungsverständnis - dies auch für alle künftigen gelten. Das Gesetz geht demgegenüber jedoch davon aus, daß bei der Einräumung derartiger Sonderrechte die Gründer im Zweifel primär an sich selbst und ihren eigenen Vorteil gedacht haben, die besondere Berechtigung aber nicht inflationär für alle (beliebigen) künftigen Beteiligten einräumen wollten. Das Vorhandensein der Auslegungsregel kann insofern als Anhaltspunkt dafür herangezogen werden, von welchem konsequent objektiven Satzungsverständnis die Väter des GmbHG im übrigen ausgingen.

Für die Feststellung von Sonderrechten bzw. allgemein für die Auslegung von Satzungen gilt sodann folgendes: Die in der Satzung einer Person eingeräumten Rechte sind nicht dadurch als Sonderrechte gemäß § 38 II ausgeschlossen, daß alle zur Gründungszeit beteiligten Gesellschafter - wie es auch § 6 IV vorsieht - dasselbe Recht zugebilligt bekamen[79]. Ist für die Frage eines Sonder-

78 Trennungsprinzip, siehe bei C.I.1.b, S. 116f und 2.b, S. 127ff.

79 A.A. das KG, Urteil vom 23.05.1989, 14 U 997/88, S. 19 - unveröff. - Vorinstanz zum o.g. Beschluß des BGH.

rechts auf Geschäftsführung eine Auslegung des Gesellschaftsvertrages erforderlich, so ist Vergleichsmaßstab nicht der oder ein anderer Gründungsgesellschafter (das wäre eine subjektive Betrachtungsweise), sondern, und zwar von Anfang an, ein "beliebiger" anderer Gesellschafter. Ein solcher muß in der Gesellschaft dabei niemals existiert haben oder gewollt sein; sein Eintritt kann auch gemäß § 15 V zumindest faktisch unmöglich gemacht sein.

Entgegen diesen Ausführungen wird in der Folgeentscheidung zum Kerbnägelfall BGH NJW 1987, 1890, 1892, sub II.2, auf die Vernehmung des an der Gesellschaftsgründung beteiligten Notars zur Substantiierung der Anfechtungsklage (wegen Nebenvertragsverstoßes) abgestellt[80]. Danach wird der Grundsatz objektiver Auslegung jedoch de facto wieder aufgehoben[81]. Zumindest unter den Gründergesellschaftern, bei denen mit dem Auftreten von Nebenverträgen sowieso häufiger zu rechnen ist[82], gilt damit auch die Vorgeschichte der Satzung als Nebenvertrag und Satzungsauslegungsvereinbarung[83] weiter: wer hier zu scheiden vermag (nach BGH ist auch der mutmaßliche Gründerwille zu berücksichtigen), der scheide[84] [85]! Zumindest im Wege einer Umdeutung

---

80 Zu Bedenken aus notarieller Sicht vgl. *Winkler* DNotZ 1980, 578, 583f, 588 m.w.N.

81 So auch *M. Winter*, Treubindungen, S. 51; *Happ* ZGR 1984, 168, 169f.

82 *Priester* DB 1979, 681 m.w.N. aus der Rechtsprechung.

83 Hierzu s.a. BGH NJW 1987, 1890, 1892 (unter Ziff. II.1).

84 Insbesondere bei Familiengesellschaften dürfte die Feststellung, was nur "Vorarbeit" zur Satzung und was weiterwirkendes subjektives Satzungsverständnis sein sollte, zu schwerwiegenden Zweifelsfragen führen. Die Vorverhandlungen können sich u.U. über Jahre hinziehen. Dabei kann es auch zu Vereinbarungen mit Dritten, z.B. Erblassern oder anderen Familienmitgliedern kommen, die selbst an der späteren GmbH gar nicht beteiligt sind und daher keine satzungsmäßigen Rechte haben können, was jedoch einer Stimmbindung, auch zugunsten eines späteren Gesellschafters (§ 328 BGB) nicht entgegensteht (so lag der Fall des KG, Urt. v. 23. Mai 1989, 14 U 997/86, unveröff., S. 21f). Zutreffend das zum selben Sachverhalt ergangene Urteil des LG Berlin vom 9. November 1987, 95 O 19/87 (unveröff.). Dazu sogl. im Text.

85 Die Schwierigkeiten rühren insbesondere daher, daß in beiden Bereichen für die Gesellschafter Vertragsfreiheit herrscht, auf schuldrechtlichem Gebiet durch § 305 BGB, auf gesellschaftsrechtlichem Gebiet durch § 45 GmbHG (Formzwang!) verbürgt, darüberhinaus bei Nebenvereinbarungen wie bei der Gründung der GmbH das Konsensprinzip gilt, Einstimmigkeit erforderlich ist (§§ 145ff, 305, 705 BGB, § 2 I 2). Fehlt es demnach an einer thematischen Festlegung, scheidet aber auch eine Differenzierung nach den beteiligten Personen aus, so kommt der formalen Unterscheidung - *gerade* in diesem Stadium - maßgebliche Bedeutung zu. Sind die Gesellschafter an bestimmte Vertragsinhalte nicht gebunden, sind andererseits - nach BGH - auch die Rechtsfolgen im Ergebnis dieselben, so ist der

gem. § 140 BGB müßte *stets* auch das subjektive Verständnis der Gesellschafter zur Satzungsauslegung mit herangezogen werden[86], womit das auch vom BGH in der Kerbnägelentscheidung - im Gefolge ständiger Rechtsprechung - aus gesellschaftsrechtlichen Gründen angeführte Verwertungsverbot[87] vollends konterkariert wäre[88].

Erkannt wird diese Problematik im Urteil des LG Berlin vom 9. November 1987, 95 O 19/87 (unveröff.). Auf Seite 6 der Entscheidung wird von der Kammer für Handelssachen festgestellt:

> "...läßt sich auch eine schuldrechtliche Stimmenbindung...nicht begründen, denn sie verschafft durch die Hintertür wieder dem im Gesellschaftsvertrag nicht zum Ausdruck gekommenen Parteiwillen Geltung, der bei der Ermittlung eines satzungsmäßigen Sonderrechts gerade außer Betracht zu bleiben hat."

Wäre etwa von den Gründern eine Satzungsregelung oder ein bestimmtes Satzungsverständnis beabsichtigt gewesen, hätte dieses aber - aus welchen Gründen auch immer - keinen Eingang in die Urkunde gefunden, so läge auf den ersten Blick (und nach der Argumentation des LG Berlin) gemäß § 125 S. 1 BGB

---

in §§ 2f postulierte Formzwang überflüssig; zur Problematik vgl. RG JW 1930, 2675, 2676f.

86 Vgl. BGHZ 22, 240, 343ff; 53, 71, 76; dagg. RGZ 165, 129, 132f; s.a. BGHZ 47, 168, 179. Selbst das subjektive Verständnis einer nur einfachen Mehrheit von Gesellschaftern müßte sich so durchsetzen lassen.

87 Vgl. das Zitat im Text S. 128; s.a. das bereits erwähnte Urteil des BGH in WM 1981, 438 (= GmbHR 1982, 129), wo der BGH gar der von *Wiedemann* (DNotZ 1977, 99, 101ff, 105ff) vertretenen Auffassung über die Geltung subjektiver Auslegungsregeln im Innenverhältnis personalistisch strukturierter GmbHs aus Gründen der Rechtssicherheit eine ausdrückliche Absage erteilt (aaO S. 439). Im Kerbnägelfall nähert er sich demgegenüber nicht nur der in RGZ 140, 303, 306f (Sachverhalt und Argumentation sind frappierend ähnlich!) vertretenen Position an, die formlose Nebenabreden zur Auslegung mehrdeutiger Satzungbestimmungen zuließ, er geht, da die Nebenvereinbarung bzgl. des Unternehmensgegenstandes satzungsändernde Funktion besitzt, sogar noch darüber hinaus.

88 Vgl. RG JW 1930, 3735, 3736f m. Anm. *Hachenburg*; da das Problem jedoch auch nach der Gesellschaftsgründung besteht, stets also die formale Trennung, welche die Satzung zwischen Individual- und Sozialsphäre der Gesellschafter vornimmt, faktisch außer Kraft gesetzt ist und subjektive Auslegungen zu eruieren sind, stellt sich weiterhin die Frage der Revisibilität der Satzung gemäß § 549f ZPO; vgl. A.III.6.g, S. 18 und BGH LM Nr. 25 zu § 549 ZPO, wonach individualrechtliche Satzungsbestandteile von der revisionsgerichtlichen Überprüfung ausgenommen werden.

Nichtigkeit vor. Im Wege einer Umdeutung gemäß § 140 BGB kann jedoch regelmäßig davon ausgegangen werden, daß die Gründer zumindest (auch) eine Bindung ihrer selbst gewollt hatten, somit ein einverständlicher Nebenvertrag vorliegt. Dieser hat - nach "Kerbnägel" - satzungsgleiche Wirkung[89]. Das Formgebot des § 2 I ist damit ad absurdum geführt. Im Stadium der GmbH-Gründung, wo nicht, wie später (§ 53 II 1), das Mehrheits-, sondern das Einstimmigkeitsprinzip herrscht (§ 2 I 2), wird dies besonders deutlich. Formnichtigkeit wäre in dieser Phase kaum mehr denkbar. Worüber unter den Gesellschaftern Einigkeit herrscht, das bestimmt das spätere Schicksal der GmbH. Wozu noch - neben der Einstimmigkeit! - der Zwang zur Form, gerade bei den Gründungsgesellschaftern dienen soll (§ 2 I 1), ist nicht mehr erklärlich[90]. Und dies, obwohl schon die Zulassung subjektiver Auslegungskriterien für den Gesellschaftsvertrag der Vorgesellschaft[91] dem Bedenken begegnet, daß der Wille der Gesellschafter (§§ 133, 157 BGB) regelmäßig darauf gerichtet sein dürfte, vor und nach der Eintragung inhaltlich dieselbe Satzung zu besitzen[92]. Dies gilt um so mehr für die Satzungsauslegung nach Eintragung der GmbH angesichts grundsätzlich frei handelbarer Geschäftsanteile[93].

---

89 Siehe A.III.3, S. 25, Rn. 4.

90 Zum zusätzlich problematischen Aspekt, daß sich der Nebenvertrag in Widerspruch zu einem zwingenden Satzungsbestandteil stellt, siehe C.I.2.c, S. 135ff.

91 Dafür Hachenburg/*Ulmer* § 11 Rn. 23.

92 Auch die bereits in diesem Stadium erforderliche Beteiligung eines Notars (§ 2) läßt sich anführen.

93 So wäre etwa, denkt man an den Kerbnägelfall, die Handhabung eines gespaltenen Unternehmensgegenstandes schwerlich vorstellbar. Weitere Probleme seien hier nur angedeutet: Unter welchen Bedingungen soll sich ein Gesellschafter von einem derartigen Nebenvertrag lösen können? Ist dieser unter bestimmten Voraussetzungen etwa mit 3/4-Mehrheit (im o.g. Umdeutungsfall?) oder - pacta sunt servanda - stets nur einstimmig abänderbar? Auch wird es bei der Bestimmung der Grenzen von bloßer Gesellschafterübung und stillschweigender vertraglicher Bindung, wie sie der BGH verlangt (vgl. *Kellermann*, Jahrbuch der Fachanwälte f. Steuerrecht 1988/1989, 147) zwangsläufig zu Härten kommen. KG, Urteil v. 23.05.1989, 14 U 997/88, unveröff., S. 22: "Allein der Umstand, daß zwei Brüder gemeinsam eine GmbH gegründet und länger als 25 Jahre im Unternehmen gut zusammengearbeitet haben, reicht nicht aus, eine schuldrechtliche Verpflichtung des Mehrheitsgesellschafters [55%] zu erzeugen, dem Minderheitsgesellschafter [45%; die Ungleichheit der Anteile begründete sich allein durch besondere familiäre Umstände] die Stellung als Geschäftsführer nicht gegen seinen Willen zu entziehen". Auf S. 24 stellt das KG fest: "Die Gründungsgesellschafter sind noch ihre [= der GmbH] einzigen Gesellschafter. Sie hatten als Brüder eine enge persönliche Beziehung untereinander, die sich auch auf ihre Tätigkeit als alleinvertre-

Die eindeutige Zäsur der Satzungserrichtung, das Primat des Gesellschaftsvertrages, ist mit der Gleichsetzung der einverständlichen Nebenabreden entwertet[94]. Entgegen den §§ 2, 11 I, 13, 54 III[95] hängt die Satzungsauslegung nicht von Satzungserrichtung und Registereintragung, sondern von (dem Fehlen von) Gesellschafterwechseln ab. Im Moment der Erlangung eigener Rechtspersönlichkeit, der Trennung der GmbH von ihren Gründern[96], liegt der eigentliche Grund für die objektive Satzungsauslegung. Gerade dann will der BGH jedoch tatsächlich einem subjektiven Satzungsverständnis den Vorzug geben[97].

Vergleicht man unter diesem Aspekt die neue Rechtsprechung des BGH mit den von der Rechtsprechung anerkannten Durchgriffsfällen, bei denen überwiegend auf den Gedanken des Rechtsformenmißbrauchs, eine dem Zweck der Rechtsordnung widersprechende Verwendung der juristischen Person abgestellt wurde[98], so läßt sich als Problematik der Kerbnägelentscheidung festhalten, daß

---

tungsberechtigte Geschäftsführer der Beklagten ausgewirkt hat. Hinzu kommt, daß die Gesellschaftergeschäftsführer länger als 25 Jahre einvernehmlich zusammengearbeitet haben. Auch sind Gesellschafterbeschlüsse *stets einstimmig* gefaßt worden.." (ähnlich zum selben Sachverhalt das LG Berlin, Urteil v. 26. November 1990, 95 O 141/90, unveröff., S. 5f). Siehe auch *K. Schmidt*, Jahrbuch, S. 146f.

94 Damit ist aus rechtsgeschäftlicher Sicht insbesondere der Formzweck der Abschlußklarheit, der für eine deutliche Abgrenzung eines Vertrages gegenüber seinen Vorverhandlungen sorgt, angesprochen; dazu sowie zu weiteren Formzwecken siehe *Heldrich* AcP 147, 89, 91ff.

95 S.a. § 54 I 2.

96 Zum Trennungsprinzip s.o. I.1.b und 2.a.

97 Hachenburg/*Ulmer* § 11 Rn. 73; aaO § 2 Rn. 4f; dort wird auch (Rn. 141) die namentlich von *Wiedemann* (DNotZ 1977, Sonderheft, S. 99) vertretene Auffassung widerlegt, es lasse sich bei der Auslegung scheiden zwischen dem Innenverhältnis, wo die allgemeinen Grundsätze gelten, und dem Außenverhältnis, in dem objektiv auszulegen sei. Die damit zwischen den beiden Bereichen vorausgesetzte klare Trennbarkeit existiert, wie am Beispiel des Unternehmensgegenstandes (= der Streitpunkt im Kerbnägelfall) gezeigt wird, welcher zweifellos für das Innen- und Außenverhältnis bedeutsam ist, nicht. Auch das von *M. Winter* in ZHR 154, 259, 271 angeführte Beispiel des Fremdgeschäftsführers, der bei angefochtenem Beschluß in eigener Verantwortung zu entscheiden hat, ob er den Beschluß ausführen soll (§ 37 I) oder nicht, trifft (hierzu Baumbach/Hueck/*Zöllner* § 43 Rn. 23; § 37 Rn. 12; grundlegend *Fleck* GmbHR 1974, 224, 228). Diese Entscheidung wird, läßt man subjektive Satzungsauslegungen zu, noch zusätzlich erschwert. Zu den weiteren, mit der objektiven Satzungsauslegung zusammenhängenden Unterschieden zwischen Satzung und Nebenvertrag siehe bei A.III.6, S. 15ff.

98 So die später häufig von der Rechtsprechung zitierten Sätze aus BGHZ 20, 4, 14; dazu *Schanze*, Durchgriffshaftung, S. 73; *Rehbinder* S. 88f m.w.N; s.a. Hachenburg/*Mertens* Anh. § 13 Rn. 42ff.

(typischerweise) gerade in dem Augenblick, in dem das Gesetz die Trennung der Gesellschafter von der Gesellschaft vollzieht (§ 11 I), diese ignoriert werden soll. Dies kann schwerlich als von der Rechtsordnung selbst auferlegt bezeichnet werden. Der Mißbrauchsgedanke geht also fehl. Insofern verwundert es auch nicht, daß der BGH sich in den Urteilen nicht auf eine Durchgriffsargumentation festlegt, sondern seine Erwägungen auf eine, "jede weitere Begründung überflüssig machende Feststellung...[stützt], es sei kein Grund ersichtlich,...den Gesellschafter auf den umständlichen Weg einer Klage zu verweisen"[99], d.h. anders zu entscheiden.

Neben der Problematik, wie angesichts der Argumenation des BGH zu urteilen wäre, wenn ein (0,1%-) Gesellschafter zwischenzeitlich ausgeschieden sein sollte, kommen auch im Praktischen begründete Schwierigkeiten hinzu. Nach der Kerbnägelentscheidung kann eine Anfechtungsklage auch begründet werden durch eine Verpflichtung aus einem "von den Gründern...der GmbH ausdrücklich oder schlüssig geschlossenen Vertrage, in den die heutigen Gesellschafter als Erben eingetreten sein könnten"[100]. Dies begegnet Bedenken hinsichtlich des im gesetzlichen Formgebot zum Ausdruck kommenden und für die Vertragsparteien selbst indisponiblen Aspekts der Rechtsklarheit und Rechtssicherheit, kann jedoch auch zu Kräfteverschiebungen im innergesellschaftlichen Bereich führen. So läßt sich durchaus fragen, warum die Auslegung des Gesellschaftsvertrages davon abhängen soll, ob dem Notar noch die damalige Beurkundung erinnerlich ist - falls er noch lebt[101]. Auch erscheint zweifelhaft, warum die Erben eines Gesellschafters beweismäßig - und insofern "tatsächlich" - schlechter stehen sollten als noch vorhandene Gründergesellschafter bzw. warum neu eintretende Gesellschafter sich auf die nebenvertraglich vereinbarte Auslegung der Satzung nicht stützen können sollten und welche Konsequenzen daraus für die Satzungshandhabung zu ziehen sind. Sowohl mit den Formzwecken als sol-

---

99 *Happ* ZGR 1984, 168, 173.

100 A.III.3.a, S. 26.

101 Allein im Falle BGH NJW 1983, 1910 lagen zwischen der Beurkundung und dem Streit der Gesellschafter über 35 Jahre.

chen als auch mit dem Gleichbehandlungsgrundsatz[102], der alleine auf die - öffentlich hinterlegte (§ 9 HGB iVm §§ 8 I Nr. 1, 54)[103] - Satzung abstellt, insofern auch einer nur beweismäßigen Ungleichbehandlung der Gesellschafter entgegensteht, scheint dies schwerlich vereinbar[104].

c.) Die Voraussetzungen einer Satzungsänderung, §§ 53, 54

Ein weitere Fragwürdigkeit der neuen Rechtsprechung offenbart sich in der vom Bundesgerichtshof in NJW 1983, 1910 verwendeten Argumentation, wonach - wie auch in Teil B der Arbeit bestätigt -

> "die Gesellschafter...sich jederzeit außerhalb der Satzung ihren Mitgesellschaftern schuldrechtlich verpflichten [können], in der Gesellschafterversammlung in bestimmter Weise abzustimmen."

Der BGH fährt fort:

> "Deshalb bestehen rechtlich auch keine Bedenken gegen ein Übereinkommen aller Gesellschafter, mit der GmbH in einem bestimmten, von deren satzungsmäßigem Zweck gedeckten Geschäftszweig nicht tätig zu werden."

Mit diesem letzten Satz anerkennt der BGH eine sog. Satzungsdurchbrechung. Eine solche liegt vor, wenn die Gesellschafter eine vom Gesellschaftsvertrag abweichende, für einen Sonderfall oder eine begrenzte Zeit geltende Regelung treffen, ohne jedoch die Satzung als solche dadurch antasten zu wollen[105]. Sind

---

102 Näher hierzu sogleich.

103 Näher Baumbach/*Hueck* § 8 Rn. 1, 3.

104 In diesem Zusammenhang kann auch auf die §§ 241 Nr. 5, 246 III, 248 I AktG, mit denen - ein Aspekt sowohl der Rechtssicherheit als auch der Bindung der Gesellschafter kraft Mitgliedschaft - divergierende Entscheidungen bei Beschlußanfechtungen verhindert werden sollen. Dies kann bei der Zulassung von Anfechtungsgründen aus Nebenverträgen im Einzelfall Probleme bereiten.

105 Scholz/*Priester* § 53 Rn. 26f; *ders.* ausführlich in ZHR 151, 40; Baumbach/Hueck/*Zöllner* § 53 Rn. 23, jew. m. Bsp; *M. Winter*, Treubindungen, S. 201f.

die formalen Anforderungen an eine Satzungsänderung bei einem solchen Beschluß dabei nicht erfüllt, so ist er nach h.M. grundsätzlich anfechtbar[106] [107]. Weitgehende Einigkeit besteht darüber, daß der Beschluß aber - vom Gesetz toleriert - jedenfalls dann wirksam ist, wenn die Satzungswidrigkeit nicht zur Nichtigkeit, sondern lediglich zur Anfechtbarkeit führt, und alle Gesellschafter dem Beschluß zugestimmt bzw. auf ihr Anfechtungsrecht verzichtet haben[108].

Im Anschluß an die namentlich von *Priester*[109] vorgenommene Unterscheidung handelt es sich jedoch im Kerbnägelfall nicht um eine nur punktuelle Durchbrechung der Satzung, sondern um eine dauerhafte Änderung des Unternehmensgegenstandes[110]. Solche formlosen Satzungsänderungen sind mit Blick auf die §§ 53f - vgl. insbes. § 54 III, der keine Quoren, sondern nur den formalen Akt der Handelsregistereintragung anerkennt - und den in ihnen zu zum Ausdruck kommenden öffentlichen Interessen des Rechtsverkehrs, nicht hinnehmbar. Entgegen der von *Priester* aaO vertretenen These kommt jedoch auch bei Verstoß eines Gesellschafterbeschlusses gegen die Satzung eine Aufrechterhaltung der Regelung als schuldrechtliche Abrede unter den Beteiligten nicht in Betracht. Dies begegnet, zeitigt der so konstruierte einvernehmliche Nebenvertrag dieselben Rechtsfolgen wie eine Satzungsregelung, den bereits genannten Bedenken.

---

106 Die Einzelheiten sind, etwa was die Frage die erforderlichen Mehrheiten oder die Handelsregistereintragung betrifft, streitig; vgl. Scholz/*Priester* und Baumbach/*Hueck* aaO.

107 Erklärt man, wie der BGH (A.III.3, S. 25, Rn. 4), Nebenvertrag und Gesellschafterbeschluß zu austauschbaren Rechtsgeschäften, so müßte dementsprechend auch ein satzungswidriger Nebenvertrag analog § 243 I AktG anfechtbar sein.

108 Auch ein einstimmiger Beschluß kann demnach anfechtbar sein, vgl. Hachenburg/*Ulmer* § 53 Rn. 32ff; *M. Winter*, Treubindungen, S. 201.

109 ZHR 151, 40, 53ff; ders. in Scholz § 53 Rn. 29; ihm folgend BGH GmbHR 1993, 497, 498.

110 Vgl. den Sachverhalt in BGH NJW 1983, 1910 (A.III, S. 23, wo es sich um einen seit über 35 Jahren bestehenden, den satzungsmäßigen Unternehmensgegenstand einschränkenden Nebenvertrag handelte; vgl. dagegen BGH GmbHR 1993, 497.

Vor allem *Happ*[111] und *M. Winter*[112] stellen in ihrer Kritik an der Kerbnägelentscheidung darauf ab, daß durch das Urteil eine nebenvertraglich herbeigeführte Abweichung vom satzungsmäßigen Unternehmensgegenstand höchstrichterlich gebilligt wird[113]. Der Satzungsverstoß wird dabei vom BGH zugelassen, obwohl mit dem Unternehmensgegenstand ein zwingender, registergerichtlichen Kontrolle und Publizität unterliegender (§§ 3 I Nr. 2, 10 I) Bestandteil des Gesellschaftsvertrages betroffen ist[114] [115]. Insbesondere *M. Winter* bezieht sich in seiner Kritik hierbei auf die Auffassung *Priesters*, wonach punktuelle - im Gegensatz zu zustandsbegründenden - Satzungsdurchbrechungen auch ohne Eintragung in des Handelsregister als wirksam anzusehen sind. Beim Rückgriff auf einen über dreißig Jahre praktizierten Nebenvertrag kann von einer "punktuellen Durchbrechung" jedoch nicht mehr gesprochen werden. Ungeachtet des - in den Urteilskritiken übergangenen - Problems, daß *Priester* ohne weiteres einen Beschluß einem schuldrechtlichen Vertrag gleichsetzt[116], ist den Genannten entgegenzuhalten, daß sie mit ihrer Ansicht auf halbem Wege stehen bleiben. Nicht nur die in § 3 I als vom Gesetz zwingend vorausgesetzten Bestimmungen enthalten organisationsrechtliche Regelungen, auch für die darüberhinaus in der Satzung getroffenen Bestimmungen gilt nichts anderes[117]. Jede davon abweichende nebenvertragliche Vereinbarung verletzt, kommt ihr satzungsgleiche Wirkung zu, das Formgebot und die beschriebenen Formzwecke, sie verfälscht

111 ZGR 1984, 168, 170.

112 ZHR 154, 259, 271f.

113 Siehe A.III.3, S. 25, Rn. 4.

114 Kritisch auch *Ulmer* NJW 1987, 1849, 1854; zur Einordnung der "Supermarkt"-Entscheidung des BGH (BGHZ 105, 324 = NJW 1989, 295) in diesen Zusammenhang vgl. *M. Winter* ZHR 154, 259, 272f. Zum Erfordernis einer statuarischen Grundlage von Unternehmensverträgen vgl. A.II.5.a, S. 11, Hachenburg/*Ulmer* § 53 Rn. 137ff sowie *Zöllner* DB 1989, 913f.

115 Wie hier nunmehr BGH GmbHR 1993, 497, 498: "Eine außerhalb des Geselschaftsverhältnisses getroffene Abrede kann nicht bewirken, daß eine bestimmte organisationsrechtliche Regelung der Satzung ohne weiteres geändert wird."

116 Bzw. im Wege des § 140 BGB substituiert; dazu sogleich und bei C.II.2.a, S. 160ff; vgl. *K. Schmidt* GesR, S 355ff.

117 Zur Unterscheidung materieller und formeller Satzungsbestandteile vgl. A.II.5.a, S. 10f mit Fn. 37.

das registergerichtliche Prüfungsbild[118]. Angesichts dieses Befundes kann eine vom Satzungstext abweichende privatrechtliche Vereinbarung nicht am Registergericht vorbei zwangsweise - d.h. mit öffentlich-rechtlichen Mitteln - durchsetzbar sein[119].

Abstrakt betrachtet besteht das Problem darin, einerseits die vom GmbHG den Gesellschaftern auferlegten formalen Anforderungen zu berücksichtigen, andererseits aber zu beachten, daß das Gesetz den Verbandsangehörigen zugleich einen großen Gestaltungsspielraum zubilligt, indem es auch satzungs- und gesetzeswidrigen Beschlüssen im Falle der Einstimmigkeit oder unterlassener An-

---

118 Vgl. das Zitat in Fn. 115. Zur Funktion des Notars bei Satzungsänderungsbeschlüssen s. Hachenburg/*Ulmer* § 53 Rn. 43; krit. Baumbach/Hueck/*Zöllner* § 53 Rn. 38.

119 Da es sich hierbei um einen formalen Mangel handelt, erscheint auch ein Abstellen darauf, daß lediglich ein "Weniger" gegenüber dem eigentlichen Unternehmensgegenstand nebenvertraglich vereinbart war, als materielle Erwägung in diesem Zusammenhang nicht hinnehmbar. Der öffentlichen Kontrolle unterliegt der Unternehmensgegenstand als notwendiger Satzungsbestandteil (vgl. §§ 75 I, 76 iVm 53f, § 144 I 2 FGG, §§ 23 III Nr. 2, 275 I AktG). Der BGH muß sich fragen lassen, (ab) wann er die Vereinbarung für nichtig erklärt hätte: wenn an Stelle von Kerbnägeln aus Metall welche aus Plastik produziert werden sollten, wenn anstatt dem Handel mit Werkzeug-, der mit Baumaschinen, Schiffen oder Kapitalanlagen durch Nebenvertrag zum Unternehmensgegenstandes erhoben worden wäre? Das Gesetz bietet für eine Differenzierung von Abweichungen, die als "schwer" und "weniger schwer" qualifiziert werden können, nach "oben" oder "unten", insoweit keine Handhabe. Es wird in beiden Fällen vom als Gegenstand öffentlicher Kontrolle durch das Gesetz geforderten, konkreten Unternehmensgegenstand (zu den Anforderungen an die Konkretisierung vgl. BGH DB 1981, 466; Hachenburg/*Ulmer* § 3 Rn. 19ff) abgewichen, diese öffentliche Kontrolle umgangen. Ein Beispiel zur Illustration: Fährt ein professioneller Rennfahrer privat ein Kraftfahrzeug, das mit den profillosen sog. Slicks aus dem Rennbetrieb bestückt ist, jedoch ausschließlich von ihm und nur bei trockener Straße benutzt wird, so kann ihm der zutreffende Einwand, damit werde die Fahrsicherheit gegenüber normalprofilierten Reifen erhöht, der Bremsweg verkürzt etc., kaum nützen - ihn vor einem Bußgeld (§§ 36 II 4, 69a III Nr. 8 StVZO iVm § 24 StVG) wegen Unterschreiten der gesetzlich vorgeschriebenen Profiltiefe nicht bewahren. Der Vergleich mag die Problematik des von *M. Winter* in ZHR 154, 259, 277f bevorzugten Lösungsweges erhellen, wonach zur Zulassung organisationsrechtlicher Konsequenzen bei Nebenvertragsverletzungen im Einzelfall der Nachweis erbracht werden muß, daß dem die mit der Handelsregisterpublizität verfolgten Zwecke nicht entgegenstehen. Das Problem wird dadurch nur - nicht grundsätzlich anders als beim BGH (vgl. NJW 1983, 1910, 1911, sub 4; 1987, 1890, 1892, sub II.2, III.3) - von der Rechts- auf die Beweisebene verlagert; klare Maßstäbe sind aber nicht gewonnen.
Zur Frage des lediglich faktischen Auseinanderfallens von statuarischem Unternehmensgegenstand und tatsächlicher Geschäftstätigkeit vgl. Hachenburg/*Ulmer* § 53 Rn. 102 m.w.N.

fechtung Bestandskraft zugesteht[120]. Eine Lösung dieses angesichts der formalen Anforderungen der §§ 1ff, 53f prekären Problems[121] muß sich, um beide Aspekte, sowohl das formale Prinzip als auch das Phänomen der satzungsdurchbrechenden Beschlüsse erfassen zu können, an der für die GmbH grundlegenden gesellschafterlichen Treu- und Förderpflicht orientieren[122]. Diese stellt ein flexible Bindeglied dar zwischen dem formal-statischen Element der Satzung und dem personalen der Gesellschafter. Aus ihr ergibt sich die Unzulässigkeit einer Beschlußanfechtungsklage wegen Fristablaufs oder bei widersprüchlichem Verhalten (etwa nach erklärter Zustimmung). Im GmbH-Innenbereich stellt sie das Korrelat zwischen Rechtsmacht und Verantwortung[123] dar, Regulativ bzw. Balance für die weitreichenden gesellschafterlichen Einwirkungsmöglichkeiten[124]. Haben demnach alle Gesellschafter einem satzungsdurchbrechenden Beschluß zugestimmt, so kann die anschließende Anfechtung mit dem Verdikt der Treuwidrigkeit zu belegen sein, was zur Abweisung der entsprechenden Klage führt. Die Entscheidung hängt hierbei jedoch maßgeblich von den gesellschaftsrechtlich relevanten Umständen des Einzelfalles ab[125] - nicht aber von nebenvertraglichen Vereinbarungen. Da Grundlage der Treupflicht der Gesellschaftsvertrag mit seinen in § 3 I normierten zwingenden Satzungsbestandteilen ist, kann in diese Einzelfallabwägung auch einfließen, inwieweit die mit der Handelsregisterpublizität verfolgten öffentlichen Interessen durch den Beschluß tangiert

---

120 Innerhalb des Zeitkontinuums muß die von *Priester* (s.o., Fn. 109) vorgenommene Unterscheidung nach punktuellen und zustandsbegründenden Durchbrechungen - sind die Gegenpole auch relativ eindeutig definiert - notwendig willkürliche Ergebnisse mit sich bringen, wogegen das den §§ 2ff, 7ff, 13, 15ff, 53f zugrundeliegende formale Prinzip solche Zweifel und Abgrenzungsschwierigkeiten gerade ausschließt.

121 Zur Anfechtbarkeit der sog. Satzungsdurchbrechung (= Außerkraftsetzen des Gesellschaftsstatuts für einen Einzelfall ohne Einhaltung der für die Satzungsänderung geltenden Voraussetzungen, vgl. A.II.6.b, S. 16), selbst wenn der Beschluß die nach § 53 II 1 erforderliche Mehrheit gefunden hat, s. Hachenburg/*Ulmer* § 53 Rn. 33. Vgl. dagegen BGHZ 32, 17, 29 und BGH ZIP 1981, 1205 = WM 1981, 1218, wo die Frage der hierfür erforderlichen Mehrheitsverhältnisse ebenso wie die nach der Anfechtbarkeit solcher Beschlüsse offengelassen wird. *Fleck* ZGR 1988, 104, 127: "zweifelhafte(n) Rechtslage".

122 S.a. *Noack*, Beschlüsse, S. 73; Grundlegend BGHZ 65, 15, 18f (ITT); *M. Winter*, Treubindungen, S. 43ff, 167ff, 201.

123 *K. Schmidt* GesR, S. 481.

124 *Hüffer* FS Steindorff 1990, 59, 74; *Zöllner*, Schranken, S. 339ff.

125 Zu den Folgen dieser These für die Klagefrist unter C.III.1.

werden. In diesem Zusammenhang kann dann auch auf die von *Priester* herausgearbeiteten Kriterien zurückgegriffen werden[126] [127].

d.) Die Auflösung der Gesellschaft, § 60 I Nr.1, II

An den Bestimmungen des § 60 I Nr. 1, II lassen sich beispielhaft sowohl das formale Prinzip als auch dessen Konsequenzen verdeutlichen: Eine ersichtlich auf Rechtssicherheit angelegte Norm wäre, bestünde für die Gesellschafter völlige Wahlfreiheit hinsichtlich Regelungsort und -art (Nebenvertrag/Gesellschaftsvertrag), nicht mehr erklärbar. Hier ebenso wie bei anderen Bestimmungen des GmbHG gilt: kann eine Regelung mit gleicher Rechtswirkung (d.h. der Möglichkeit zwangsweiser gerichtlicher Durchsetzung) auch außerhalb der Satzung getroffen werden, so erscheint das ausdrückliche gesetzliche Verlangen nach einer statuarischen Regelung letztlich sinnentleert[128] [129] [130]. Friktionen werden auch gegenüber den im Transparenzgebot des § 54 I 2 zum Ausdruck kommenden Wertungen[131] erkennbar.

---

126 Mit dieser Lösung soll die gesellschafterliche Treupflicht weder zur Grundlage noch zum Allheilmittel des Formproblems erklärt werden, ist sie doch im allgemeinen zu unbestimmt, um mehr als einen Notbehelf in kritischen Situationen bieten zu können.

127 Der an dieser Stelle beschrittene Weg erfährt seine "theoretische Einbettung" - Satzungsdurchbrechungen betreffen als solche nicht unmittelbar die Thematik der Arbeit - in Kapitel C.II, S. 156ff, 190f.

128 Insofern zutreffend *Ullrich* ZGR 1985, 235, 255. Auch die Frage nach Sinn und Zweck des § 15 V sei hier gestellt, wenn wichtige Mitgliedschaftsrechte, wie insbesondere das Stimmrecht, "abgespalten" und mit Zwangsmitteln durchgesetzt, d.h. im Ergebnis übertragungsgleich Dritten eingeräumt werden können.

129 Zutreffend auch die Kritik von *M. Winter* ZHR 154, 259, 268f, der darauf abstellt, daß Stimmen in der Literatur mit dem BGH zwar "einstimmigen" Nebenverträgen durch Gewährung eines Anfechtungsrechts satzungsgleiche Wirkung zubilligen, diese Gleichstellung jedoch nicht konsequent durchgehalten wird, da ansonsten auch - entgegen der absolut h.M. - etwa ein Ausschluß aus der Gesellschaft wegen der Verletzung eines Nebenvertrages möglich sein müßte (vgl. auch das Bsp. aaO S. 279). Die vom BGH vollzogene punktuelle Durchbrechung des formalen Prinzips muß sich insofern den Vorwurf einer "Rosinentheorie" gefallen lassen.

130 So auch für § 38 II *Ulmer* NJW 1987, 1849, 1854 unter Hinweis auf *Fleck*; BGH NJW 1969, 131; BGH GmbHR 1982, 129, 130.

131 Dazu s. *Winkler* DNotZ 1980, 578, 579, 582ff, 592ff.

e.) Die Beschlußfassung der Gesellschafter, §§ 47ff

Die §§ 47ff regeln die Willensbildung in der Gesellschaft von den Formalien der Einberufung der Gesellschafterversammlung bis hin zur Abstimmung selbst. Sie stehen unter Satzungsvorbehalt (§ 45), stellen so auch eine Verbindung dar zwischen dem formalen Prinzip der Satzung und dem personalen der Steuerung der GmbH durch die Gesellschafterversammlung mittels Beschluß (§ 47 I).

An die unter d.) getroffenen Feststellungen anknüpfend gilt auch hier, daß ein Formverlangen, will es seine Funktion erfüllen, den Parteiwillen wirklich und vollständig erfassen und seine Umsetzung gewährleisten muß. Dies bedeutet bei der Auslegung von Gesellschaftsverträgen, daß außerhalb der Urkunde liegende - nicht das Formgebot erfüllende - Umstände nicht berücksichtigt werden können[132]. Bei der demselben GmbH-Organisationsrecht unterworfenen Gesellschafterversammlung (vgl. § 45) gilt entsprechendes. Auch dort können außerhalb des nach §§ 47ff vorgeschriebenen Verfahrens erzielten Willenseinigungen nicht dieselben Rechtsfolgen zugeordnet werden, wie diese Voraussetzungen erfüllende. Der daraus insgesamt zu ziehende Schluß lautet, daß formlose schuldrechtliche Vereinbarungen weder für die GmbH dieselben Rechtsfolgen auslösen können wie Satzungsregelungen, noch, daß sie den im Beschlußwege zustandegekommenen Rechtsakten gleichzubehandeln sind.

Für beide Fragen kommt der BGH im Kerbnägelfall zum entgegengesetzten Ergebnis. Seine Argumentation erinnert dabei an die zum Wechselrecht ergangene Entscheidungen BGH DB 1983, 762 und DB 1986, 1014. In diesen ging es ebenfalls um das Verhältnis eines überwiegend formalisierten Rechtssystems (dem Wertpapierrecht) zum allgemeinen Schuldrecht. Der Bundesgerichtshof erkannte in den genannten Fällen mit Recht Verkehrsinteressen als ausschließlichen Schutzzweck hinter den strengen Formalien des Wechselrechts. Er entschied, daß diese Formalbedürfnisse beim Fehlen eines sog. Verkehrsgeschäfts insofern außer acht gelassen werden können[133].

Mit derselben Begründung, ohne sich jedoch mit den Formzwecken des Gesellschaftsrechts auseinanderzusetzen, trägt sich letztlich auch das Urteil des

---

132 Vgl. RGZ 154, 41, 44f; BGHZ 87, 150, 154; Palandt/*Heinrichs* BGB § 133 Rn. 19.

133 A.A. lediglich *Zöllner* ZHR 148, 313, 326ff.

BGH im Kerbnägelfall, obwohl die §§ 45, 53 und § 243 I AktG, alleine durch die in ihnen zwingend vorgeschriebene Beteiligung öffentlicher Stellen (Registergericht, Notar, vgl. auch § 54 III) gegenüber dem Wechselrecht deutliche Unterschiede markieren. Hinzu kommt, daß mit dem Wechselrecht lediglich ein besonders formalisiert vertyptes Vertragsrecht vorliegt, insofern ein Rückgriff auf das allgemeine Schuldrecht nahe liegt, ja geboten ist.

Bei der Willensbildung innerhalb der Gesellschafterversammlung handelt es sich hingegen nicht um eine Sonderform des Vertragsrechts, sondern um Beschlüsse, die vom Organ für eine selbständige juristische Person getroffen werden. Maßgeblicher Unterschied hierbei ist der jeweilige Bezugspunkt der Willenserklärung. Beim Vertrag handelt es sich im Grundsatz um formlos zustandegekommene, korrespondierende (aufeinander bezogene) Erklärungen, beim Beschluß hingegen um im Rahmen der Gesellschafterversammlung abgegebene parallele Willenserklärungen (Bezugspunkt: die GmbH)[134]. Zulässig ist somit bei der gesellschaftsrechtstypischen Kategorie des Beschlusses[135] lediglich der Rückgriff auf die allgemeine Rechtsgeschäftslehre (das Recht der Willenserklärungen), nicht jedoch der auf das Recht der Schuldverträge[136]. Dies ist der Vorwurf, den man dem BGH, der beides als gegenseitig austauschbare Rechtsgeschäfts betrachtet, aus dogmatischer Sicht machen kann. Daß es dabei im Kerbnägelfall zur Billigung einer - mit den Worten *Priesters*[137] - zustandsbegründenden Satzungsdurchbrechung kommt, stellt insofern nur noch eine Folgewirkung dieser Gleichsetzung bzw. Substitution dar. Der "Bezugspunkt" GmbH bzw. das GmbH-Recht ist insofern vom BGH ebenso wie von den Gesellschaftern des Kerbnägelfalles zurückgedrängt, vernachlässigt oder übersehen worden.

---

134 *Ulmer* FS Niederländer 1991, 415, 425 m.w.N.; *Jauernig* BGB, vor § 104 Anm. 2a; zur Rechtsnatur der Stimmabgabe s. *Renkl*, S. 33f, zum Beschluß S. 76f; s.a. *Bartholomeyczik* ZHR 105, 293ff.

135 § 47 I (vgl. auch unter C.II.2.a, S. 160ff); als Methode der Willensbildung findet er sich bereits im Recht der - nicht auf einem willentlichen Zusammenschluß basierenden - Rechtsgemeinschaften, §§ 745 I, 2038 II 2 BGB (ebenso §§ 10 I, 23ff WEG, §§ 94ff KO); vgl. daneben auch die §§ 28, 32f und 709 BGB.

136 Hachenburg/*Hüffer* § 47 Rn. 3; insbesondere gelten nicht etwa die §§ 145ff BGB; *Jauernig* BGB vor § 104 Anm. 2a cc.

137 ZHR 151, 40, 55ff.

Diese Urteilskritik zielt nicht darauf ab, den Gesellschaftern die Vertragsfreiheit abzusprechen oder einzuschränken. Der Wirksamkeit der Nebenverträge steht - wie in Teil B der Arbeit erörtert - nichts entgegen, die gesellschafterliche Privatautonomie bleibt unberührt. Zweck ist vielmehr, die besondere Bedeutung der Rechtshandlungsform des Beschlusses innerhalb des GmbH-Rechts zu unterstreichen, um der Freiheit der Willensbildung in der Gesellschafterversammlung den ihr in den §§ 47ff vorgesehenen Stellenwert zukommen zu lassen.

f.) Der Gleichbehandlungsgrundsatz

Der Gleichbehandlungsgrundsatz stellt ein formales Prinzip dar, was schon daran zu erkennen ist, daß er nicht an materiellen Kriterien ("Willkürfreiheit") sondern formal, an der satzungsmäßigen Ausgestaltung der jeweiligen Mitgliedschaftsrechte gemessen wird[138]. Durch eine Satzungsänderung kann der für die Frage der Gleichbehandlung anzuwendende Maßstab also verändert, der Gleichbehandlungsgrundsatz selbst grundsätzlich aber nicht verletzt werden[139]. Die Satzung selbst enthält so das Maß der Gleichbehandlung, dieses wird also nach jener bemessen, nicht umgekehrt. Damit steht der Gleichbehandlungsgrundsatz in unmittelbarem Zusammenhang mit der Satzungsautonomie der Gesellschafter und bedeutet eine weitere Verkörperung des formalen Prinzips. Als Indiz dieser rein formalen Betrachtungsweise kann auch die Tatsache gewertet werden, daß Stimmbindungsverträge gegenüber Mitgesellschaftern noch niemals wegen Verstoßes gegen das Gleichbehandlungsgebot Beanstandung fanden, obwohl sie doch die gesellschaftlichen Kräfteverhältnisse, wie sie sich in und nach der Satzung darstellen, erheblich verschieben können.

---

138 Das verkennt *Ullrich* ZGR 1985, 235, 244f.

139 § 53 III bzw. § 35 BGB sind dabei natürlich ebenso wie andere an die Wirksamkeit von Satzungsänderungen geknüpfte (formale) Voraussetzungen zu beachten; zu den Einzelheiten, insbes. der Frage einer materiellen Beschlußkontrolle (BGH NJW 1981, 1512 - "Süssen") Hachenburg/*Ulmer* § 53 Rn. 64ff; *Roth* § 53 Anm. 3f, § 14 Anm. 3.3, zur Gleichbehandlung aaO § 13 Anm. 5.5.

Behält man diese Gesichtspunkte im Auge, setzt daneben die oben zu § 60 getroffenen Feststellungen über die konstitutiven Funktionen gesetzlicher Formen des Gesellschaftsrechts, so wird der Kontrast zwischen dem formalem Anspruch des Gesetzes (Stichwort: Satzungs-GmbH) und der durch außersatzungsmäßige Bindungen geprägten Realität deutlich.

Die Stimmbindungsproblematik kann dabei auf die gmbh-rechtliche Grundregel des § 45 zurückgeführt werden. Diese Norm verkörpert den systematischen und funktionalen Zusammenhang von Gesetz und Satzung ebenso wie deren Bedeutung für die Definition der Mitgliedschaft. Es hat danach jeder Gesellschafter grundsätzlich gleichen Status; gleichheitsdurchbrechende Regelungen, wie z.B. eine - entgegen § 47 II - nicht proportionale Verteilung der Stimmrechte, bedürfen der Aufnahme in die Satzung und bei nachträglicher Einführung oder Abschaffung entsprechend § 53 III auch der Zustimmung der an Stimmacht verlierenden Gesellschafter[140]. Dem hinter der Gleichbehandlung und der Satzungsautonomie stehenden formalen Prinzip läßt sich, akzeptiert man - entsprechend dem in Teil B der Arbeit gefundenen Ergebnis - die unbedingte Wirksamkeit schuldvertraglicher Stimmbindungen, alleine durch die Ablehnung ihrer Vollstreckbarkeit gerecht werden. Es bleibt dadurch der Unterschied gewahrt, wie er durch die Differenzierung nach öffentlicher Satzungsform (Notarbeteiligung, Handelsregisterpublizität) und privater, informeller Bindung vom GmbHG selbst vorgenommen wird. Nur bei Einhaltung der öffentlichen Form ist auch öffentlich-rechtliche Zwangsbeeinflussung möglich[141]. Dieser öffentliche Vertrag bestimmt gleichsam das Leben der GmbH und ihres Organs Gesellschafterversammlung (vgl. §§ 45, 47 I), der private Vertrag das von Privatpersonen - seien diese auch Gesellschafter einer GmbH. Im äußersten Falle muß ein außersatzungsmäßig sich Bindender somit auch nur das leisten, was er als Privater zu leisten vermag: Schadensersatz in Geld[142].

---

140 RGZ 113, 241, 245; Baumbach/Hueck/*Zöllner* § 47 Rn. 21; *Roth* § 47 Anm. 3.; abzulehnen *Ullrich* ZGR 1985, 235, 244f, der das auch hinter der Gleichbehandlung stehende formale Prinzip verkennt, diese auf bloße Willkürfreiheit reduziert.

141 Hierfür sprechen nicht zuletzt die §§ 241ff AktG; zum Erfordernis eines Gestaltungsurteils s. sogleich (sub lit. i).

142 Näher unter C.II.2.n, S. 206ff.

Dadurch ist sichergestellt, daß die Sanktionen keine über die Vertragsschließenden hinausweisenden Rechtsfolgen nach sich ziehen, nicht eine mit selbständigen Rechten und Pflichten ausgestattete Person - und sei es "nur" eine juristische - betreffen. Um unmittelbar gegen diese selbst Rechte zu erlangen, müßten die vom GmbHG hierfür vorausgesetzten formellen und materiellen Bedingungen erfüllt sein. Ist dies nicht der Fall, so bleibt es bei einer rein schuldrechtlichen, privaten Sanktion[143]. Die vom Gesetz für das Gesellschaftsstatut vorgesehene Sonderstellung bleibt so gewahrt.

g.) Die Anmeldeobliegenheit des § 16

Da - außer in den Fällen des § 15 V - die Übertragung von Geschäftsanteilen ohne Mitwirkung der Gesellschaft stattfindet[144], kann es bei einem Gesellschafterwechsels zu Unsicherheiten über die Gesellschafterstellung kommen. Um die hierbei im Verhältnis zur Gesellschaft drohende Gefahren hinsichtlich Bestehens und Ausübung der mit der Gesellschafterstellung verbundenen Rechte und Pflichten zu vermeiden, normiert § 16 eine Anmeldeobliegenheit. Diese ist nicht Gültigkeitsvoraussetzung für die Anteilsabtretung, im Verhältnis zur GmbH hängen die Wirkungen der Abtretung aber zwingend und allein von dieser Anmeldung ab[145]. Die Rechtsprechung knüpft hieran strenge Anforderungen[146], da durch die Anmeldung Rechtsklarheit und Rechtssicherheit im Interesse der Parteien des Veräußerungsgeschäfts, vor allem aber der GmbH selbst[147] gewährleistet werden sollen. Vor Erfüllung dieser Formalbedingungen hat der Erwerber eines Geschäftsanteils weder ein Teilnahmerecht an der Gesellschafterversammlung noch Stimm- oder Informationsrechte gemäß § 51a oder son-

143 Ebenso Geßler/*Eckardt* AktG § 136 Rn. 56.

144 Ein Merkmal ihrer juristischen Selbständigkeit, der Trennung zwischen Anteilsinhabern und Körperschaft.

145 Vgl. § 16 I "nur".

146 *Westermann/Menger* DWiR 1991, 143, 151; vgl. aus der neueren Respr. OLG Nürnberg GmbHR 1990, 166, 168; BayObLG GmbHR 1990, 216ff.

147 *Roth* § 16 Anm. 2.2, 3.1; BGHZ 84, 47, 49ff.

stige mitgliedschaftlichen Ansprüche. Dies gilt unabhängig von der Wirksamkeit der Anteilsübertragung. Wie inzwischen vom BGH[148], dem überwiegenden Schrifttum folgend[149], anerkannt, können auch bürgerlich-rechtliche Anfechtungs- und Nichtigkeitsgründe des Übertragungsakts nicht dazu führen, daß im Verhältnis zur Gesellschaft rückwirkend der vorherige Rechtsinhaber wieder eingesetzt bzw. als fortwährender Gesellschafter behandelt wird. Die Grundsätze der fehlerhaften Gesellschaft sind demgemäß auf eine fehlerhafte Anteilsabtretung nicht anwendbar[150]. Die häufig mit erheblichen Schwierigkeiten verbundene Rückabwicklung hat vielmehr alleine im Verhältnis zwischen Veräußerer und Erwerber des Anteils stattzufinden.

Drei Dinge lassen sich erkennen: erstens die im Anmeldeerfordernis zum Tragen kommenden Aspekte der Rechtssicherheit und Rechtsklarheit; zweitens, daß für die Ausübung mitgliedschaftlicher Rechte diesem formalen Akt konstitutive Wirkung beigemessen wird, er also unmittelbaren Einfluß auf die Zusammensetzung der Gesellschafterversammlung besitzt; drittens, daß die Willensbildung in der Gesellschaft auf mitgliedschaftlicher Strukturierung, Kontinuität und Bestandskraft (§ 16 II) aufbaut, Nebenverträge - auch das Verpflichtungsgeschäft und die Anteilsabtretung selbst unterfallen dieser Kategorie - hierauf jedoch keinen unmittelbaren Einfluß besitzen. Entscheidend für den Gesellschafterbeschluß bzw. die "Angelegenheiten der Gesellschaft" (§ 47 I) ist der in der entsprechend § 16 sich konstituierenden Versammlung gebildete Wille. Sind aber im Interesse von Gesellschaftern und Gesellschaft selbst Mängel beim Erwerb der Mitgliedschaft demgegenüber außer acht zu lassen, muß diese "Einflußlosigkeit" um so mehr auch für andere, schlicht-schuldrechtliche (Neben-)Verträge gelten, die auf eine - auch nur teilweise - Verlagerung der Entschließungskompetenz auf außerhalb der Gesellschafterversammlung stehende Dritte abzielen.

---

148 BGH GmbHR 1975, 154, 155.

149 Scholz/*Winter* § 15 Rn. 109f; *Lutter/Hommelhoff* § 15 Rn. 31; Baumbach/*Hueck* § 15 Rn. 28; *Roth* § 16 Anm. 3.2.

150 BGH NJW 1990, 1915 = GmbHR 1990, 164 = ZIP 1990, 371 = WM 1990, 505; *K. Schmidt* BB 1988, 1053, 1058f; besprochen von *Grunewald* in ZGR 1991, 452.

Anders gewendet: wenn selbst die wirksame Vollrechtsübertragung gegenüber den Interessen von Gesellschaft und Gesellschaftern zurückzutreten hat, muß dies erst recht für die aus ihr nur abgeleiteten Teilrechte, wie insbesondere das Stimmrecht gelten[151]. Selbst bei einer unwirksamen Anteilsübertragung ist - kraft Mitgliedschaft - der Alt-Gesellschafter (nach Rückübertragung) an die unter Mithilfe des Schein- oder besser Interimsgesellschafters zustandegekommenen Beschlüsse gebunden (§ 16 II). Vom Standpunkt der Gesellschaft - und auf deren "Wille" ist abzustellen, dieser, nicht der der Gesellschaft*er* wurde gebildet[152] - kommt es daher in keinem Falle auf Nebenverträge und Drittbindungen an. Lediglich der in der Gesellschafterversammlung getroffene Beschluß als solcher zählt. Daß Dritten jegliche mitgliedschaftliche Bindung an die Gesellschaft fehlt, schließt sie somit zugleich vom direkten Zugriff auf mitgliedschaftliche Rechte aus. Sind diese Einflußrechte innerhalb der Gesellschaft ausschließlich den ihr mitgliedschaftlich Verbundenden vorbehalten[153], so lassen sich unmittelbar wirkende, d.h. mit Vollstreckungszwang gegenüber der Gesellschaft durchsetzbare Einflüsse Dritter damit nicht vereinbaren.

h.) Die Unbeachtlichkeit formaler Mängel des Verpflichtungsgeschäfts gemäß § 15 IV

Den Gedanken mitgliedschaftlichen Kontinuität stützt auch § 15 IV Satz 2. Die Regelung des § 15 IV unterscheidet - ebenso wie § 15 II, III, V - deutlich zwischen mitgliedschaftlicher (dinglicher) und schuldrechtlicher (nebenvertraglicher) Rechtslage. Er beschränkt in seinem Satz 2 den Einfluß formaler Mängel

---

151 Dies entspricht zugleich der Forderung des Abspaltungsverbots nach einer eindeutigen Zurechnung gesellschafterlicher Berechtigung und Verpflichtung, vgl. B.V.2.c, S. 61ff; zu dieser eindeutigen Zuordnung vgl. auch § 18 I GmbHG und bei C.II.2.h, S. 192ff.

152 Siehe dazu bereits oben lit e., S. 130, zum unterschiedlichen "Bezugspunkt" von Vertrags- und Beschlußwillenserklärungen. Diese konstituiert einen Fremdwillen, jene bindet den Eigenwillen des Erklärenden. Näher unter C.III.1, S. 216ff.

153 Entsprechend wird von der h.M. auch eine Anmeldung durch Dritte im Rahmen des § 16 nicht akzeptiert; vgl. Scholz/*Winter* § 16 Rn. 17; Hachenburg/*Zutt* § 16 Rn. 9; *Roth* § 16 Anm. 2.2.

des Verpflichtungsvertrages auf die mitgliedschaftliche Rechtslage, läßt eine "Dissimultierung" allein auf schuldrechtlichem Gebiet zu. Die bereits in § 15 III erkennbare, stärkere persönliche Bindung der Gesellschafter, aber auch deren Unbeeinflußtheit durch nebenvertragliche Vereinbarungen finden sich hierdurch bestätigt: mitgliedschaftliche Berechtigung und Verpflichtung werden eindeutig zugeordnet, Klarheit, Durchschaubarkeit und Rechtssicherheit stehen im Vordergrund.

i.) Anfechtung und Nichtigkeit von Gesellschafterbeschlüssen, §§ 241ff AktG

Die auch für die GmbH geltenden Normen der §§ 241ff AktG[154] zeigen mit ihren enumerativen Nichtigkeits- und Anfechtungsgründen[155] das gesetzgeberische Interesse am Bestand von Gesellschafterbeschlüssen[156]. Der dadurch bewirkte Bestandsschutz ist zugleich Garant für Rechtssicherheit[157].

Im hier relevanten Bereich der Beschlußanfechtung kann die durch die Bestimmungen der §§ 241ff AktG bewirkte Beschränkung auch als Folge des Umstands verstanden werden, daß die Gesellschafter grundsätzlich jeden Beschluß im nachhinein jederzeit wieder ändern können. Beides korreliert mit der Nichtvollstreckbarkeit nebenvertraglicher Verpflichtungen: es gilt - grundsätzlich - jeder Beschluß so, wie er gefaßt wurde. Sind die Gesellschafter mit einem Beschluß nicht mehr einverstanden, können sie in der Gesellschafterversammlung diesen jederzeit aufheben, über dieselbe Sachfrage anders beschließen.

---

154 Näher hierzu bei B.VIII.1, S. 98ff.

155 Vgl. § 241 HS 1 "nur" iVm § 241 Nr. 5 und § 243 AktG.

156 Vgl. die §§ 242, 244, 245 AktG; *Lübbert* S. 169ff; *Ulmer* NJW 1987, 1849. Die allgemeinen Regeln bürgerlichen Rechts über Anfechtbarkeit und Nichtigkeit von Rechtsgeschäften sind daneben nicht anwendbar; KölnerKomm/*Zöllner* AktG § 133 Rz. 16ff; Geßler/*Hüffer* AktG § 241 Rn. 4; § 243 Rn. 13ff.

157 Zu dessen Bedeutung für die Stimmrechtsausübung s.a. *Feine* S. 530f; BGH NJW 1991, 172, 173.

Gegenüber dem so beschriebenen Prinzip läßt das Gesetz lediglich zwei Durchbrechungen[158] zu: den Verstoß gegen Satzung und Gesetz. Beides sind Sätze des geschriebenen Rechts, insofern dem Aspekt der Rechtssicherheit verpflichtet[159], wobei deren Nähe zueinander nicht nur rein begrifflicher (Satzung = das Gesetzte), sondern auch inhaltlicher Natur ist. Beides sind Quellen objektiven Rechts und werden dementsprechend gehandhabt, d.h. ausgelegt[160]. Das Gesetz als die ranghöhere Normierung ordnet dabei im gesellschaftsinternen Bereich eine - wie der systematische Aufbau des § 45 zeigt - geradezu verwirrende Verwobenheit und Substituierbarkeit beider Rechtsquellen an[161]. Speziell in § 45 I wird den Gesellschaftern das Definitionsrecht über die Mitgliedschaft eingeräumt. Daran knüpft das Gesetz insbesondere formale Anforderungen. Nur Gesetz und Satzung, gleichsam "das GmbH-Recht", sind so für Körperschaft und Mitgliedschaft konstitutiv. Die beiden genannten Regelwerke bilden gleichsam den sichtbaren (§§ 7f) Körper, die Investitur der juristischen, fiktiven Person GmbH. Diese ist zwar selbständiges Rechtssubjekt, kann die ihr zustehenden Rechte aber nie selbsttätig ausüben. Hierfür bedarf es bestimmter Organe; für die Willensbildung ist dies die Gesellschafterversammlung. Deren Kompetenzen ergeben sich aus dem Organisationsstatut der GmbH, d.h. aus Gesetz (insbesondere §§ 26, 45, 46, 53ff, 60 I Nr.2, 66 I u. III GmbHG, §§ 355, 376ff AktG, § 24 UmwG, § 30 KapErhG) und Satzung (z.B. §§ 15 V, 26, 45), auf deren Grundlage die Beschlüsse gefaßt werden.

Tatbestandlicher Anknüpfungspunkt des § 243 I AktG ist diese Organkompetenz, nicht jedoch der personelle Bestand des Organs oder daran anknüpfende individualrechtliche Bindungen[162]. Auch § 243 I AktG stellt sich insofern als Teil des für die Eigenständigkeit (Körperschaftlichkeit, § 13) der

---

158 Oder "Dissimultierungen", dazu unter C.II.

159 Dazu *Henze* ZGR 1988, 542, 549; vgl. auch bei C.I.1.

160 Vgl. BGHZ 9, 279, 281 m.w.N. Man spricht auch im Zusammenhang mit Satzungen teilweise von einer "normativen" Auslegung; vgl. auch die Parallelen anhand der in A.II.6, S. 15ff aufgeführten Kriterien.

161 Zum Ineinandergreifen von Gesetz und Satzung s.a. § 53 II 1 ("muß") und § 53 II 2: der Gesellschaftsvertrag kann seine eigene Abänderbarkeit regeln.

162 Siehe hierzu B.VI.2.

GmbH konstitutiven formalen Prinzips dar[163]. Er schließt gleichsam den organisationsrechtlichen Kreis, indem er anordnet, daß nur die für die Beschlußkompetenz konstitutiven auch die kompulsiven Elemente darstellen[164] [165]. Dementsprechend dient die Anfechtungsklage der Durchsetzung des Gesellschaftsinteresses - und nicht eines extern begründeten Individualinteresses[166]. Nur der mit Blick auf die Satzung - als Grundlage des Gesellschaftsinteresses - rechtmäßige Beschluß rechtfertigt in der Gesellschafterversammlung auch die Unterwerfung der Minderheit unter den Willen der Mehrheit[167]. Gemäß § 243 I AktG erfordert die autonome Schaffung eines Anfechtungsgrundes, d.i. die Möglichkeit unmittelbaren Hineinregierens in die Gesellschafterversammlung, stets einen satzungsändernden Gesellschafterbeschluß, die Beschlußaufhebung selbst ein Gestaltungsurteil[168]. Anders als im Schuldrecht (§ 305 BGB) - gleiches gilt nach h.M. für das Recht der Personengesellschaften[169] - sind sowohl für das Zustan-

---

163 Vgl. *Baltzer* S. 10f; *Flume* verkürzt hingegen das Trennungsprinzip in I/2, § 2 VII, S. 62 auf die in Absatz 2 des § 13 genannten, haftungsrechtlichen Gesichtspunkte.

164 Siehe parallel dazu § 60 I (Gesetz), § 60 II (Satzung).

165 Zur Anfechtbarkeit der sog. Satzungsdurchbrechung (= Außerkraftsetzen des Gesellschaftsstatuts für einen Einzelfall ohne Einhaltung der für die Satzungsänderung geltenden Voraussetzungen, vgl. A.II.6.b, S. 16 und C.I.2.c, S. 135ff m.w.N.

166 *Teichmann*, GmbH-Reform 1970, 59, 61f, 77ff; *Immenga* GmbHR 1973, 5, 6.

167 Zur historischen Entwicklung und Rechtfertigung des Mehrheitsprinzips vgl. *Baltzer* S. 186ff.

168 Vgl. BGH MDR 1951, 674 = LM Nr. 1 zu § 199 AktG (a.F.) m. Anm. *Fischer*. Als richterliche Eingriffe in bestehende Rechtspositionen, rechtsgestaltende Staatsakte, bedürfen diese einer gesetzlichen Ermächtigung (Stichwort: numerus clausus der Gestaltungsklagen); zur Problematik s. B.VIII.3, S. 103ff und *Noack*, Beschlüsse, S. 103ff. Zur Frage der Schiedsfähigkeit s.a. OLG Hamm AG 1988, 80 = DB 1987, 680 = ZiP 1987, 780 und die Bespr. von *K. Schmidt* ZGR 1988, 523 und *Henze* ZGR 1988, 542. Zutreffend geht *K. Schmidt* (S. 530f) von der Zulässigkeit satzungsmäßiger Schiedsklauseln nach § 45 GmbHG, § 1048 ZPO aus, will dem jedoch - S. 531, unter Bezugnahme auf die Kerbnägelentscheidung - eine alle Gesellschafter bindende Nebenvereinbarung gleichbehandeln. Wegen der korporationsrechtlichen Wirkung von Anfechtungsurteilen (Bindung inter omnes, also auch aller künftigen Gesellschafter) kann dem nicht gefolgt werden. Letzteres erkennt auch *Henze*, der jedoch ebenfalls (vice versa) - aaO S. 557 - Satzungsbestimmungen nur schuldrechtliche Wirkung beimessen will, die Schiedsfähigkeit von Gesellschafterbeschlüssen daher mit Blick auf § 1040 ZPO - unter Verkennung des § 1048 ZPO (dazu *K. Schmidt* aaO, S. 530) jedoch zu Unrecht - ablehnt; s. a. *Timm* FS Fleck 1988, 365, 374ff; instruktiv Hachenburg/*T. Raiser* Anh. § 47 Rn. 204ff.

169 Baumbach/Duden/*Hopt* HGB § 119 Anm. 3E; *Renkl* S. 134; dagegen *K. Schmidt* FS Stimpel 1985, 217ff.

dekommen als auch für die Beseitigung von Gesellschafterbeschlüssen in Kapitalgesellschaften bestimmte Formalbedingungen einzuhalten. Derartige Beschlüsse sind so selbst im Falle der Treuwidrigkeit nicht schlechthin unerheblich - wie dies ein treuwidriges Verhalten nach allgemein bürgerlich-rechtlichen Grundsätzen wäre -, sondern können lediglich durch das Gericht aufgehoben werden[170].

Wird nur auf diesem Wege vom Gesetz selbst Einfluß auf den ansonsten (richtig verstanden) freien Abstimmungsprozeß genommen, so läßt auch dies darauf schließen, welchen hohen Stellenwert der Gesetzgeber der Willensbildungsfreiheit in der Gesellschafterversammlung beigemessen hat (vgl. § 53 II). Indem "nur durch Beschluß" (§ 53 I) von den Gesellschaftern Anfechtungsgründe geschaffen werden können, schützt sich die Autonomie der Gesellschafter im "Willensorgan" der Gesellschaft nicht zuletzt automatisch selbst.

Schuldrechtliche Verträge stellen hingegen nach § 243 I AktG keinen Anfechtungsgrund dar, Dritten steht kein Anfechtungsrecht zu[171], andere Zwangs-Einflußmöglichkeiten mit Wirkung auf die Stimmabgabe als die Klagen nach § 241 ff AktG sieht das GmbH-Recht nicht vor[172]. Das spricht nicht etwa vorneweg gegen die vieldiskutierte Zulassung einstweiliger Verfügungen - z.B. wegen einer bevorstehenden treupflichtwidrigen Stimmabgabe[173]. Es zeigt vielmehr, daß § 243 I AktG gerade als Argument *gegen* die Zulassung einer zwangsweisen Beeinflussung der Gesellschafterversammlung durch Nebenver-

---

170 BGHZ 101, 113, 116f m.w.N. sowie *K. Schmidt* GmbHR 1992, 9ff.

171 Wie das Verhältnis von Anfechtungsrecht und Nichtgesellschaftern vom Gesetz gesehen wird, läßt sich vielmehr an § 243 II AktG ablesen, der die Gesellschaft gerade vor Dritten schützt, für diese aber - arg. e contrario - keine eigene Zugriffsrechte auf Gesellschaftsorgane vorsieht. Da Rechte Dritter in der Satzung nicht begründet werden können, sondern lediglich über das Vorgehen einzelnen Gesellschafter in die Abstimmung einfließen, stellt § 243 II AktG klar, daß auch im Wege eines Nebenvertrages ("für sich oder einen Dritten") dem Dritten nicht mehr Einfluß auf die Gesellschaft zukommen kann, als dem - vermittelnden - Gesellschafter zusteht. Da der Nebenvertrag als solcher jedoch schuldrechtlich voll wirksam ist (vgl. B.III.3.d, B.V.3.be), läßt dies auf ein Vollstreckungshindernis schließen.

172 B.VIII.1 und 3, zu neueren Stimmen, die weitere Einschränkungen bzgl. der Anwendbarkeit der §§ 241ff AktG auf die GmbH befürworten, s.u. C.III.1.

173 Die Treupflicht ist GmbH-Recht; zu dieser Problematik s. *Michalski* GmbHR 1991, 12 m.w.N.; zur Durchsetzung von aus der Treubindung sich ergebender Stimmpflichten vgl. auch *M. Winter*, Treubindungen, S. 183ff.

träge anzusehen ist[174]. Derartige Bindungen sind für die "Richtigkeit" des Beschlusses irrelevant[175], womit die Regelung des Verhältnisses von Organ zu GmbH, entsprechend der grundlegenden Aussage des § 45, der Satzung vorbehalten bleibt. Dies entspricht der besonderen Stellung und Verbindlichkeit, wie sie für die Satzung als dem Organisationsstatut der GmbH vorgesehen ist. Im Gegensatz hierzu kommt schlicht-schuldrechtlichen Nebenabreden eine statusbegründende Funktion von Gesetzes wegen nicht zu[176] [177].

Der damit aus dem Gesetz hermeneutisch entwickelten Gewichtung wird die höchstrichterliche Rechtsprechung nicht gerecht. Folgt man der Argumentation des BGH im Kerbnägelfall, so stünde selbst der Aufhebung einer nebenvertragswidrigen Satzungsänderung im Wege einer Anfechtungsklage nichts entgegen[178]. Nur mit der besonderen Stellung der Satzung ist aber erklärbar, daß das Urteil einer Anfechtungsklage, ebenso wie der Beschluß selbst, als körperschaftliche Regelung "automatisch" alle Gesellschafter bindet (§ 248 AktG), gleichgültig, ob sie am Beschluß beteiligt oder zum Beschlußzeitpunkt überhaupt schon Gesellschafter waren[179]. Ebenso verlangt das Gesetz zur Schaffung von Anfechtungsgründen keinen privatautonomen, sondern einen körperschaftlichen Akt. Für die GmbH bedeutet das neben einem entsprechenden Gesellschafterwillen insbesondere die Einhaltung bestimmter Formalbedingungen[180], wie sie

---

174 Auch die oben (C.I.1.b, S. 118ff) gezeigten "numerischen Verwirrungen" lassen sich damit auflösen.

175 Dem entspricht es, daß die Norm auch als gesetzliche Fixierung des Treupflichtgedankens verstanden wird; *Hüffer* FS Steindorff 1990, S. 59, f; zum Zusammenhang s.a. *Immenga* FS GmbHG 1992, 189ff; zu den Folgen siehe B.VIII.3.a, S. 103ff.

176 *Ulmer* NJW 1987, 1849, 1851; s.a. A.II.6, S. 15ff.

177 Wegen dieser grundlegenden Unterschiede sind auch die gesetzlichen Schutzmechanismen überhaupt nicht oder nur schwerlich und unter "Reibungsverlusten" vom einen zum anderen Rechtssystem transponierbar. Neben der von *M. Winter* und *Happ* geübten Kritik an der nebenvertraglichen Änderung des Unternehmensgegenstands (s.o. S. 143f) wird diese Problematik anhand von § 38 anläßlich der Folgeentscheidung zu "Kerbnägel" in BGH NJW 1987, 1890, 1892 noch auszuführen sein (C.II.2.d, S. 176ff).

178 Vgl. A.III.3, S. 25, Rn. 4f und C.I.1.b, S. 120f. Hiergegen auch Scholz/*U.H. Schneider* § 38 Rn. 40; *Fleck* ZGR 1988, 104, 129.

179 Unzutreffend OLG Hamburg EWiR § 47 GmbHG 1/91, 899, das auch einem Feststellungsurteil Wirkung inter omnes zuspricht (dazu *Reichard* in der Urteilsanm. aaO).

180 Zum Beschlußvotum als eigenständiger Willenserklärung s.o., S. 130f.

durch einen besonderen Regelkatalog ("das GmbH-Recht") vorgegeben werden (vgl. §§ 53ff, 47ff). Den Beteiligten wird dadurch nicht zuletzt Zeit, Mühe und Geld abverlangt[181].

Betrachtet man diese, vom Gesetz den Gesellschaftern - gegenüber § 305 BGB - in den Weg gelegten Hindernisse, so erweist sich als deren Kehrseite - hat man diese "Schwelle" erst einmal überschritten - eine gesteigerte Bestandskraft der Gesellschafterbeschlüsse. Da die Gesellschafter durch diese nicht (nur)[182] ihre Privatverhältnisse, sondern die einer eigenständigen, dritten Person gestalten, werden vom Gesetz daran auch über das allgemeine Privatrecht hinausgehende[183] Anforderungen gestellt. Verlangt das Gesetz neben einem bestimmten Willen zusätzlich die Erfüllung vorgegebener Formalbedingungen und setzt damit auf eine gewisse Überlegung und Klarheit über und in der Rechtsgestaltung[184], so kann schon allein dies als Anhaltspunkt dafür gewertet werden, daß die Gesellschafter im übrigen bei der Willensbildung keinen weiteren äußeren Zwängen (insbesondere nicht auf nicht-mitgliedschaftsbezogener, formlos schuldrechtlicher Basis) ausgesetzt sein sollen, insofern also frei sind. Damit ist eine Beschlußanfechtung auf nebenvertraglicher Grundlage nicht vereinbar. Derartige schlicht-schuldvertragliche Bindungen können, gleich wieviele Gesellschafter durch sie auch gebunden sein mögen, eine nachträglich zwangsweise wirkende Beeinflussung des Gesellschafterwillens nicht begründen.

Greift die Anfechtung unbeschadet der Rückwirkung des Anfechtungsurteils (§ 241 Nr. 5 AktG analog) erst nach der Beschlußfassung dessen Wirksamkeit an, so gilt jedoch auch für eine ex ante wirkende Zwangsbeeinflussung,

---

181 Zum durch § 2 bewirkten Übereilungsschutz vgl. *Fleck* Anm. zu BGH LM Nr. 5 zu § 24 HGB.

182 Genaugenommen gestalten sie *ausschließlich* die Rechtslage der GmbH, eine private Bindung ergibt sich aus der Stimmabgabe nicht (eingehend dazu C.II.2.a, S. 163ff und C.III.1, S. 217ff). Der Beschluß kann für den Privatbereich lediglich mittelbar im Rahmen der Treu- und Förderpflicht Bindungswirkungen herbeiführen.

183 Entsprechend den Ausführungen der letzten Fußnote handelt es sich um *andere* Voraussetzungen.

184 Zumal es gerade die Rechtsprechung ist, welche selbst bei bloßer Satzungsänderung auf die mit den Formerfordernissen (§ 53 II) verbundene notarielle Belehrung abhebt; vgl. BGH WM 1981, 376, 377 = BGHZ 80, 76, 79 (Notariat Zürich Altstadt); BGH NJW 1989, 295 = BGHZ 105, 324, 338; OLG Hamm NJW 1974, 1057, 1058; a.A. Hachenburg/*Ulmer* § 53 Rn. 43; zweifelnd Baumbach/Hueck/*Zöllner* § 53 Rn. 38 jew. m.w.N.

wie sie durch die Vollstreckung von Stimmbindungen bewirkt wird, nichts anderes. Dafür spricht bereits, daß die gesellschafterliche Treu- und Förderpflicht als anerkannte Anspruchsgrundlage mit Zwangswirkungen bis in die Gesellschafterversammlung gleichfalls ausschließlich die Satzung als rechtsgeschäftliche Grundlage hat, nicht jedoch Nebenverträge genügen läßt[185]. Betrachtet man daneben sowohl die gmbh-rechtlichen (§ 241 AktG gegenüber §§ 243, 241 Nr. 5 AktG), als auch sonstige zivilrechtliche Grundsätze über die Einwirkungszeitpunkte von inhaltlichen[186] Rechtsmängeln auf das davon betroffene Rechtsgeschäft (z.B. §§ 104, 134, 138 gegenüber § 142 I BGB[187]), so kann diesen entnommen werden, daß das Gesetz regelmäßig den schwereren Rechtsverstößen eine frühere Vernichtungswirkung zuordnet, um damit dem Rechtsgeschäft ex ovo jegliche Anerkennung zu versagen. Im Einklang mit dieser Bewertung kann auch die bereits anfänglich wirkende Zwangsbeeinflussung des Gesellschafterwillens durch den vielzitierten "steinernen Gast, (der) mit einem Abstimmungsurteil in der Hand am Tische sitzt"[188], gegenüber einer nachträglichen, wie sie mit einer Beschlußanfechtung verbunden ist, nicht geringer geachtet werden. Die besonderen Bedingungen, die von den Verfahrensordnungen an die Gewährung einstweiligen Rechtsschutzes geknüpft werden, weisen in dieselbe Richtung: der anfängliche Eingriff, d.h. die Beschränkung der Privatautonomie ex ante wirkt stets schwerer als die nachträgliche "Kurskorrektur"[189]. Insofern findet sich die obige Feststellung bestätigt: Begründen Nebenvertragsverstöße gemäß § 243 I AktG keinen Anfechtungsgrund, so können sie auch nicht unmittelbar und zwangsweise gegen den Gesellschafter in der Ge-

---

185 §§ 1ff iVm § 705 BGB; st. Respr., wie sie auch durch BGH NJW 1983, 1910, 1911 (A.III.1 und 2) bestätigt wird.

186 Bei formellen Verstößen ist eine Gewichtung nach schwerer/weniger schwer nicht durchführbar - auch die Formheilungsvorschriften hängen nur mit den speziellen Formzwecken, nicht aber mit der "Schwere" des Formverstosses zusammen.

187 Weitere Bsp. sind etwa die §§ 16ff EheG gegenüber §§ 28ff EheG; ähnliches kommt in der Unterscheidung zwischen anfechtbaren und nichtigen Verwaltungsakten, Urteilen etc. zum Tragen.

188 *M. Wolff* JW 1929, 2115, 2116; *Zluhan* AcP 128 (1928), 257, 258 spricht gar vom Gesellschafter als "Stimmvieh".

189 Zur Untersagung einer Stimmabgabe durch einstweiligen Verfügung s. OLG Koblenz NJW 1991, 1119 = DB 1990, 2413 = GmbHR 1991, 21 (vgl. B.VIII.4.b, S. 110 mit Fußnote 347); hiergegen mit Recht OLG Hamburg GmbHR 1991, 467, 468.

sellschafterversammlung durchgesetzt werden. Eine Vollstreckung von Stimmbindungsverträgen scheidet damit aus[190].

In der Unterscheidung von anfechtbaren und nichtigen Gesellschafterbeschlüssen wird noch ein weiterer Gesichtspunkt des Zusammenhanges von Stimm- und Anfechtungsrecht als mitgliedschaftlichen Teilhaberechten ersichtlich[191]: (auch) anfechtbare Beschlüsse haben Bestand, wenn sämtliche Gesellschafter sie billigen oder tolerieren bzw. nicht oder nicht fristgemäß anfechten[192]. Es hängt somit selbst bei einem satzungswidrigen Beschluß von einer Ermessensentscheidung der Gesellschafter ab, wie der "Wille" der Gesellschaft letztlich zustande kommt. Ein Anfechtungsrecht Dritter verträgt sich damit nicht[193]. Ebenfalls ausgeschlossen ist danach jedoch[194], daß Dritte einen Gesellschafter auf Erhebung einer Anfechtungsklage verklagen, was ein durchaus denkbarer Inhalt (als Haupt- oder Nebenpflicht) von Stimmbindungsverträgen sein kann. Unter Berücksichtigung des mitgliedschaftlichen Zusammenhanges zwischen Stimm- und Anfechtungsrecht[195] läßt sich dies als weiteres Argument gegen die Vollstreckbarkeit einer Stimmbindung anführen: Ein mitgliedschaftliches Ermessen liegt der Erhebung einer Anfechtungsklage ebenso wie der Stimmabgabe selbst zugrunde. In beiden Fällen hat ein Dritter keine Möglichkeit, den jeweiligen *aktuellen*

---

190 Dem entspricht es, daß der BGH die Beschlußanfechtung lediglich als eine Art "Sammelvollstreckung" betrachtet (vgl. A.III.3, S. 26, Rn. 5, Satz 1). Sie ist nur eine Abkürzung für den "umständlichen Weg", jeden einzelnen Gesellschafter bis zur Rechtskraft (§ 894 ZPO) zu verklagen.

191 Siehe B.VIII.1, S. 98ff.

192 In all diesen Fällen geht das Bestandsinteresse am gefaßten Beschluß - im Gesellschaftsinteresse - vor. Zu Problemen wegen widersprüchlichen Verhaltens kann es im Falle eines zustimmenden, später aber anfechtenden Gesellschafters kommen. Dies berührt jedoch nicht das Primat des aktuellen Willens der Gesellschaftergesamtheit; dazu oben C.I.2.c, S. 138f, sogleich und unter C.II.2.g, S. 191f.

193 *Teichmann* ZGR 1972, 1, 12f; dort auch zur denselben Grundsätzen unterliegenden Klage nach § 249 AktG. Für Nichtgesellschafter bleibt in diesem Falle nur der Weg über § 256 ZPO.

194 Es sei an die Feststellungen zu den unterschiedlichen Rechtsfolgen von formellen und informellen Rechtsgeschäften erinnert.

195 Nicht jedoch umgekehrt! Das Anfechtungsrecht setzt kein Stimmrecht, wohl aber das Mitgliedschaftsrecht voraus; vgl. § 140 I AktG und Großkomm.AktG/*Schilling* § 245 Anm. 3. Zum Zusammenhang siehe B.VIII.1 u. 3, S. 98ff.

Willen der Gesellschafter zu durchkreuzen. Das Primat dieses aktuellen Willens der Gesellschafter kommt dabei sowohl in § 243 I als auch im nachfolgenden § 244 AktG zum Ausdruck. Ersterer regelt die Fälle der Durchbrechung (Dissimultierung[196]), beläßt jedoch den Gesellschaftern - und nur diesen - die Möglichkeit, auch bei Verstoß gegen Gesetz und Satzung den Beschluß bestehen zu lassen, § 244 AktG bietet hingegen den Gesellschaftern die Möglichkeit, einen anfechtbaren Beschluß durch einen fehlerfreien zu bestätigen[197].

Die Ausführungen lassen sich dahingehend zusammenfassen, daß das Anfechtungsrecht - wie das Stimmrecht selbst - zwar auf privater Initiative des Gesellschafters beruht, jedoch als Ausübung eines mitgliedschaftlichen Rechts der in der Satzung definierten gemeinsamen Zwecksetzung unterworfen ist. Diese Bindung an die mitgliedschaftliche Treu- und Förderpflicht wird insbesondere bei der von der Rechtsprechung und herrschenden Literaturmeinung für die GmbH befürworteten flexiblen Handhabung der in § 246 I AktG akkurat festgelegten Klagefrist bemerkbar[198]. Mit der Kerbnägelentscheidung wendet sich der BGH ab vom Erfordernis einer mitgliedschaftlichen Bindung. Entgegen der im Fall eindeutigen Satzungsbestimmung wird dort die Anfechtungsklage zur Durchsetzung von außerhalb davon bestehenden Privatansprüchen zugelassen.

II. Das Simultaneitätsprinzip

1. Grundthese

Ausgangspunkt ist der Gedanke, daß Verbandsautonomie für die Gesellschafterversammlung als oberstes Willensorgan der GmbH[199] zugleich auch Gesellschaf-

---

196 Zur Rückwirkung des Anfechtungsurteils siehe § 241 Nr. 5 AktG und Großkomm. AktG/-*Schilling* § 248 Anm. 4.

197 Bei Fehlern des Bestätigungsbeschlusses gelten für diesen wiederum die allgemeinen Anfechtungsgründe; Großkomm.AktG/*Schilling* § 244 Anm. 4.

198 Näher dazu unter C.III.1, S. 219f.

199 Zu weiteren Funktionen vgl. *Zöllner* FS GmbHG 1992, 83, 119ff.

terautonomie bedeutet[200]. Danach sind die Gesellschafter als Organ den Regelwerken von Gesetz und Satzung unterworfen; diese können notfalls auch zwangsweise durchgesetzt werden. Für Nebenverträge gilt dies nicht. Sie begründen persönliche Verpflichtungen, können daher über Personen, nicht aber über Organfunktionen bestimmen. Als Folge davon bleibt den Gesellschaftern der Abschluß von Nebenverträgen im Rahmen der Privatautonomie zwar unbenommen, eine Vollstreckung dieser Verpflichtungen hinein in die Gesellschaft (und geschehe diese auch im Wege einer Beschlußanfechtung) ist jedoch ausgeschlossen. Der Gesellschafter übt das über die Angelegenheiten der Gesellschaft entscheidende Stimmrecht damit - abgesehen von den durch Gesetz und Satzung auferlegten Einschränkungen - in der jeweiligen Situation autonom, gleichsam unbeschadet der Rechte Dritter[201] aus. Verstanden wird dies als Konsequenz des durch den Gesellschaftsvertrag (§§ 1ff iVm § 705 BGB) begründeten Prinzips gemeinschaftlicher Zweckverfolgung für den Innenbereich der GmbH. Dieser interne Bereich wird durch den Zusammenschluß der Gesellschafter, der Vertragscharakter der Satzung ist bereits ein deutlicher Hinweis, vorrangig berührt, konstituiert. Gerade innerhalb der Gesellschafterversammlung als dem höchsten Willensbildungsorgan[202] der GmbH muß sich der Gedanke der gemeinschaftlichen Zweckbindung daher auswirken[203]. Der hier als Simultaneitätsprinzip[204] bezeichnete Gedanke hat dementsprechend hauptsächlich Bedeutung für den organschaftlichen Akt der Willensbildung, die gesellschafterliche Beschlußfassung (§ 48 I).

Den Zusammenhang der gemeinsamen Zweckverfolgung zwischen Gesellschaft als solcher und der gesellschafterlichen Beschlußfassung verdeutlichen

200 Ebenso *Zöllner* FS GmbHG 1992, 83, 120.

201 Seien dies andere Gesellschafter oder außerhalb der Gesellschaft stehende Personen, denen aus einem Nebenvertrag Ansprüche zustehen.

202 Zwar gilt im Recht der GmbH nicht die starre Kompetenzabgrenzung des Aktienrechts (vgl. bereits § 23 V AktG), regeltypisch ist jedoch die Gesellschafterversammlung oberstes Willensorgan (vgl. §§ 45 I u. II, 46, 53). Da vorliegend das Verhältnis von Nebenverträgen zur Satzung untersucht wird, bleiben Abweichungen von der gesetzlichen Regeltypik durch die Satzung selbst weitgehend außer Betracht (vgl. A.II.5.a, S. 8ff).

203 S.a. §§ 101 I, 197 II AktG a.F. (entspr. den heutigen §§ 117 I, 243 II AktG), deren Grundsätze auch für die GmbH Geltung besitzen; BGHZ 14, 25, 37f (Urt. v. 9. Juni 1954).

204 Von lat. simul: gemeinsam, gleichzeitig, zugleich, miteinander, zusammen, beisammen.

auch die §§ 45 I u. 47 I, indem sie festlegen, daß die - kaum breiter verbal faßbaren und daher im weitesten Sinne zu verstehenden - "Angelegenheiten der Gesellschaft" der gesellschafterlichen Beschlußfassung aufgegeben sind. Der Beschluß dient so der Konkretisierung der gemeinsamen Zweckverfolgung[205], die Beschlußfassung untersteht mithin direkt diesem Obersatz des GmbH-Rechts (§§ 1-3 iVm § 705 BGB). Das Stimmrecht sichert gemäß § 47 I den Berechtigten die Beteiligung an der Willensbildung der Gesellschaft (individualrechtliche Komponente), dies aber nur zum Zweck der kollektiven Willensbildung der Gesellschaft (gesellschaftsrechtliche oder institutionelle Komponente[206]). Das Stimmrecht wird daher nicht als "kontextloses Individualrecht"[207] verliehen, es handelt sich bei ihm stets auch um Gesellschafts-Recht, das im außerindividuellen oder Drittinteresse ("Angelegenheiten der Gesellschaft") den Verbandsangehörigen eingeräumt wird. Dies kommt auch in terminologische Zuordnungen wie "Teilhaberecht" oder "Mitverwaltungsrecht" zum Ausdruck. Gleiches zeigen die sog. starren Stimmrechtsschranken des § 47 IV, noch deutlicher wird dies bei den teilweise aus der Treupflicht abgeleiteten sog. beweglichen Stimmrechtsschranken[208]. Durch die gesellschafterlichen Treu- und Förderpflichten

---

205 Allgemeiner Auffassung nach hiervon auszunehmen sind die Zustimmungserklärungen, wie sie etwa gem. § 53 III erforderlich sein können (vgl. Hachenburg/*Hüffer* § 47 Rn. 32f, Rowedder/*Koppensteiner* § 47 Rn. 11, *Lutter/Hommelhoff* § 53 Rn. 23). Es besteht in der Tat eine besondere individuelle Betroffenheit, handelt es sich etwa um die beschlußweise begründete Erhöhung von Einlagepflichten, Begründung von Nebenpflichten, Verkürzung von Sonderrechten etc. (vgl. § 53 III), ob dies jedoch eine auch nur begrenzte Abweichung vom Simultaneitätsprinzip zuläßt, scheint wegen der auch in diesen Fällen gegebenen Gesellschaftsbezogen- und damit -gebundenheit fraglich. Man wird unterscheiden müssen: Akzeptiert man die grundsätzliche Geltung des Simultangedankens, so trägt eine zusätzliche (dissimultierte) Zustimmung lediglich dem individualrechtlichen Aspekt Rechnung, der unabhängig von Gesellschaftsinteressen zur Disposition des jeweiligen Gesellschafters steht. Ein (Zwangs-) Einflußrecht Dritter auf Beschlußinhalt oder -wirksamkeit (wie nahe beides zusammenliegt zeigt der Kerbnägelfall) kann jedoch auch auf schuldrechtlichem Wege - entgegen *Hüffer* aaO Rn. 34 - daraus nicht abgeleitet werden. Auch das Erfordernis besondere Zustimmung ändert, wie § 53 III zeigt, nichts an der Beschlußqualität des Gesamtrechtsaktes.

206 *Behrens* FS GmbHG 1992, 539 u. 546.

207 *Behrens* FS GmbHG 1992, 539, 546; ebenso *Fleck* FS Fischer 1979, 107, 113, 118f.

208 Diese dienen dazu, außerhalb des Bereichs des § 47 IV (abstrakte Gefährdungstatbestände) bestehende Gefahren der Verfälschung des Verbandswillens zu verhindern; *Behrens* FS GmbHG 1992, 539, 548f m.w.N.; Baumbach/Hueck/*Zöllner* § 47 Rn. 74 und Anh. § 47 Rn. 50ff.

ebenso wie durch § 47 IV soll gewährleistet werden, daß der Einfluß einzelner Gesellschafter auf die Gesellschaft nur insoweit möglich ist, als dies auch der Förderung des gemeinschaftlichen Zwecks dient[209]. Damit schließt sich der Kreis von § 47 I und IV[210].

Als weiterer Ansatzpunkt des Simultangedankens kann - schon begrifflich naheliegend - die Gesamtheit der Gesellschafter, die Gesellschafter*versammlung*, als die Bezeichnung für das Beisammensein der Gesellschafter (§ 48 I) zur gemeinsamen Zweckverfolgung (§ 47 u. §§ 1-3) genannt werden. Allein der Streit darüber, ob es sich bei der Gesellschafterversammlung nun um ein echtes Organ der GmbH oder lediglich um ein Beschlußverfahren handelt[211], offenbart, daß die Willensbildung in der GmbH *direkt* von den Gesellschaftern abgeleitet wird. Diese Unmittelbarkeit zeigt sich, unabhängig davon, ob man der zutreffenden Organthese[212] folgt, sowohl am Fehlen eines über die bloße Beschreibung des Zusammenseins der Mitglieder hinausgehenden, eigenständigen Namens (Gesellschaftergesamtheit, Gesellschafterversammlung), als auch an den Möglichkeiten, auf die "*Abhaltung* einer Versammlung" (§ 48 II) in gewissem Umfange zu verzichten[213]. Hierzu gehört auch, daß - im Gegensatz zur AG (§ 130 I, II AktG) - eine gesonderte Feststellung nicht zu den tatbestandlichen Voraussetzungen eines Beschlusses zählt, von einem solchen zwischengeschalteten Akt dessen Wirksamkeit nicht abhängt[214]. Ebenfalls grundsätzlich nicht erforderlich sind andere organisatorische, vermittelnde Akte, wie die Bestellung eines Versammlungsleiters[215] oder eine notarielle Beschlußbeurkundung[216]. Die Gesell-

209 *Behrens* FS GmbHG 1992, 539, 550; umfassend *Zöllner*, Schranken, S. 146ff, 318ff.

210 Weiteres hierzu unter C.II.2.a, b und i.

211 Siehe dazu Titel und - umfassend zu Streitstand und Ergebnis - im Text bei *Hüffer* FS GmbHG 1992, 521ff.

212 Näher *Hüffer* FS GmbHG 1992, 521, 530ff.

213 Zur damit getroffenen Regelung über das Verhältnis von Flexibilität und Förmlichkeit siehe näher unter C.II.2.c, S. 171ff.

214 Heute h.M., s. Hachenburg/*Hüffer* § 47 Rn. 26ff; *Baltzer* S. 126ff; Scholz/*K.Schmidt* § 48 Rn. 57, (dort auch zu den - str. - Konsequenzen im Streitfalle); a.A. noch RG DR 1939, 721; wankend BGHZ 14, 25, 35f. Als Ausgleich hierzu ist die Zulässigkeit einer (unbefristeten) Beschlußfeststellungsklage gemäß § 256 ZPO anerkannt; BGHZ 51, 209, 211; 104, 66, 69.

215 Näher hierzu *Vogel* S. 143ff.

schafterversammlung mit dem Beschluß als "formgewordene[r] Kollektiventscheidung"[217] stellt sich somit in jeder Hinsicht als die unmittelbare Verkörperung des Simultaneitätsprinzips dar.

Der Gedanke der Simultaneität wahrt die gesetzlich bzw. satzungsgemäß zwingende Zuständigkeit der Gesellschafterversammlung in den Angelegenheiten der Gesellschaft. Verhindert wird dadurch, daß diese Kompetenz durch schuldrechtliche Bindungen unterlaufen oder ausgehöhlt wird. Unter Wahrung privatautonomer Grundsätze wird das Auseinanderfallen (eine "Abspaltung") von mitgliedschaftlich Berechtigtem und Verpflichteten ausgeschlossen. Diese Einheit (Kongruenz) von mitgliedschaftlicher Zuständigkeit und ebensolcher Verantwortung stellt ein grundlegendes rechtliches Konstruktionsprinzip zum Schutz, Sicherung und balancierenden Ausgleich divergenter (Einzel-, Minderheits-, Gesellschafts-, Verkehrs-) Interessen dar - auch im Gesellschaftsrecht[218].

2. Entwicklung und Überprüfung der Grundthese anhand einzelner Normen des GmbHG sowie allgemeiner körperschaftsrechtlicher Systematik

a.) Der Beschluß als Methode der Willensbildung

Anknüpfend an die unter C.I getroffenen Feststellungen zu § 47 I als der Grundnorm des Simutaneitätsprinzips gilt: nicht Verträge, sondern Beschlüsse bestimmen über die Angelegenheiten der GmbH[219]. Sie sind das Mittel, mit dem das Organ Gesellschafterversammlung die Körperschaft GmbH steuert. Sie die-

---

216 Anders im Falle satzungsändernder Beschlüsse gemäß § 53 II 1.

217 *Baltzer* S. 13.

218 Vgl. *Baumann/Reiss* ZGR 1989, 157, 206f.

219 S. a. KölnerKomm/*Zöllner* AktG § 241 Rn. 15.

nen der gesellschaftsinternen Willensbildung; für Dritte folgen aus ihnen weder Rechte noch Pflichten[220].

Beschlüsse sind - zum Schutz der Gesellschafter sowie aus Gründen der Rechtssicherheit - bestimmten formalen Bedingungen unterworfen, können grundsätzlich nur von Gesellschaftern in Gesellschafterversammlungen getroffen werden, binden die übrigen Gesellschaftsorgane, unterliegen Gesetz und Satzung. Letzteres ist für Verträge kein Maßstab, ebenso wie für sie keine personellen Beschränkungen auf Verbandsmitglieder bestehen[221]. Hier zeigen sich bereits die Parallelen zu den in Teil A bei II.6[222] zwischen Satzung und (Neben-) Vertrag aufgezeigten Unterschieden. Sie beruhen im wesentlichen auf dem körperschaftlichen Element der Mitgliedschaft. Besonders auffällig ist dabei, daß auch die Satzung, besteht die Körperschaft erst einmal als solche, der Änderung im Beschlußwege unterliegt.

Beschlüsse bewirken eine mitgliedschaftliche Bindung[223], der Gesellschafter ist ihnen auch unabhängig von der persönlichen Beteiligung am Beschlußvorgang unterworfen[224]. Anders ein Vertrag: er verlangt eine Einigung zwischen den Beteiligten (§ 305 BGB), Einstimmigkeit bei korrespondierenden Willenserklärungen. Auch der Beschluß ist Rechtsgeschäft, kennt jedoch andere Quoren (§ 47 I), indem er auch den sich der Stimme Enthaltenden, den Dissentierenden oder Abstinenten - willensunabhängig - bindet. Der Beschluß ist damit nicht Gesellschafter- sondern Gesellschaftsinternum, auch wenn er durch Willenserklärungen der Gesellschafter zustandekommt. Diese Erklärungen sind jedoch - wie bereits unter C.I.2.e, S. 142 erörtert - nicht auf die anderen Teilnehmer am Rechtsgeschäft bezogen, korrespondierend, sondern auf die an ihm nicht beteiligte Gesellschaft selbst; es handelt sich um *parallele* Willenserklärungen.

---

220 Näher zum Verhältnis von Beschluß und Ausführungsgeschäft (das regelmäßig in den Kompetenzbereich des Geschäftsführers fällt) Hachenburg/*Hüffer* § 47 Rn. 36f.

221 Zu weiteren Unterschieden vgl. etwa BGHZ 52, 316, 318f (Anwendbarkeit des § 181 BGB).

222 S. 15ff.

223 Zum Zusammenhang zwischen organschaftlicher Zuständigkeit und Mehrheitsprinzip s. *Hüffer* FS GmbHG 1992, 521, 528f.

224 *Baltzer* S. 26ff; zur Rechtsnatur vgl. Hachenburg/*Hüffer* § 47 Rn. 3 m.w.N.

Das für die Vertragsentstehung vom Gesetz typischerweise vorgesehene gegenseitige (korrespondierende) "Abschleifen" von Interessen[225] liegt dem Konzept des Beschlusses nicht zugrunde. Er entsteht durch einen Antrag zur Tagesordnung[226] zu dem jeder Gesellschafter - enthält er sich nicht der Stimme - sein diesbezügliches Votum (ja/nein) abgibt[227]. Eine um so größere Bedeutung kommt der (freilich fakultativen) vorherigen Aussprache der Gesellschafter zu[228].

Eine Zwischenform stellt insofern der AGB-Vertrag dar, bei dem ebenfalls kein Abschleifen (Vertragsverhandeln) stattfindet, sondern ein einseitiges Stellen von Vertragsbedingungen ("take it or leave it", vgl. § 1 I 1, II AGBG)[229], die der AGB-Geber zur Wahrung seiner Interessen vorformuliert hat[230]. Obwohl auch jeder Gesellschafter gute - eigene - Gründe für seinen jeweiligen Beschlußantrag bzw. Votum hat, ist die Interessenlage jedoch im Beschlußrecht nicht von vornherein derart eindeutig individuell etwa nach Beschluß-"Steller" und "Nehmer" zuzuordnen[231]. Zwar verbleibt nach dem AGB-Modell dem AGB-Nehmer ebenfalls lediglich eine alternative ja/nein-Entscheidungsmöglichkeit hinsichtlich der Unterwerfung unter die Vertragsbedingungen. Daß er diese jedoch immerhin akzeptieren muß, um das Rechtsverhältnis zu begründen, stellt bereits einen elementaren Unterschied dar gegenüber der Situation des Beschlusses. An diesen ist der Gesellschafter im Interesse der Gesellschaft willensunabhängig gebunden.

Das Fehlen eindeutig vorgegebener Individualinteressen im Sinne eines "Stellers" und "Nehmers" zeigt sich noch an einem weiteren Gesichtspunkt.

225 Hierzu *Habersack* AcP 189, 403, 406f, 414ff im Anschluß an die Lehren *Schmidt-Rimplers*, AcP 147, 130.

226 Hierzu siehe Baumbach/Hueck/*Zöllner* § 47 Rn. 6ff.

227 Zum gesamten Prozeß s. Hachenburg/*Hüffer* § 47 Rn. 7-10.

228 Dazu *Baltzer* S. 118ff.

229 Dazu *Pflug*, S. 290ff, 300ff.

230 Zu diesem Topos im Recht der Publikumsgesellschaft s. BGHZ 104, 50, 53f; kritisch *Zöllner* FS GmbHG 1992, 83, 102ff.

231 So zwingt die Antragstellung den betreffenden Gesellschafter nicht etwa, positiv zu votieren. Motiv des antragsstellenden Gesellschafters kann es auch sein, einen Streit zu beenden, ein Thema "vom Tisch" zu bekommen usw.

Beim Beschluß als dem parallelen Votieren über eine Sachfrage steht *jedem* Beteiligten nur ein Ja oder Nein zur Verfügung. Dies bedeutet nicht nur paralleles Verhalten, sondern ist zugleich Ausdruck für das mit dem Beschluß verfolgte parallele (Gesellschafts-)Interesse (§§ 47 I, 45 I, 1). Trotz dieser vorausgesetzten Interessenparallelität besteht jedoch aufgrund der regelmäßig unterschiedlichen Stimmenmacht (§§ 47 II, 45) nicht die vertragstypische - wenn auch beim AGB-Vertrag "schiefe" - Gleichgewichtssituation. Unterscheidet man dementsprechend zwischen Interessenlage und Kräfteverhältnis, so kann der Beschluß bei unterschiedlicher Stimmenmacht zwar unter dem zuletzt genannten Gesichtspunkt der Situation eines AGB-Vertrages ähneln, entscheidend bleibt aber die andersartige Interessenlage, der jeweils andere "Bezugspunkt"[232] der Willenserklärung der Beteiligten, wie dies in der Unterscheidung zwischen korrespondierender und paralleler Willenserklärung zum Ausdruck kommt. In dieser Parallelität besteht - auf der Grundlage des Gesellschaftsstatuts - die eigentliche Rechtfertigung des Beschlußes als Methode der Willensbildung. Wie es in der Situation des ausgehandelten Vertrages durch das "Abschleifen" und beim AGB-Vertrag in den Sonderregeln des AGBG[233], so kann beim Beschluß dabei im Simultangedanken die "Richtigkeitsgewähr" oder innere Legitimation als mitgliedschaftliches Steuerungsinstrument zur Formulierung und Durchsetzung von Gesellschaftsinteressen gesehen werden[234].

Die Gegenüberstellung von Vertrag und Beschluß zeigt ein weiteres. So ist es, um an den Beschluß gebunden zu sein, über die drei bereits genannten Fälle der Nichtbeteiligung am jeweiligen konkreten Beschlußergebnis (Enthaltung, Dissens, Abstinenz) hinaus, nicht einmal erforderlich, zum Beschlußzeitpunkt dem Kreis der Gesellschafter anzugehören. Alleine die Mitgliedschaft bringt es mit

232 Siehe dazu S. 142.

233 Bereits vor dessen Inkrafttreten übernahm die Rechtsprechung diese Aufgabe durch Erweiterung der richterlichen Vertragsinhaltskontrolle (siehe Münchener Kommentar/*Kötz* Einl. AGBG Rn. 1ff, 6).

234 Vgl. *Baltzer* S. 10ff, 74f, 179, 213ff ("Beschluß ist Verfahren"); *K. Schmidt* GesR, S. 369. Zu Parallelen und Unterschieden von Statuten und Allgemeinen Geschäftsbedingungen und den Auswirkungen, namentlich zur sog. Normentheorie, s.a. *Meyer-Cording*, Rechtsnormen 1971, S. 47, 83ff, 90ff, 101ff; *Pflug* S. 216ff, 225ff, 229ff; *Dreher* AcP 189, 342, 360ff.

sich, daß der neu eintretende Gesellschafter sämtlichen zuvor gefaßten Beschlüsse unterworfen ist[235]. Andererseits, und das ist zugleich Korrelat und Ausgleich für diese mitgliedschaftliche Unterworfenheit, steht es den Gesellschaftern auch grundsätzlich jederzeit offen, die gefaßten Beschlüsse zu ändern bzw. aufzuheben. Beschlüsse besitzen zwar für die Zeit ihres Bestehens interne Bindungswirkung, sie sind dabei aber zugleich prinzipiell frei widerruflich[236]. Für Verträge hingegen gilt die Elementarregel *pacta sunt servanda.*

In diesem Wechselbezug von Unterworfenheit und Bindungslosigkeit steckt dabei bereits ein simultaner Ansatz, obliegt es doch der *jeweiligen* Gesellschafterversammlung, über die Angelegenheiten der Gesellschaft Bestimmung zu treffen. Diese Steuerungsfreiheit ist der Kern der sog.[237] Autonomie der Gesellschafter. Der Simultangedanke kann damit als die Kehrseite der mitgliedschaftlichen Bindung bzw. Wesensmerkmal des Gesellschafterbeschlusses in der Gesellschafterversammlung bezeichnet werden.

Mit dem so umschriebenen Verständnis von gesellschafterlicher Autonomie erklärt sich sowohl das bereits von RGZ 112, 273, 278f gegen die Vollstreckbarkeit von Stimmbindungen vorgetragene - jedoch von BGHZ 48, 163 ausschließlich als Vollstreckungsproblem behandelte[238] - Argument, daß es den Gesellschaftern doch unbenommen sei, in einer beliebigen (! - d.h. allein nach den Voraussetzungen des GmbHG abgehaltenen) Gesellschafterversammlung wieder entgegengesetzt zu stimmen und so trotz rechtskräftiger Verurteilung den Beschluß durch einen solchen zu ersetzen, der "dann den Willen der Gesellschaft darstellt" (RGZ aaO S. 279). Die bei *Grimm*[239] anzutreffende Verwechslung von Erfüllung und Schadenersatz bei Stimmbindungsverträgen

235 Vgl. auch § 16 II; näher dazu unter C.I.2.g, S. 145ff. Daß hiermit die unter C.I.2.i, S. 148ff genannten Argumente wiederkehren, ist schon alleine Hinweis auf den Zusammenhang von Satzung und Beschluß einerseits und deren Unterschied gegenüber Schuldverträgen andererseits. Verdeutlicht wird damit der qualitative Aspekt gesellschaftsrechtlicher Formen.

236 Hachenburg/*Hüffer* § 47 Rn. 38; *Baltzer* S. 182f; a.A. (für die Personengesellschaft) *Ulmer* FS Niederländer 1991, 415, 426ff.

237 Vgl. B.II.3.b, S. 33ff.

238 Der BGH verkennt die gesellschaftsrechtliche Dimension des Problems, indem er ihm mit lediglich vollstreckungsrechtlicher Argumentation entgegentritt; vgl. BGHZ 48, 163, 171.

239 S. 120ff.

ebenso wie die unter B.VII.5[240] genannten Bedenken, mit einer einstweiligen Verfügung in jedem Falle einen endgültigen Zustand herzustellen[241], wurzeln in dieser Problematik.

Die Entscheidung des BGH im Kerbnägelfall stellt sich dabei - vgl. die Ausführungen unter B.VIII.4, S. 108ff - jedoch lediglich als der (vorläufige?) Endpunkt dar einer in sich durchaus konsequenten Entwicklung der Verlagerung von Organkompetenzen auf außerhalb davon stehende Willensträger. Vernachlässigt wird dabei, daß der Beschluß, ebenso wie das Stimmrecht selbst, nicht nur Verwaltungsinstrumentarium der Gesellschafter ist, sondern der GmbH aufgrund Organhandelns objektiv als eigener "Wille" zugerechnet wird[242], wobei jedoch - auch dies Element der Organschaftlichkeit - keine "Rückzurechnung" oder Rückbindung gegenüber den jeweils agierenden natürlichen Personen stattfindet[243].

Zur Erläuterung von Organfunktion und -definition kann hierbei bereits auf die Ausführungen *Gierkes* in seiner Genossenschaftstheorie[244] verwiesen werden:

> "immer ist nicht die Summe der sie bildenden Einzelpersonen, sondern die auf verfassungsmäßige Weise dargestellte Einheit...als Trägerin der fraglichen Organstellung aufzufassen";[245]

> "Endlich muß der Träger der Organstellung *als solcher* [kursiv im Original] auftreten. Die allein oder mit Anderen berufene Einzelperson muss also, um als Organ zu gelten, nicht als Individuum für sich, sondern als Funktionär des Gemeinlebens für

---

240 S. insbes. bei lit. b, S. 91f, und lit d, S. 94f.

241 Dazu *Michalski* GmbHR 1991, 12, 14.

242 Hachenburg/*Hüffer* § 47 Rn. 40ff; *ders.* in FS GmbHG 1992, 521, 529f; dazu auch *Baltzer* S. 13f, 21ff, 49ff. Vgl. *Rehbinder*, S. 106, der das Trennungsprinzip als generelles Zurechnungsverbot ansieht: "AG und GmbH sind...selbständige Zuordnungseinheiten: Durch ihre Organe - und nur durch diese - können sie Rechte und Pflichten erwerben und Delikte begehen; dagegen sind sie gegen die Zurechnung von Verhaltensweisen ihrer Gesellschafter abgeschirmt und umgekehrt".

243 *Baltzer* S. 91. Eine ausführlichere Begründung hierzu findet sich unter C.III.1, S. 217f.

244 S. 614ff, 672ff.

245 Genossenschaftstheorie S. 682f.

die Gesammtperson einen Willen bilden und ausführen."[246]

"Darum wird insbesondere die Beschlußfassung der Mitgliederversammlung niemals durch einen Vertragsschluß oder eine sonstige Willenseinigung sämmtlicher Mitglieder ersetzt"[247]

"Auch muß natürlich in allen Fällen die Handlung, welche der juristischen Person zugerechnet werden soll, in dem Zusammenhange gerade dieses bestimmten Verbandslebens und nicht in irgend einem anderem Zusammenhange vollzogen werden"[248] [249]

Die beiden zuletzt genannten Zitate stehen in direktem Gegensatz zu den Ausführungen des BGH im Kerbnägelfall, wo dem Nebenvertrag Vorrang vor dem nach § 47 I eigentlich bestimmenden Gesellschafterbeschluß eingeräumt wird.

Für die Unterscheidung zwischen dem Vertrag als individualrechtsbezogener und dem Beschluß als unmittelbar gemeinschaftsbezogener Regelungsform[250] - weshalb in Gemeinschaftsangelegenheiten (§§ 47 I, 45 I) dieser von Gesetzes wegen jenem vorgeht - kann auch auf die Regelung des § 10 II und III WEG zurückgegriffen werden. Im GmbH-Recht fehlt eine ausdrückliche Definition[251]. Beide genannten Rechtshandlungsformen treffen jedoch in § 10 WEG unmittelbar aufeinander: Absatz 2 handelt von "Vereinbarungen, durch die die Woh-

246 S. 684.

247 AaO, Fn. 2. Ebenso *Heck* FS Gierke 1911, 319, 321.

248 *Gierke*, aaO S. 684f.

249 Weiter *Gierke* aaO: ".. stellt die Rechtsordnung besondere Formen zu Gebote, deren Anwendung jeden Zweifel ausschliesst. Und wenn vielfach von der Beobachtung solcher Formen die Gültigkeit der einzelnen körperschaftlichen Handlungen abhängig gemacht wird, so liegt der Grund hierfür gerade vornehmlich in dem Bedürfniss einer unzweideutigen und unanfechtbaren Konstatirung der Beschaffenheit einer Willensaktion als Organfunktion." Der Organbegriff ist demnach ebenso wie der der Gesellschaft selbst ein formaler (vgl. *Baltzer* S. 52ff).

250 Zum unmittelbaren Gemeinschaftsbezug des Beschlusses als Grundlage der hier vertretenen These vgl. oben C.I.2.e, S. 141ff und C.II.1, S. 156ff.

251 Nach Hachenburg/*Hüffer* § 47 Rn. 2, 4, ist eine solche auch überflüssig, da er aus seiner Funktion und dem ihn tragenden Verfahren hinreichende Bestimmung erfährt. Allgemein zum Begriff des Beschlusses s. *Baltzer* S. 42ff.

nungseigentümer *ihr Verhältnis untereinander*...regeln.."[252], Abs. 3 und § 23 WEG behandeln "Beschlüsse". Bei Einstimmigkeit können hinsichtlich der Unterscheidung von Beschluß und Vertrag Probleme auftreten. Die Abgrenzung hat entsprechend der nach dem Willen der Beteiligten verwendeten Regelungsart zu erfolgen[253]. Hierbei kommt es darauf an, welche rechtsgeschäftliche Handlungsform bezüglich der betreffenden Frage vorgeschrieben oder zugelassen ist. Im Bereich des WEG ergibt sich dies aus den dort einschlägigen Normen bzw. der sog. Gemeinschaftsordnung[254].

Entsprechendes gilt für das GmbHG: Die für die Willensbildung der GmbH vorgesehene Handlungsform ist der Beschluß (§ 47 I), wodurch eine konkrete Angelegenheit unmittelbar in einem bestimmten Sinne eine Regelung erfährt[255]. Für eine darüber hinausgehende Bindung sieht das Gesetz den Gesellschaftsvertrag vor (§ 45). Anderen Regelungsformen wird unmittelbarer Einfluß auf die GmbH nicht eingeräumt. Durch diesen unmittelbaren Bezug zu den "Angelegenheiten der Gesellschaft" ist die Beschlußform Ausdruck und Verwirklichung des Gesellschaftsinteresses[256]. Die Loslösung vom aktuellen Bezug durch die Einführung "mittelbarer" Regelungsakte ist nur unter besonderen Sicherungsvorkehrungen (§§ 45, 53 II, 54) zulässig, wobei jedoch das Gesetz für den Akt der Loslösung selbst erneut einen Beschluß der Gesellschafter verlangt (§ 53 I). Dieser Akt muß zur Wahrung des Gesellschaftsinteresses also wiederum unmittelbar, simultan erfolgen.

252 Tatsächlich wird der Vereinbarung nach § 10 II bei Eintragung im Grundbuch der Charakter einer Satzung zuerkannt (BGH, Der WEer 87, 23; BayObLG 78, 377). Der Unterschied zur Körperschaft GmbH wird beim Vergleich mit § 45 I deutlich. Dort geht es um die "Angelegenheiten der *Gesellschaft*".

253 OLG Hamm Rpfleger 1978, 60.

254 *Weitnauer* WEG § 10 Rn. 12.

255 Zum WEG: OLG Karlsruhe MDR 1983, 672.

256 S.o., C.II.2.a, S. 160ff und beim Vergleich Beschluß/AGB/Vertrag S. 166ff. Zur essentiellen Bedeutung des Gesellschaftszwecks vgl. auch § 61 I.

b.) Das Mehrheitsprinzip des § 47 I

Erfordert § 47 I zur Annahme eines Beschlußantrages nicht die Zustimmung aller Gesellschafter (das wäre eine "direkte" Unmittelbarkeit, wie sie z.B. im Personengesellschaftsrecht gilt), läßt vielmehr Stimmenmehrheit genügen, so könnte dies als Einwand gegen die hier vertretene Simultaneitätsthese gewertet werden, führt dies doch de facto zum Ausschluß der unterlegenen Gesellschafter von der Willensbildung in der Gesellschaft[257].

Die dabei stattfindende Abkoppelung der Gesellschafter von der Gesellschaft, man könnte auch sagen: vom "Willen" der Gesellschaft, ist jedoch gerade Wesenszeichen der (Eigenständigkeit der) juristischen Person[258], die sich dadurch grundsätzlich von den Personengesellschaften unterscheidet. Diese kennen keine Gesellschafterversammlung als ein besonderes Organ (§ 709 BGB, § 119 HGB), sehen für die Beschlußfassung vielmehr die Zuständigkeit der Gesellschafter vor, wobei durch die Zustimmung aller Gesellschafter der Wille der Gesellschaft gebildet wird. Hier findet, wie sich auch an der Berechnung der Mehrheit "nach Köpfen" (§ 709 I u. II BGB, 119 II HGB) zeigt[259], keine Sonderung, Abkoppelung von den Gesellschaftern statt. Personengesellschaften beruhen im Ansatz auf dem Prinzip der Einstimmigkeit (Konsens- oder Gesamtprinzip).

Hat man das Mehrheitsprinzip als bei juristischen, d.h. von den natürlichen abgetrennten Personen mögliche Art der Willensbildung akzeptiert[260], so wird auch deutlich, welche Bedeutung der Gesellschafterversammlung als dem Forum zur Aussprache der Gesellschafter (sowohl der unterliegenden als auch

---

257 Wobei gemäß § 45 durch Satzungsregelung auch andere Modelle gewählt werden können, die jedoch für die Frage des Einflusses von *Neben*verträgen außer acht gelassen werden sollen. Zur gleichwohl bestehenden Leitbildfunktion des § 47 s. *Behrens* FS GmbHG 1992, 539, 542f; dort auch zu den nicht dispositiven Bestandteilen des § 47, S. 555f; zu den Einzelheiten s. Hachenburg/*Hüffer* § 47 Rn. 187ff; zum zwingenden Charakter des § 47 IV s. Baumbach/Hueck/*Zöllner* § 45 Rn. 5 und BGHZ 108, 21 = NJW 1989, 2694 = WM 1989, 1090.

258 Vgl. § 32 I BGB, § 133 I AktG; *Gierke*, Genossenschaftstheorie, S. 141ff.

259 Dagegen § 47 II GmbHG, § 134 AktG.

260 Zur historischen Entwicklung und Rechtfertigung des Prinzips s. *Baltzer* S. 186ff, 194ff, 212ff.

der i.E. obsiegenden) zukommt[261]. Die vorherige Beratung kompensiert und legitimiert die Unterwerfung des (insbesondere unterlegenen) Einzelnen unter den Mehrheitswillen. Der einzelne Gesellschafter hat hierbei die Möglichkeit, seine Meinung vorzubringen, um die übrigen Gesellschafter zu überzeugen bzw. selbst überzeugt werden zu können[262]. Bereits das Reichsgericht[263] hat (für den Fall einer KG) ausgeführt, daß für Fälle, in denen der Gesellschaftsvertrag für bestimmte Beschlußgegenstände Stimmenmehrheit genügen läßt[264], ein einheitlicher Abstimmungsvorgang, mithin eine Gesellschafterversammlung stattfinden muß[265]. Diese "Einheitlichkeit" in der Beschlußfindung ist nichts anderes als das Zusammensein der Gesellschafter, wie sie in den §§ 47 I, 48 I für die GmbH vorgesehen sind. Verlangt wird somit Koinzidenz - Simultaneität - an Stelle von Konsens[266] [267].

Funktion und Wertigkeit der Gesellschafterversammlung bestätigen auch h.M. und BGH, wenn sie darauf hinweisen, daß selbst bei satzungsmäßigem Ausschluß eines Gesellschafters vom Stimmrecht diesem keinesfalls die Teilnahme an Gesellschafterversammlungen, Antragsstellung[268], Rederecht, Einsicht in die Geschäftsbücher etc. verwehrt ist[269]. Auch der stimmrechtslose Gesellschafter ist dem Mehrheitswillen unterworfen, weshalb auch er die mitgliedschaftlichen Teilhaberechte behält, die es ihm ermöglichen (können), zumindest mittel-

261 S.a. § 32 I BGB, § 118 I AktG.

262 Die dabei zum Ausdruck kommende Unmittelbarkeit des Vorganges dürfte auch wesentlicher Gedanke hinter dem Begriff "Stimm"-recht sein. Die Stimme ist - gegenüber der Schrift - ein unmittelbares Medium zur Weitergabe von Informationen und Äußern von Meinungen. Diesem ursprünglichen Wortsinn nach ist also bereits im Begriff des Stimmrechts selbst (vgl. § 47 I, II und IV, auch § 46 HS 1 "Bestimmung") der Simultangedanke angelegt.

263 S. a. RGZ 163, 385, 393.

264 Vgl. dabei § 45 I u. II.

265 Vgl. erneut § 32 I BGB, §§ 118 I, 133 I AktG.

266 Zu § 48 II siehe bei C.II.2.c, S. 171ff.

267 Zu deren unmittelbarem Zusammenhang mit der sog. Einheitlichkeit der Mitgliedschaft siehe unter C.II.2.h, S. 192ff.

268 Dazu s. Baumbach/Hueck/*Zöllner* § 47 Rn. 6ff.

269 BGHZ 14, 264, 270ff; bezgl. des Einverständnisses gemäß § 48 II vgl. Gesetzeswortlaut und Hachenburg/*Hüffer* § 48 Rn. 43.

bar Einfluß auf das Beschlußergebnis auszuüben[270]. Deshalb besteht auch - und gerade - für ihn das Recht zum unmittelbaren Mitwirken, d.h. tatsächlichen und effektiven Wirken in der Gesellschafterversammlung[271]. Der tragende Gedanke des Koinzidenz-statt-Konsens läßt sich in der Gesamtschau so als Folge des Umstands verstehen, daß die GmbH

> "rechtlich eine Mittelstellung zwischen den streng individualistischen Gesellschaftsformen des geltenden Rechts und der als äußerste Konsequenz des kapitalistischen Prinzips sich darstellenden Aktiengesellschaft [einnimmt]"[272] [273].

---

270 *Vogel* S. 145f; *Lutter/Hommelhoff* § 48 Rn. 8; Hachenburg/*Hüffer* § 48 Rn. 13, § 47 Rn. 8, 11.

271 Es wird an ihm die Problematik eines "steinernen Gastes"/Gesellschafters am deutlichsten erkennbar. Selbst die ihm - aus gesellschaftsrechtlicher Sicht, d.h. als mitgliedschaftlich Berechtigtem und Unterworfenem - verbleibenden Mitverwaltungsrechte werden entwertet: mangels effiktiver Möglichkeit die Gesellschafter zu beeinflussen, wird sein Rederecht, sein Anspruch auf das Forum einer Gesellschafterversammlung (§ 48 II), zur Farce. So auch *Baumann/Reiss* ZGR 1989, 157, 206.

272 Gesetzesbegründung, Entwurf eines Gesetzes betreffend die Gesellschaften mit beschränkter Haftung nebst Begründung und Anlagen, Amtliche Ausgabe Berlin 1891, S. 35 = Stenographische Berichte über die Verhandlungen des Reichstages, 8. Legislaturperiode, I. Session, V. Anlagenband Berlin 1892, S. 3728. Dort wird nach der Überschrift "Mittelstellung zwischen den streng individualistischen Gesellschaftsformen und der Aktiengesellschaft" ausgeführt: "Es ist vielmehr davon auszugehen, daß die Gesellschaft ohne Rücksicht auf die Zahl ihrer Mitglieder stets einen rechtlich selbständigen Organismus bilden muß...Insoweit ist daher bei der Konstruktion der Gesellschaft von der selben allgemeinen Grundlage auszugehen, wie bei der Aktiengesellschaft. Daraus folgt aber nicht, daß auch im Uebrigen und namentlich in Bezug auf das Verhältnis der Mitglieder zu der Gesellschaft das Gleiche gelten müßte. Denn wenn auch ein Vortreten der Person der Theilnehmer in dem Maße, wie es bei der offenen Handelsgesellschaft eigenthümlich ist, mit dem Wesen der Kapitalgesellschaft mit beschränkter Haftung nicht in Einklange steht, so bedingt andererseits die letztere auch nicht nothwendig eine so weitgehende Gleichgültigkeit gegenüber der Person der Gesellschafter, wie sie bei der Aktiengesellschaft sich findet. An sich sind in der fraglichen Beziehung sehr verschiedene Abstufungen möglich, und es steht nichts im Wege, der neuen Gesellschaft im Einklang mit dem Umfange ihres Anwendungsgebietes auch rechtlich eine Mittelstellung zwischen den streng individualistischen Gesellschaftsformen des geltenden Rechts und der als äußerste Konsequenz des kapitalistischen Prinzips sich darstellenden Aktiengesellschaft anzuweisen. Die Aufgabe des Gesetzes ist es, die Grenzen nach beiden Seiten durch bindende Vorschriften sicherzustellen; innerhalb des sich hieraus sich ergebenden Rahmens kann dagegen der freien Selbstbestimmung der Gesellschafter ein weitgehender Spielraum verbleiben."

273 Zur Zwitterstellung s.a. §§ 47 II, 50 einerseits, §§ 45, 48 II, 51a andererseits und die §§ 24f, 15 I u. V, 4 I (dazu BGH NJW 1972, 1419ff), 6 III 1 und 37 I, 1f sowie den Streit um die Aufteilung der Stimmenmacht aus einem Geschäftsanteil; Baumbach/Hueck/*Zöllner* § 47 Rn. 11; *Roth* § 47 Anm. 4.1. S.a. *Hüffer* FS GmbHG 1992, 521, 531f.

Weiteres läßt sich anhand von Gesellschaftern ohne Stimmrecht verdeutlichen[274]. Die auch bei diesen anerkannten gesellschaftsrechtlich unentziehbaren Mitverwaltungsrechte[275] kollidieren mit dem, was nebenvertraglich ohne weiteres von ihnen verlangt werden könnte: eine Stimmbindung beschränkt - in gerichtlich durchsetzbarer Weise - ihre mitgliedschaftlichen Rechte, insbesondere die Abstimmungs- und Redefreiheit. So wäre es für den Gesellschafter unzulässig, die Stimme seines Weisungsgebers, und sei diese mittels eines Urteils abgegeben worden, in der Gesellschafterversammlung zu desavouieren, indem er die anderen Gesellschafter zu einer abweichenden Stimmabgabe zu motivieren versucht. Die (Durchsetzbarkeit von) vertraglichen Verpflichtungen beeinträchtigen so unentziehbare Verwaltungsrechte, die zum sog. Kernbereich der Mitgliedschaft zu rechnen sind.

c.) Einigkeit und Gesellschafterversammlung, § 48 II u. III, § 51 III u. IV

Nur sehr vereinzelt finden sich Stellen im Gesetz, welche der Einmütigkeit der Gesellschafter einer GmbH eine besondere Rechtsfolge zubilligen[276]. Die in den §§ 48 und 51 getroffenen Bestimmungen über die Willensbildung in der Gesellschaft können dabei als sichtbarer Ausdruck des Simultaneitätsgedankens (vgl. §§ 48 II HS. 2, 51 III HS. 2:"*sämtliche* Gesellschafter"[277]) verstanden werden. Simultaneität ist auch der Grund dafür, in "irgendwann" geschlossenen Nebenverträgen nicht eine (u.U. Jahre oder Jahrzehnte[278] vor dem jeweiligen Entscheidungstermin erfolgte) "vorab-Gesellschafterversammlung" und Abstim-

---

274 Zur grundsätzlichen Zulässigkeit stimmrechtsloser Geschäftsanteile im Recht der GmbH vgl. BGHZ 14, 264, 270; für die AG s. §§ 139ff AktG.

275 Vgl. im einzelnen Scholz/*Priester* § 53 Rn. 43ff.

276 Die wichtigste ist § 2 I, der nach Erfüllung weiterer formaler Voraussetzungen (Anmeldung und Eintragung §§ 7f, 10) zur Abtrennung (§§ 11 I, 13) der Gesellschafter von der Gesellschaft führt.

277 Vgl. oben "simul", Fn. 204, S. 157.

278 Wie im Kerbnägelfall, BGH NJW 1983, 1910, 1911 (= A.III), unter Ziff. 3a: die heutigen Gesellschafter sind als Erben in den 1946 geschlossenen Nebenvertrag eingetreten!

mung zur betreffenden Frage zu sehen. Dies entspräche zum einen nicht dem Willen der Gesellschafter[279], es verstieße in aller Regel auch gegen § 48 II. Dort ermöglicht die Einstimmigkeit lediglich den Verzicht auf die Abhaltung der Gesellschafterversammlung als solches, die Stimmabgabe als der eigentliche Willensakt ist jedoch ein davon getrennt zu sehendes Rechtsgeschäft. Für sie besteht sodann, gleichsam als Ausgleich für die Lockerung der formalen Rahmenbedingungen der Willensbildung (man könnte sagen: für die geringfügige Dissimultierung, die der Verzicht auf die Versammlung bedeutet), Schriftformzwang[280]. Ähnlich § 48 III, der mit der Einmann-GmbH ebenfalls einen - wenn auch besonders gelagerten - Fall von Einstimmigkeit behandelt. Eine "Ein-Gesellschafter-Versammlung" wird nicht verlangt. Was den Beschluß (eigentlich: Entschluß) aber selbst betrifft, so wird auch hier die Pflicht zur Einhaltung einer gewissen Schriftform auferlegt[281] [282].

Zwei Dinge lassen sich dem entnehmen: Das Gesetz unterscheidet auch bei Einstimmigkeit erkennbar zwischen (Neben-)vertrag und Gesellschafterbeschluß. Einstimmigkeit derogiert gewisse Schutzmechanismen, wenn diese obsolet oder von den Gesellschaftern nur als Hindernis angesehen werden. Die oben S. 160ff beschriebenen, zwischen Nebenvertrag und Beschluß bestehenden Unterschiede[283], bleiben davon jedoch unberührt.

Zwar könnte man § 51 III und IV mit ihrem Erfordernis der Anwesenheit sämtlicher Gesellschafter als die gesetzliche Billigung der Situation des Nebenvertrages ansehen. Diese Bestimmungen lassen jedoch sowohl bei wörtlicher ("Versammlung" - vgl. § 48 I - "Beschlüsse") als auch bei systematischer Auslegung (vgl. den hinter den Fristen von § 51 I, II, IV stehenden Schutzgedan-

---

279 *Ulmer* FS Niederländer 1991, 415, 429 m.w.N.

280 Zu den Einzelheiten und Abweichungen von § 126 BGB s. Hachenburg/*Hüffer* § 48 Rn. 42, 49 m.w.N.; Scholz/*K. Schmidt* § 48 Rn. 62; *Vogel* S. 162f. Zu den Einschränkungen des § 48 II s. § 24 I 2 UmwG, §§ 45 II, 48 III, 49 III und bei satzungsändernden Beschlüssen, § 53 I, II (str.: vgl. Rowedder/*Zimmermann* § 53 Rn. 33; Baumbach/Hueck/*Zöllner* § 53 Rn. 26).

281 Zu den str. Einzelheiten vgl. *Roth* § 48 Anm. 6.2; Baumbach/Hueck/*Zöllner* § 48 Rn. 29.

282 Es läßt sich dabei aus § 48 III ableiten, daß es für die Frage der Willenszurechnung gerade nicht auf die Anzahl der Organmitglieder ankommt (anders der BGH, A.III.3, S. 25, Rn. 4); dazu *Baltzer* S. 37f.

283 Hierzu auch bei C.III.1, S. 217ff; vgl. a. Baumbach/Hueck/*Zöllner* § 48 Rn. 25f.

ken[284]) erkennen, daß sie alleine auf Gesellschafterbeschlüsse zugeschnitten sind, deren Substitution durch Nebenverträge nicht zulassen. Dies läßt sich vermittels § 48 II noch bekräftigen: Im Zusammenhang mit (den Schutzzwecken des) § 51 müssen auch hier alle Gesellschafter gemeinsam auf "Mund und Ohr"[285] verzichten. Dies verlangt, anders als in der Situation des Nebenvertrages, ein simultanes Verhalten mit Blick auf einen bevorstehenden, hinreichend konkretisierten Beschlußgegenstand[286].

Auch hierin zeigt sich - anknüpfend an die These *Gierkes* (siehe das Zitat auf S. 165f): Zuordnungssubjekt der gesellschaftlichen Willensbildung ist die Gesellschafterversammlung als verfaßt handelndes Organ und nicht lediglich die Summe der Gesellschafter[287]. Wegen ihrer formalen Verfaßtheit wird der Wille der Gesellschafterversammlung so zum "Mehr" gegenüber der bloßen Aufaddierung der darin vorhandenen Gesellschafter-Einzelwillen. Im Sinne einer materiell-funktionalen Betrachtung dient der formale Rahmen dabei der Sicherung von Kommunikation, genauer: dem Erhalt der Kommunikationsfähigkeit unter sämtlichen (auch nicht-stimmberechtigten) Gesellschaftern, ihrem gegenseitigen Austausch über und im Interesse der "Angelegenheiten der Gesellschaft", § 47 Absatz I.

Die Absätze II u. III des § 48, welche für die von ihnen erfaßten Fälle der Einstimmigkeit Schriftformzwang auferlegen, lassen erkennen, daß die Be-

---

284 Zum Normzweck, die Gesellschafter tatsächlich in die Lage zu versetzen, an der organschaftlichen Willensbildung partizipieren zu können (s.a. insbes. § 51a) näher *Roth* § 51 Anm. 1.

285 Auch diese Korrespondenz von "Senden" und "Empfangen" (Kommunikation), die bei der zwangsweisen Durchsetzung von Stimmbindungen durchbrochen wird, ist dem Simultangedanken zurechenbar (s.a. bei § 51a).

286 Vgl. auch den Plural des § 48 I (Regel) gegenüber § 48 II, der das Abweichen vom "Abhalten *einer* Versammlung" (Ausnahme) zuläßt. Sowohl die beiden Varianten des § 48 II HS. 2 als auch § 48 III handeln von konkreten Beschlußfassungen, wie die Verwendung des Präsens in § 48 II und das "unverzüglich" in § 48 III erkennen läßt; s.a. BGHZ 28, 355, 358f. Zu den Anforderungen im einzelnen vgl. Baumbach/Hueck/*Zöllner* § 51 Rn. 21ff; Hachenburg/*Hüffer* § 51 Rn. 16f, 21ff.

287 In diesem Zusammenhang kann auch an die Theorie Savignys über die juristische Person erinnert werden, wonach "das Subjekt der Rechte nicht in den einzelnen Mitgliedern bestehe, sondern im idealen Ganzen", die Summe der Mitglieder somit - entgegen dem BGH - nicht automatisch der GmbH selbst gleichzusetzen ist, sondern etwas von ihr grundsätzlich Verschiedenes darstellt; dazu s. *Flume* I/2 § 1 I 2, S. 3ff, § 1 V, S. 26ff.

gründung von beschlußgleichen Rechtsfolgen durch unabhängig davon zustandekommende, formlos gültige Rechtsgeschäfte, sei dies eine mündliche Beschlußfassung auf Raten[288] oder auch ein Nebenvertrag, vom Gesetz nicht vorgesehen ist[289]. In der amtlichen Begründung zum GmbHG von 1892 heißt es hierzu (der heutige § 48 ist dem genannten § 49 wortgleich):

> "Die Versammlung der Gesellschafter bildet das allgemein zuständige Organ für die Fassung der den Gesellschaftern vorbehaltenen Beschlüsse (§ 49 Absatz 1). Doch hat das Gesetz sich nicht auf die Regelung dieser Form der Beschlußfassung zu beschränken; vielmehr empfiehlt es sich, unter gewissen Voraussetzungen auch einfachere Arten der Beschlußfassung zu ermöglichen. Die Bestimmung im § 49 Absatz 2 dient diesem Zwecke.."[290]

> "..verlangt der Entwurf, um späteren Zweifeln und Anfechtungen thunlichst vorzubeugen, die schriftliche Form für die in Betracht kommenden Erklärungen der Gesellschafter. Bei einer sehr kleinen Zahl von Mitgliedern wird vielleicht auch von dieser Form abgesehen werden können; es genügt aber, daß in solchen Fällen durch den Gesellschaftsvertrag eine weitere Vereinfachung eingeführt werden kann."[291]

Auch für Fälle, in denen wegen Einstimmigkeit etwa der Schutz von Minderheiten keine Rolle spielt, zeigt die Fundstelle, daß das unmittelbares Gesell-

---

288 Sog. kombinierter Beschlußfassung; zum angesichts § 48 (insbesondere Abs. II) unzulässigen sukzessiven Einsammeln von mündlich abgegebenen Stimmen und zur "kombinierten Abstimmung", die eine Mischform aus Gesellschafterversammlung und schriftlichem oder mündlichem Verfahren darstellt, s. *Hüffer* FS GmbHG 1992, 521, 533f m.w.N.; Baumbach/Hueck/*Zöllner* § 48 Rn. 26; s.a. aaO § 45 Rn. 3; Rowedder/*Koppensteiner* § 48 Rn. 3 (a.A. *Roth* § 48 Anm. 5); die entsprechenden Bedenken, wonach für derartige Formen der Willensbildung keine gesetzliche Grundlage existiert, lassen sich auch direkt aus der hier propagierten These ableiten, was wiederum als Merkmal für deren Verankerung im Gesetz angeführt werden kann (s. hierzu auch bei C.II.2.d, S. 179f).

289 S.a. BGHZ 58, 115, 120 = NJW 1972, 623f; gegen die Gleichstellung vgl. bereits *Bartholomeyczik* ZHR 105, 293, 322, und insbes. S. 326 (ausdrücklich auch für einstimmige Beschlüsse), 329, dort auch umfassend zu anderen Stimmen in der damaligen Diskussion.

290 Entwurf eines Gesetzes betreffend die Gesellschaften mit beschränkter Haftung nebst Begründung und Anlagen, Amtliche Ausgabe Berlin 1891, S. 99 = Stenographische Berichte über die Verhandlungen des Reichstages, 8. Legislaturperiode, I. Session 1890/92, V. Anlagenband, Berlin 1892, S. 3752.

291 AaO, S. 100.

schaftsinteresse (an Bestandskraft und Rechtssicherheit[292] hinsichtlich des Beschlusses) im Vordergrund steht. Der Gesetzgeber hat die unterschiedlichen Bedürfnisse gesehen, die für ein vereinfachtes Beschlußverfahren sprechen. Gleichwohl hat er dessen Einführung den Gesellschaftern nicht zur vollen, sondern einer lediglich im Rahmen des § 48 II bzw. § 45 bestehenden Dispositionsfreiheit überlassen[293]. Man kann dies als rigiden Formalismus ansehen, die gesetzliche Normierung beweist jedoch, daß ein Prinzip, wonach Einstimmigkeit[294] gesellschaftsrechtliche Formalerfordernisse außer Kraft zu setzen geeignet ist, nicht existiert[295]: Der Wille aller Gesellschafter ist nur dann verbindlicher Wille der Gesellschaft, wenn er in der vom Gesetz vorgesehenen Form gebildet und geäußert wird[296]. Entsprechend wird auch in den §§ 45 IIff ein Verzicht auf den Beschluß als Form organschaftlicher Willensbildung nicht anerkannt[297]. Um so weniger können jedoch Nebenvertrag und Satzung als austauschbare Rechtsakte und die Satzung als verzichtbares oder formlos substituierbares Rechtsgeschäft betrachtet werden. Die Satzung kann gemäß § 45

292 Darauf weist auch BGHZ 15, 324, 329 hin.

293 Zu den Rechtsfolgen bei Verstoß s. *Hüffer* FS GmbHG 1992, 521, 535f und sogl. Fußnote 297.

294 Nach dem Gedanken des "volenti non fit iniuria"; dazu s.u.

295 Vgl. dagegen den BGH in A.III.3, S. 25, Rn. 4.

296 Das ist - vereinfacht - der Unterschied zwischen BGB und GmbHG, vgl. *Hüffer* FS GmbHG 1992, 521, 532. Zum Zusammenhang zwischen Organ und (formaler) Organisation s.a. *Baltzer* S. 52ff (unter Bezugnahme auf *Gierke*, Genossenschaftstheorie, S. 675) und 70, 73ff, 79.

297 S.a. §§ 48 III, 51 III u. IV; so auch Hachenburg/*Hüffer* § 48 Rn. 40. Auch die Nichtigkeit von unter Verstoß gegen § 48 II zustandegekommene Beschlüssen analog §§ 121 II u. III, 241 Nr. 1 AktG läßt sich hierfür anführen (a.A. wohl BGHZ 58, 115, 120: Anfechtbarkeit): Wenn schon Mängel bei der Einberufung einer Gesellschafterversammlung zur Nichtigkeit des Beschlusses führen (st. Respr., Nachweise bei Hachenburg/*Hüffer* § 51 Rn. 26), so gilt das erst recht, wenn eine Versammlung überhaupt nicht stattgefunden hat (umfassend, auch zum Meinungsstand, *Hüffer* FS GmbHG 1992, 521, 534ff). Des weiteren kann, wenn nicht einmal ein Beschluß, sondern (nur) ein (formfreier) Nebenvertrag vorliegt (s. § 51 III, § 48 II u. III, die der trotz Anwesenheit aller Gesellschafter einen *Beschluß* voraussetzen), diesem um so weniger Einflußwirkung anstelle des Beschlusses der Gesellschafterversammlung (als der gesetzlich vorgesehenen Form der Willensbildung) auf die GmbH zugebilligt werden. Auch die o.g. Entscheidung BGHZ 58 untersucht aaO lediglich eine "formlose Beschlußfassung... [die] mindestens voraus[setzt], daß alle Gesellschafter deutlich genug den Willen zum Ausdruck bringen, auf diesem Wege überhaupt Beschluß zu fassen, d.h. als oberstes Gesellschaftsorgan eine Gesellschaftsangelegenheit durch gemeinsame...Entscheidung verbindlich zu regeln."

von den Formerfordernissen des § 48 II befreien, nicht jedoch kann eine Nebenvereinbarung vom Satzungserfordernis befreien. Letzteres wird vom Bundesgerichtshof in der Kerbnägelentscheidung vertreten, die gesetzlich vorgegebene Normenhierarchie damit aber auf den Kopf gestellt.

Die in den Urteilen NJW 1983, 1910 und NJW 1987, 1890 enthaltenen Thesen widersprechen einem weiteren, aus dem Simultangedanken genährten Grundsatz: Abstimmungsfreiheit bedeutet nämlich, daß die Gesellschafter nicht gehindert sind, jederzeit erneut - mit ggf. anderem Ergebnis - über eine Frage abzustimmen[298]. Für seine Meinungsänderung bei einer erneuten Abstimmung bedarf der Gesellschafter dabei keiner Erklärung, sachlichen Rechtfertigung o.ä. Gerade darin zeigt sich der Unterschied zwischen der freiheitswahrenden Rechtsform des Beschlusses und der bindenden (pacta sunt servanda) des Vertrages[299] [300].

Der Grundthese der genannten Urteile, wonach eine zwischen den Gesellschaftern "untereinander" getroffene Vereinbarung einem in der Gesellschafterversammlung gefaßten Beschluß gleichzuachten ist[301], ist daher insgesamt zu widersprechen. Einem (formlosen) Nebenvertrag auch nur beschlußgleiche Wirkungen zuzubilligen, ist mit den in §§ 48, 51, 45 enthaltenen gesetzlichen Wertungen nicht vereinbar.

---

298 Allg. Auff., vgl. Rowedder/*Koppensteiner* § 47 Rn. 12 und oben sub C.II.2.a, S. 163ff.

299 Näher - auch zu den Gründen hierfür - unter C.III.1, S. 217ff.

300 Die hierbei anerkannten Ausnahmen, falls Rechte Dritter in der Zwischenzeit aufgrund des Beschlusses entstanden sein sollten, sind insofern keine, als auch sie grundsätzlich nicht eine erneute Abstimmung, sondern nur die Durchsetzung deren Ergebnisses diesen Dritten gegenüber verhindern können.

301 Vgl. A.III.3, S. 25, Rn. 4.

d.) Die Abberufung von Geschäftsführern, § 38

§ 38 I enthält in seinem HS 2 den Hinweis auf einen Nebenvertrag[302], wie er sich, bedingt durch das Prinzip der Drittorganschaft (§ 6 III), typischerweise bei der GmbH findet. In § 38 I wird bestimmt, daß die Bestellung des Geschäftsführers jederzeit durch die Gesellschafter widerruflich ist[303], in § 38 II, daß von diesem Grundsatz durch Satzungsregelung - im für Dauerrechtsverhältnisse zulässigen Rahmen[304] - abgewichen werden kann.

Durch die Regelung des § 38 wird die Unbeeinflußbarkeit der Willensbildung in der Gesellschafterversammlung - insbesondere von schuldrechtlichen Verträgen - ausdrücklich anerkannt (Absatz 1, HS 2), es wird andererseits aber auch deutlich, daß in der Gesellschafterversammlung alleine die Satzung[305] den Gesellschaftern eine unmittelbare Bindung auferlegen kann (Absatz 2, Satz 1)[306], die Organfunktion der Gesellschaftergesamtheit und die schuldrechtliche Bindung jedoch klar zu trennen sind. Die damit bewirkte Ausschaltung von unmittelbar wirkenden Einflußrechten Dritter[307] kann man als Ausfluß des "Wesens" der GmbH ansehen[308] oder als durch die Organisationsstrukturen bzw. die zentrale Bedeutung der Leitungsfunktion der Gesellschafter bedingt[309]. Sie läßt sich jedoch auch dem Simultangedanken zurechnen. Dieser weist zwar Zusammenhänge zu den genannten Prinzipien auf, bietet aber m.E. den Vorteil, unmittelbar aus dem Gesetz ableitbar zu sein und sich nicht auf schwer faßbare,

---

302 Zu dieser Qualifikation des Anstellungsvertrages näher sogleich.

303 S.a. § 46 Nr. 5.

304 Vgl. insbes. §§ 626 I, 723 I 2 BGB; § 61 I GmbHG.

305 Und natürlich das Gesetz selbst, womit sich wiederum der Kreis zu § 243 I schließt. Ersichtlich wird dadurch, daß alleine mitgliedschaftliche Interessen in der Gesellschafterversammlung durchgesetzt werden können, schuldrechtliche (Dritt-)bindungen aber keine dem gleichstehende Rolle spielen.

306 Daß dies alleine die Satzung zu leisten vermag ergibt sich im Wege negativer Auslese nach § 38 I: hindert ein einfacher Gesellschafterbeschluß ebenso wie ein schuldvertragliche Bindung nicht an der jederzeitigen Abberufbarkeit (§ 38 I: "ist"), so steht als privatautonomes Gestaltungsmittel den Gesellschaftern nur noch die Satzung zur Verfügung (§ 38 II: "kann").

307 Dazu, daß auch durch die Satzung keine Mitspracherechte Dritter entstehen können A.II.6.h, S. 19ff; s.a. *Priester* FS Werner 1984, 657, 668.

308 So noch *Baumbach/Hueck* 13. Aufl. 1970, § 38 Anm. 2B.

309 *Teichmann*, Gestaltungsfreiheit, S. 217ff; Scholz/*H. U. Schneider* § 52 Rn. 137.

eher metarechtliche Grundsätze zu stützen, von denen verläßlich handhabbare Kriterien regelmäßig nicht zu erwarten sind[310].

Gegen eine - zusätzliche - Ableitung des Simultaneitätsprinzips aus § 38 liegt der Einwand nahe, daß im Umkehrschluß der Norm gerade entnommen werden kann, daß in allen anderen Fällen die Bindung durch schuldrechtliche Verträge auch Auswirkungen unmittelbar auf die Gesellschafterversammlung haben müßte.

Eine solche Argumentation verkennt indes die Bedeutung des § 38 im Zusammenhang mit den Regelungen der §§ 6 und 46 Nr. 5. Entsprechend dieser Bestimmungen erfolgt die Geschäftsführerbestellung durch Beschluß der Gesellschafter (bzw. dessen Kundgabe[311]). Die GmbH wird hierbei durch die Gesellschaftergesamtheit (genauer: die Gesellschafterversammlung) und nicht durch die Geschäftsführer vertreten[312]. Anerkanntermaßen gilt das wegen des sachlichen Zusammenhanges sowohl bei der Bestellung als dem organschaftlichen Akt als auch beim Abschluß des schuldrechtlichen Anstellungsvertrages[313]. Danach liegt hier typischerweise die ansonsten vom Gesetz als Ausnahmefall angesehene Konstellation eines unmittelbar die Rechte Dritter berührenden Beschlusses vor. Für diese Fälle gilt das Trennungsprinzip in seiner - für die Fälle der Vertretung durch den Geschäftsführer vorgesehenen - in § 37 I und II gesetzlich geregelten Ausprägung nicht. Damit ergibt sich - in Konsequenz des allgemeinen Trennungsprinzips, § 13[314], d.h. zum Schutze von Gesellschaft und Gesellschafter - aus der Inpflichtnahme der Gesellschafter für ein Außenhandeln die Notwendigkeit, die Freiheit der Willensbildung *in* der Gesellschafterver-

---

310 Das bemängelt auch *Ulmer* in FS Werner 1984, 911, 921f; ähnliche Probleme bestehen beim Umgang mit dem sog. Abspaltungsverbot, vgl. B.V.2.c, S. 56ff. Mit der Simultaneitätsregel ist dieses Defizit beseitigt.

311 Vorbehaltlich einer Satzungsregelung gemäß den §§ 46 Nr. 5, 45.

312 Allg. M., vgl. Baumbach/Hueck/*Zöllner* § 46 Rn. 23; *Roth* § 46 Anm. 6.1. m.w.N. und BGHZ 58, 115, 118.

313 BGHZ 79, 38, 41ff; BGH ZIP 1983, 432; BGH ZIP 1991, 580; Scholz/*H. U. Schneider* § 35 Rn. 171, 173; OLG Düsseldorf BB 1989, 1838; OLG Köln GmbHR 1991, 156; entsprechendes gilt im Aktienrecht, wo Bestellung und Anstellung von Vorstandsmitgliedern ebenfalls durch Beschluß des Aufsichtsrats bewirkt werden, vgl. § 84 AktG und BGHZ 41, 282, 285f.

314 Zu dessen "absoluter" Bedeutung vgl. *Wiedemann* GesR I, S. 198f.

sammlung für diesen, für die GmbH ebenso notwendigen[315] wie u.U. gefährlichen Fall (vgl. § 37 II) ausdrücklich gesetzlich zu fixieren. Mithin ist der Grund der Regelung darin zu sehen, daß bei der Abberufung des Geschäftsführers einem Gesellschafterbeschluß unmittelbare Außenwirkung zukommt (der Beschluß *ist* der Widerruf[316]) und so überhaupt erst ein Bedürfnis nach Auseinandersetzung mit dem Verhältnis von Abstimmungsfreiheit, Satzung und den wegen der Drittorganschaft typischerweise bestehenden Nebenverträgen[317] erwächst. Das Ergebnis steht in Einklang mit dem allgemeinen, auch durch das Verhältnis der beiden Absätze des § 38 verdeutlichten Trennungsgrundsatz. Es läßt Beschlüsse unbeschadet schuldrechtlicher Bindungen zustandekommen[318], gesteht letzteren keinen Einfluß auf die korporationsrechtliche Verbindlichkeit eines Beschlusses zu.

Damit ist § 38 I kein Gegenargument gegen das Simultaneitätsprinzip, er bietet vielmehr die Basis zu einem erst-Recht-Schluß: Wenn sogar bei unmittelbarer Außenwirkung des Beschlusses dessen freie Widerruflichkeit durch schuldrechtliche Bindungen nicht beeinträchtigt werden kann[319], sollte dies bei den "regulären" Beschlüssen ohne unmittelbare Außenwirkung[320] um so mehr gelten. Dem Gesetzgeber scheint das so selbstverständlich gewesen zu sein, daß für diese Regelfälle eine explizite Normierung nicht vorgenommen wurde. In die aus anderen Bestimmungen des GmbHG entwickelte Systematik der Simultanthese reiht sich § 38 jedoch problemlos ein.

---

315 Vgl. § 6 I: "muß".

316 Daß die sich aus ihm ergebende Willenserklärung noch des Zugangs bedarf ist selbstverständlich, ändert jedoch nichts an der Besonderheit dieses Beschlusses als "Außentätigkeit" der Gesellschafterversammlung; vgl. Rowedder/*Koppensteiner* § 38 Rn. 19; *Mertens* AG 1981, 216, 217f; Baumbach/Hueck/*Zöllner* § 38 Rn. 19; a.A. ohne Begründung BGH WM 1966, 614; BGH WM 1968, 1350.

317 Wobei der Anstellungsvertrag grundsätzlich unbeschadet der Abberufung weiterbesteht, vgl. § 84 III 5 AktG.

318 A.A. OLG Köln WM 1988, 974 = GmbHR 1989, 76 (S. 78 zu Bedenken hinsichtlich § 38).

319 Anders: durch die Satzung, § 38 II.

320 Das sind die Fälle des § 37 I/II; vgl. dazu C.II.2.e, S. 185f.

Im Falle des § 38 ist es überwiegend anerkannt, daß wegen ihrer freien Widerruflichkeit eine außerhalb der Satzung nebenvertraglich zugesagte Geschäftsführerbestellung nicht erzwingbar ist[321]. Gemäß § 38 I bleiben dem Begünstigten so lediglich Entschädigungsansprüche[322]. Wie oben gezeigt, wird in dieser Norm das Verhältnis der Abstimmungsfreiheit zu Nebenverträgen (:Unabhängigkeit - § 38 I) und der Abstimmungsfreiheit zur Satzung (:Abhängigkeit - § 38 II) jedoch nicht spezifisch, sondern geradezu exemplarisch verkörpert[323]. Das Prinzip der formalen Trennung[324] wird ebenso konsequent durchgeführt wie das Beschlußprinzip des § 47 I. Neben den aus der Systematik des GmbHG abgeleiteten Gründen für ein bei Stimmbindungsverträgen bestehendes Vollstreckungshindernis kann § 38 somit als normativer Ansatz oder "Aufhänger" zitiert werden[325] [326]. Das allgemeine, dahinter stehende Prinzip erkennbar zu machen, wonach wegen des vorrangigen Organisationsrechts der Gesellschafter kein Zwang in der Gesellschafterversammlung ausgeübt werden darf, d.h. auch nebenvertragswidrige Maßnahmen korporationsrechtlich wirksam sind und bleiben, ist Ziel dieser Arbeit[327].

Den Zusammenhang von Simultaneitätsprinzip und § 38 I verdeutlicht die Nachfolgeentscheidung zum Kerbnägelfall, das Urteil des BGH vom 27. Oktober 1986[328]. Eine von sämtlichen Gesellschaftern vereinbarte Erschwerung der Abberufbarkeit eines Gesellschafter-Geschäftsführers wird dabei vom Bundesge-

---

321 Hachenburg/*Mertens*, 7. Aufl. 1979, § 38 Rn. 32f; zw. Scholz/*U. H. Schneider* § 38 Rn. 54; Rowedder/*Koppensteiner* § 38 Rn 4.

322 Vgl. hierzu *Fleck* ZGR 1988, 104, 125f, 129; *Roth* § 38 Anm. 2.1.2.

323 Entsprechend dem unter C.I.2.i, S. 148ff zu §§ 241ff AktG Ausgeführten.

324 S.o.; mit gleichem Recht kann man von einem formalen Trennungsprinzip sprechen.

325 Neben den Grundnormen der §§ 47 I, 48 I, welche die Gesellschafterversammlung als den Ort der Willensbildung in der GmbH ausweisen. Den geschilderten Zusammenhang erkennt bereits RGZ 131, 179, 183.

326 Solches bietet der BGH in der mit dem Kerbnägelfall eingeleiteten Rechtsprechung, wie *Ulmer* NJW 1987, 1849f zu Recht kritisiert, nicht. Zum Trennungsprinzip vgl. *Wiedemann* GesR I, S. 198ff.

327 Insoweit wird der von *Ulmer* NJW 1987, 1849, 1854 (re. Sp. aE) verlangte Beweis als erbracht angesehen: § 38 gestattet den Schluß auf den generellen Vorrang der Satzung vor schuldrechtlichen Nebenabreden.

328 II ZR 240/85 (Frankfurt), NJW 1987, 1890. Vgl. dazu auch *Fleck* ZGR 1988, 104, 124.

richtshof als Anfechtungsgrund gegenüber dem abredewidrigen Amtsenthebungsbeschluß anerkannt. Damit wird einer durch die Satzung nicht gedeckten Widerrufsbeschränkung (vgl. § 38 I) de facto Satzungsqualität (§ 38 II) zugebilligt, dem bloßen Konsens des Nebenvertrages höhere Bestandskraft als der Satzung selbst eingeräumt. Entsprechend der gesellschaftsvertraglichen Regelung herrscht gemäß § 38 I - mangels abweichender Bestimmung - freie Widerruflichkeit des Geschäftsführers. Nach Auffassung des BGH soll jedoch auch eine einvernehmliche nebenvertragliche Einschränkung der freien Abberufbarkeit nicht lediglich - wie in § 38 I - Entschädigungsansprüche rechtfertigen, sondern unmittelbar die Abbestellung selbst verhindern können. Den von *Mertens*[329] hiergegen geäußerten Bedenken wird von Seiten des BGH entgegengehalten, sie beträfen nur das Problem, ob die Gesellschaft als solche sich außerhalb der Satzung hierzu verpflichten könne[330] [331]. Diese Argumentation erscheint auf den ersten Blick treffend, schließt der Geschäftsführer den typischerweise bestehenden Anstellungsvertrag doch mit der GmbH und nicht mit ihren Gesellschaftern. Die dabei vorgenommene Unterscheidung widerspricht indes gerade der Begründung des BGH im Kerbnägelfall - dem Urteil, auf das er sich in NJW 1987, 1890 (sub II.1) ausdrücklich stützt. In der Kerbnägelentscheidung (NJW 1983, 1910) hatte der BGH noch festgestellt:

> "haben alle Gesellschafter eine die Gesellschaft betreffende Angelegenheit unter sich einverständlich geregelt, so ist diese Regelung - auch ohne Bestandteil der Satzung zu sein - zumindest solange als eine solche der Gesellschaft zu behandeln, als dieser nur die aus der Abrede Verpflichteten angehören."[332]

Eine derartige einverständliche Nebenabrede lag auch dem Urteil des BGH in NJW 1987, 1890 zugrunde. Im Unterschied zum Kerbnägelfall war hier jedoch

---

329 In Hachenburg, 7. Aufl., § 38 Rn. 31f.

330 Abschnitt II.1 des Urteils, S. 1892. Die Kompetenz der Gesellschafterversammlung betrifft die organschaftliche (Bestellung/Abberufung) und die schuldrechtliche Seite (Anstellungsvertrag); vgl. *Werner* WuB II C. § 46 GmbHG 1.87, S. 581, 582 m.w.N.

331 A.A. RGZ 131, 179, 183f; dort auch zum gegenüber Gesellschaft und Gesellschafter bestehenden Schutzzweck der §§ 38, 45, 47 und zum Unterschied zwischen Beschluß und Nebenvertrag (S. 184).

332 A.III.3, S. 25, Rn. 4. Ein eingehende Kritik findet sich bereits bei C.II.2.c, S. 174ff.

nicht der Unternehmensgegenstand, sondern die Abberufbarkeit des Geschäftsführers nebenvertraglich eingeschränkt worden. Die in NJW 1987, 1890 wiedergegebenen Entscheidungsgründe erkennen dabei - nicht anders als im Kerbnägelfall - die Verpflichtung der GmbH als solcher durch eine Vereinbarung der Gesellschafter an. Dies stellt einen Anwendungsfall des Durchgriffsgedankens dar. Die Trennung zwischen Gesellschafter und Gesellschaft (§ 13 I) wird aufgehoben, die GmbH dabei entgegen den §§ 36f von ihren Mitgliedern und nicht von ihren Geschäftsführern vertreten. Gleichzeitig wird vom BGH jedoch für die Schutznorm des § 38, welche bei einer unmittelbaren Verpflichtung der GmbH selbst anzuwenden wäre, eine entsprechend erweiterte Auslegung (oder ein "Durchgriff") nicht in Erwägung gezogen.

Über das Ergebnis dieses Auslegungsproblems kann man dabei geteilter Auffassung sein; unabhängig hiervon bleibt jedoch der Vorwurf, daß die vom BGH für die Ablehnung der Anwendbarkeit des § 38 angeführte Begründung (Trennung von Gesellschafter und Gesellschaft) gerade dem widerspricht, was als tragender Grund für den Durchgriff selbst (also die Gleichsetzung von Gesellschafter und Gesellschaft) angeführt wird.

Wenn dieser Rechtssatz lautet, daß eine Verpflichtung aller Gesellschafter einer Regelung im Gesellschaftsvertrag gleichbehandelt wird[333], so bedarf es für den Ausschluß der Anwendbarkeit einzelner Normen konsequenterweise einer nicht unmittelbar (oder jedenfalls nicht nur) wortlautbezogenen, normativen Argumentation; der Wortlaut selbst wird durch den Durchgriffsansatz als Kriterium ja gerade für irrelevant erklärt und beiseite geschoben. Ein darüber hinausgehendes teleologisches, systematisches oder anders Argument für die Unanwendbarkeit des § 38 nennt der BGH jedoch nicht.

In seiner nur einen Satz umfassenden Auseinandersetzung mit § 38 geht der Bundesgerichtshof, indem er die Unterscheidung zwischen Gesellschaft und Gesellschafter betont, weiterhin darüber hinweg, daß es gerade die Gesellschafter sind, die bei der Bestellung und Abberufung des Geschäftsführers für Willensbildung *und* Vertretung der GmbH zuständig sind. Insofern kann es im Rahmen des § 38 auch schwerlich darauf ankommen, ob die Zusage nun von allen

---

333 Vgl. obiges Zitat aus A.III.3, S. 25, Rn. 4.

Gesellschaftern privatim oder pro societate abgegeben wurde. Indem die Bestimmung die Abberufung "unbeschadet der Entschädigungsansprüche aus bestehenden Verträgen" zuläßt, verlangt § 38 I - entgegen der Auffassung des BGH - gerade nicht, daß diese Verträge mit der GmbH selbst geschlossen wurden. Zwingt demnach weder der Wortlaut der Norm zu der vom Bundesgerichtshof vorgenommenen Einschränkung, so wird diese angesichts der Tatsache, daß regelmäßig bereits *vor* Bestehen der GmbH derartige Verträge - auch mit Gesellschafter-Geschäftsführern - geschlossen werden[334] noch zweifelhafter: die Widerruflichkeit - trotz nebenvertraglicher Bindung - wird man kaum von dem im Zusammenhang des GmbH-Innenverhältnisses (s.a. §§ 6, 46 Nr. 5) eher beliebigen Datum der Eintragung der Gesellschaft in das Handelsregister abhängig sehen können. Die vor- wie auch nachher bestehende Zuständigkeit der Gesellschafter zum Abschluß von Anstellungsverträgen[335] läßt schließlich den Sinn der vom BGH vorgenommenen Differenzierung überhaupt als fragwürdig erscheinen.

Würde man der vom Bundesgerichtshof vertretenen Auffassung hinsichtlich der Unanwendbarkeit des § 38 auf gesellschafterliche Nebenabreden folgen, so würde dies der Norm einen nur noch sehr beschränkten Wirkungsbereich zuweisen. Die Funktion des § 38 ließe sich ausschließlich dadurch erklären, daß mit der nach außen hin unbeschränkten Vertretungsbefugnis der Geschäftsführer eine erhebliche Gefahr für die Kapitalinteressen der GmbH verbunden ist. Gegen ein ausschließlich auf die GmbH als solche abstellendes Verständnis des § 38 I spricht jedoch bereits der Umstand, daß die freie Widerruflichkeit gemäß § 38 II der Dispositivität der Gesellschaft*er* unterliegt. Insofern schützt § 38 I jedenfalls nicht ausschließlich die Kapitalinteressen der GmbH. Bestätigt wird dies durch § 38 II, der als Grenze einer satzungsmäßigen Einschränkung der Widerruflichkeit "wichtige Gründe, ... insbesondere grobe Pflichtverletzung" nennt. Mit der Bezugnahme auf die Pflichten des Geschäftsführers verweist § 38 II 2 auf § 37 I, der das Innenverhältnis zwischen Gesellschafter und Geschäftsführer regelt, dessen Weisungsabhängigkeit begründet.

---

334 Vgl. § 78 iVm §§ 6ff, insbes. § 8 III-V.

335 Vgl. oben, S. 178.

Vor diesem Hintergrund wird jedoch erkennbar, daß § 38 I, entgegen der These des BGH, keineswegs ausschließlich die Interessen der GmbH als solcher, sondern auch die ihrer Gesellschafter im Auge hat[336]. Er schützt insofern - unabhängig vom Eintreten eines materiellen Schadens bei der GmbH - die Gesellschaftergesamtheit, die zwar höchstes Organ der GmbH ist, deren Entschließungen jedoch grundsätzlich keine Außenwirkung besitzen (§ 37 I). Diese Beschränktheit[337] wird gegenüber der unbeschränkten äußeren Handlungsfähigkeit des Geschäftsführers durch dessen jederzeitige Abberufbarkeit ausgeglichen.

Danach ist auch die Freiheit der Willensbildung in der für die Absetzung zuständigen Gesellschafterversammlung Schutzgegenstand des § 38. In sie kann nur durch eine Satzungsregelung, selbst dann aber nur in festumrissenem Rahmen (§ 38 II) eingegriffen werden. Insofern deckt sich die Aussage des § 38 mit der des § 243 I AktG: nur Gesetz und Satzung, körperschaftliche Regelungen, vermögen durchsetzbaren Zwang auf die Gesellschafterversammlung auszuüben, besitzen eine gesellschaftsunmittelbare, gleichsam "dingliche" Wirkung[338]. Dies "entspricht" nicht nur "dem Rechtsgedanken" des § 53 II[339] sondern *ist* dessen Rechtsgedanke. Damit wird der besonderen Qualität der Satzung als Organisationsvertrag[340] und Konstitutivakt[341] Rechnung getragen. Schuldrechtlichen Verträgen kommt diese Wirkung nicht zu, unabhängig von Zahl und Stellung der Beteiligten.

---

336 So auch Rowedder/*Koppensteiner* § 38 Rn. 2, 4; *Roth* § 38 Anm. 2.1, 2.2.1 ; *Fleck* ZGR 1988, 104, 126.

337 Der Zusammenhang zwischen dieser "Trennung" und dem allgemeinen Trennungsprinzip wird sogleich unter C.II.2.e, S. 185f nochmals aufgenommen.

338 Für den Drittgeschäftsführer wird aber selbst bei einer Regelung nach § 38 II seine Stellung nicht satzungsfest. Die gesellschafterliche Satzungsautonomie - vgl. das "nur" in § 53 I - gilt auch dann. Näher hierzu Hachenburg/*Mertens* § 37 Rn. 32, § 35 Rn. 87, 91; *Lutter/-Hommelhoff* Anh. § 6 Rn. 10ff; Rowedder/*Koppensteiner* § 35, Rn. 4; zu Drittrechten in der Satzung siehe bei A.II.6.h, S. 18ff.

339 Wie *Fleck* ZGR 1988, 104, 127 meint.

340 Dazu *Würdinger* S. 19ff.

341 *Gierke*, Privatrecht Bd. I, S. 486; *ders.*, Entwurf, S. 148.

e.) Die organschaftliche Vertretung durch die Geschäftsführer, §§ 36, 37

Das ausschließliche Definitionsrecht über die Mitgliedschaft, die nach den §§ 45, 53 I eingeräumte Kompetenzkompetenz, hat Folgen für die gesamte Organisationsstruktur der GmbH. Aus ihr ergibt sich auch das Erfordernis einer klaren Abgrenzung der Organzuständigkeiten von Gesellschafterversammlung einerseits (§§ 45, 46, 53 I) und Geschäftsführung andererseits (§§ 36, 37). Diese klare Abtrennung des Außen- vom Innenverhältnis der Gesellschaft setzt sich in § 37 fort: Absatz 1 verpflichtet den Geschäftsführer ("nach innen") zum Einhalten von Weisungen[342], Absatz 2 stellt jedoch klar, daß diese internen Bindungen grundsätzlich[343] keinen Einfluß auf dessen Vertretungsbefugnis ("nach außen") hat. Es läßt sich somit entsprechend den unter C.II.2.d.[344] getroffenen Feststellungen formulieren, daß gerade wegen der Unmöglichkeit, die Vertretungsmacht des Geschäftsführers nach außen zu beschränken, dieser jederzeit (simultan) vom Willen der Gesellschafter getragen sein muß (§ 38 I)[345].

Die in § 37 vorgenommene Unterscheidung zwischen Innen- und Außenverhältnis - auch sie eine Folge des Trennungsprinzips, § 13 - hat noch einen weiteren Aspekt. Gemäß den §§ 36, 37 wird die Gesellschaft, nicht aber die Gesellschafter nach außen durch die Geschäftsführer vertreten. Eine allgemeine (und uneinschränkbare) Vertretung der Gesellschaft*er* bzw. der Gesellschafterversammlung - die von der Gesellschaft verschiedene, (formal!) getrennte rechtliche Einheiten darstellen[346] - durch die GmbH-Geschäftsführer sieht das Gesetz

342 Entgegen *Fleck* ZGR 1988, 104, 137 schafft er nicht Spielraum für die schuldrechtliche Vereinbarung von Geschäftsbereichszuweisungen zugunsten eines Geschäftsführers; § 37 I regelt die Bindung des Geschäftsführers an den Gesellschaftsvertrag und die Weisungen der Gesellschafter, aber keine - wie auch immer geartete - Bindung der Gesellschafter. Solches sieht alleine § 38 II vor.

343 Anders - entsprechend den allgemeinen Grundsätzen - in Mißbrauchsfällen.

344 Insbes. S. 183f.

345 Zu den Folgen dieser Norm betreffend Nebenverträge siehe bereits B.VI.2.c, S. 80f und unter C.II.2.d, S. 177ff.

346 Nach dem GmbHG liegen unterschiedliche rechtliche Zurechnungsobjekte vor: vgl. § 13 (GmbH); § 2 (sämtliche Gesellschafter); §§ 47 I, 48, 53 I und II (Gesellschafterversammlung). Dies vernachlässigt *Fleck* ZGR 1988, 104, 111f, 118 u. 119 (wo der Fehler erkennbar wird).

nicht vor[347]. Damit schützt auch das Trennungsprinzip selbst (§ 13, insbesondere Absatz 1)[348] die Freiheit der Willensbildung in der Gesellschafterversammlung vor außersatzungsmäßigen Bindungen - entsprechend dem hier mit der Simultaneitätsthese entwickelten Ansatz.

Die durch die Privatautonomie verbürgte Möglichkeit einer aufgrund rechtsgeschäftlicher Bevollmächtigung entsprechend den §§ 164ff BGB bestehenden Vertretungsbefugnis bleibt hierbei unbenommen. Deren körperschaftliche (d.h. hier: zwangsvollstreckungsrechtliche) Konsequenzen sind mit ihrer bloßen (rechtsgeschäftlichen) Zulassung jedoch noch nicht bestimmt. Das allgemeine Zivilrecht hat auch hier den Vorrang des spezielleren Gesellschaftsrechts zu berücksichtigen.

f.) Die Satzungsautonomie, § 53 I

Die alleinige Kompetenz der Gesellschafter zur Änderung der Satzung (vgl. § 53 I: "nur") schließt Mitspracherechte Dritter aus. Auch beim Satzungsänderungsbeschluß ist es jedoch nicht möglich, dem einzelnen Gesellschafter "in den Kopf zu schauen"[349]. Ausschließliche Kompetenz bedeutet demnach, daß der Gesellschafter in seiner Willensbildung frei ist; frei auch, sich von Drittinteressen leiten zu lassen. Die Umsetzung dieses im GmbHG angelegten Gedankens verlangt, ihm beide Aspekte dieser Freiheit zu belassen. Sie spricht so gegen eine zwangsweise Durchsetzung von Drittinteressen, rechtfertigt darüberhinaus aber keine weiteren Einschränkungen der Privatautonomie[350].

---

347 Vgl. BGHZ 58, 115, 119; Hachenburg/*Ulmer* § 53 Rn. 37f; Scholz/*Priester* § 53 Rn. 34f; *Mertens* AG 1981, 216; Scholz/*H. U. Schneider* § 35 Rn. 38ff; *M. Winter*, Treubindungen, S. 198f; insoweit a.A. *Ulmer* FS Werner 1984, 911, 928, 930; *Fleck* ZGR 1988, 104, 111.

348 Ähnlich *Fleck* ZGR 1988, 104, 111, der die Ursache jedoch lediglich im Fehlen einer rechtsgeschäftlichen Außenerklärung, nicht aber im Vorliegen eines anderen Rechtsträgers sieht. Vgl. auch *Hadding* FS Fischer, 1979, 165, 188ff.

349 Vgl. B.V.1.b, S. 59f.

350 Ähnlich Geßler/*Eckardt* AktG § 136 Rn. 58. Bedenklich in diesem Zusammenhang ist der - selbst von Seiten des Gesellschaftsrechts nicht gerechtfertigte - äußerst großzügige Umgang *Overraths* mit § 138 BGB, vgl. S. 48f, 53, 56, 73, 81 (kritisch dazu *Windbichler* ZHR 140,

Die Auffassung, wonach die Satzungsautonomie als grundlegendes Ordnungsprinzip privatrechtlicher Verbände nicht zur Disposition der Gesellschafter steht, daher auch nicht Gegenstand von Verpflichtungsverträgen sein kann[351], trifft insofern ebensowenig wie ihre Gegenposition, wonach eine Selbstentmündigung ausscheidet, wenn die Gesellschafter als das für Satzungsänderungen zuständige Organ "sie gewissermaßen vorwegnehmend" zum Gegenstand schuldrechtlicher Bindung machen[352]. Die für eine Gesellschafterversammlung geltenden Formalien sprechen gleichermaßen gegen die letztgenannte Auffassung wie die hier vertretene These insgesamt. Durch beide wird die Autonomie der Gesellschafter in der Gesellschafterversammlung geschützt. Bestandteil dieser Autonomie ist auch, daß die Gesellschafter den Entschlußzeitpunkt frei bestimmen können, d.h. eine Abstimmung vertagen, ablehnen[353] oder bereits gefaßte Beschlüsse abändern oder widerrufen[354]. Dies widerspricht - entgegen der oben zuerst genannten These - keineswegs schuldrechtlichen Bindungen der Gesellschafter (auch hierbei herrscht Privatautonomie), wohl aber einem gerichtlichen Hineinregieren in die Gesellschafterversammlung. Damit würde das entscheidende Moment der Autonomie, nämlich die *zu jedem Zeitpunkt bestehende,*

168, 170). Auch bei jenem finden sich dabei Ansätze des Simultangedankens (vgl. S. 104f, 107; ebenso bei *Baltzer* S. 77ff), die allerdings auf Kosten der Vertragsfreiheit, d.h. unter Durchbrechung elementarer schuldrechtlicher Prinzipien verwirklicht werden sollen.

351 Entgegen der Argumentation von *Priester* FS Werner 1984, S. 657, 659, 666, 672, *Geßler* GmbHR 1974, 202, 206 und *Flume* I/2, § 7 I 3, S. 193ff spricht das Trennungsprinzip (und die Relativität von Schuldverhältnissen) gerade grundsätzlich dafür, private Verpflichtungen der Gesellschafter - eben unbeschadet der gesellschaftlichen Bindung - als zulässig anzusehen. Man kann dabei durchaus dem Ansatz *Wiedemanns* in GroßKomm.AktG § 179 Anm. 4a folgen, wonach die Verbandsautonomie daraus abzuleiten ist, daß das Aktiengesetz - für das GmbHG gilt dies in noch stärkerem Maße - nur die Bewältigung von Konflikten zwischen Gesellschaftern behandelt, nicht aber die - außergesellschaftsrechtliche - Abhängigkeit von Drittinteressen zu bewältigen sucht. Ähnlich KölnerKomm/*Lutter* AktG § 54 Rn. 22.

352 *Fleck* ZGR 1988, 104, 113, 115, 118.

353 Hachenburg/*Hüffer* § 47 Rn. 7ff m.w.N.

354 So die h.M., vgl. Baumbach/Hueck/*Zöllner* § 47 Rn. 22; Hachenburg/*Hüffer* § 47 Rn. 38. Zu beachten ist, daß die Widerruflichkeit nicht etwa prinzipiell von etwaigen Außenwirkungen abhängig ist, dies verstieße gegen das Trennungsprinzip: durch den Vollzug des Beschlusses durch den Geschäftsführer der GmbH tritt keine Bindung der Gesellschaft*er* ein; vgl. näher bei C.II.2.d und e, S. 177ff.

aktuelle Freiheit der Gesellschafter[355], lediglich der Bindung an Gesetz und Satzung unterworfene Entscheidungen zu treffen, gerade eliminiert[356]. Dies wird insbesondere von der Auffassung mißachtet, die in der Stimmbindung lediglich eine Vorverlegung des Entscheidungszeitpunktes sieht[357]. Das Argument, letztlich auf dem Satz "volenti non fit iniuria" basierend, ist dabei deutlich individual-, nicht aber gesellschaftsrechtlichen Ursprungs. Es verquickt das frei disponible private mit dem formal definierten Verbandsinteresse. Letzteres bestimmt sich jedoch vorrangig nach den Regeln des Gesellschaftsrechts, d.h. nach den §§ 1ff, 53, 45, 47 I; es wird definiert durch Gesetz, Satzung und Beschluß. Nur auf dieser Grundlage ist die Gleichsetzung, Übertragung oder Zurechnung der Interessen der Gesellschafter auf die Gesellschaft zulässig. Außerhalb davon läßt sich der "Durchgriff" von den Gesellschaftern auf die GmbH weder mit der - bereits angesprochenen - freiheitssichernden Funktion des Beschlußbegriffs, noch mit der Funktion der Gesellschafterversammlung als solcher vereinbaren[358]. Diese vom Gesetz mit formalen Sicherungen (§§ 48 ff) geschützte Institution dient, wie erörtert[359], dem freien Meinungsaustausch der Gesellschafter; ein Verzicht auf den Austausch bedarf der Einstimmigkeit, hierbei aber auch der direkten Zustimmung stimmrechtsloser Anteilsinhaber[360].

---

355 Vgl. bei § 47 I: Mitgliedschaft bedeutet, daß man jederzeit (unabhängig vom Ob oder Wie der Beteiligung im konkreten Falle) an Beschlüsse gebunden ist, andererseits aber auch jederzeit - findet sich eine entsprechende Mehrheit - diese beseitigen kann. Damit erklärt sich auch das für die h.M. bestehende Problem bei der Zulassung einer einstweiligen Verfügung (vgl. B.VII.5, S. 87ff): sie schafft im System gesellschaftlicher Willensbildung *stets* einen "endgültigen Zustand"; so auch OLG Celle GmbHR 1981, 264; OLG Frankfurt BB 1982, 274; OLG Koblenz DB 1990, 2413; *Semler* BB 1979, 1533; Scholz/*K. Schmidt* § 47 Rn. 57, 59; *Michalski* GmbHR 1991, 12, 14.

356 Das übersieht m.E. *Fleck* aaO.

357 *Overrath* S. 17; *Priester* FS Werner 1984, 657, 675. Eine derartige Vorverlegung ist von Gesetzes wegen nur in § 18 vorgesehen, wobei die Mitglieder einer solchen Gemeinschaft dabei im Gegensatz zur nebenvertraglichen Stimmbindung zugleich in vollem Umfange *gesellschaftsrechtlicher* Bindung und Risiko unterliegen.

358 Der Zusammenhang von §§ 47 I, 48 I und §§ 243 I, 248 I, 241 Nr. 5 AktG analog zeigt sich auch hier, betrachtet man etwa den Anfechtungsgrund treuwidrigen Stimmverhaltens: die Treuwidrigkeit muß im Abstimmungszeitpunkt gegeben sein, nicht irgendwann vor- oder nachher.

359 S. oben S. 156ff, 168ff.

360 Zum Unterschied s. Hachenburg/*Ulmer* § 53 Rn. 78. Dies gilt unabhängig davon, ob diesen generell oder nur im konkreten Fall, wie z.B. gemäß § 47 IV, kein Stimmrecht zusteht;

Sowohl die bereits im Vorfeld der Gesellschafterversammlung als Gewähr für deren Funktionieren begründeten Gesellschafterrechte (s. § 51a[361]) als auch durch die Versammlung selbst wird dabei die Möglichkeit bereitet, simultan, d.i. auch "gleichzeitig", über die Angelegenheiten der Gesellschaft zu entscheiden. Um mehr als diese Möglichkeit geht es aber nicht, ist von der Freiheit der Willensbildung oder der Verbandsautonomie die Rede[362]. Dies läßt sich u.a. an der - nur unter bestimmten, gesetzlich festgelegten Voraussetzungen eingeräumten - Dipositivität oder Verzichtbarkeit etlicher Mechanismen zur Sicherung dieser Kommunikationsfähigkeit erkennen (§§ 48 II, 51 III u. IV[363], schließlich § 45 I u. II). Mit der Anerkennung der Vollstreckbarkeit von Stimmbindungen ist der betreffende Gesellschafter jedoch nur noch "steinerner Gast"[364], gleichsam verhandlungsunfähig gemacht. Die Informationen und Meinungen der übrigen Gesellschafter erreichen ihn - aus Gründen des Individualinteresses des titelinnehabenden Dritten - nicht mehr, die Effizienz der mitgliedschaftlichen Rechte wird verkürzt, obwohl das Interesse der Gesellschaft gerade den Diskurs und die flexible (simultane) Orientierung innerhalb der Gesellschafterversammlung erfordert[365].

Heißt es demgegenüber im Urteil BGHZ 48, 163 zur (erstmaligen) Begründung der Vollstreckbarkeit von Stimmbindungen, daß auch ohne Stimmbindung die Zahl der bereits hinsichtlich ihrer Stimmabgabe festgelegten Gesellschafter "sehr groß" sei[366], so verkennt dies den im Gesellschaftsinteresse bestehenden und daher nicht individuell und extern disponiblen Freiheitsbegriff. Freiheit *ist* Möglichkeit. Daß sich einzelne oder auch viele ("öfter" - BGH aaO) Gesellschafter dann letztlich doch nicht anders entscheiden als nebenvertraglich

---

Roth § 48 Anm. 4.1.

361 *Overrath* S. 15.

362 Zutreffend RG JW 1927, 2992, 2993; dazu *Peters* AcP 156, 311, 323ff.

363 Näher dazu bei C.II.2.c, S. 171ff.

364 *M. Wolff* JW 1929, 2115; vgl. demgegenüber BGHZ 44, 245, 252f; s.a. *Baltzer* S. 102, der vom "Gruppenerlebnis" als wesentlichem Beschlußelement spricht.

365 Dies allein wird vom GmbHG geschützt und nicht die Sorgfältigkeit, mit der die vorherige Bindungsentscheidung (u.U.) getroffen wurde. Das Ergebnis *kann* gleichwohl identisch sein, es muß es aber nicht; vgl. *Lübbert* S. 447f.

366 BGHZ 48, 163, 171; dieses Argument nennt bereits *Brodmann* in JW 1929, 615 "Gemeinplatz".

festgelegt, ist gerade Ausdruck der Freiheit und nicht der Grund, diese sodann allen gegenüber einzuschränken[367]. Durch einen - nicht weiter belegten - tatsächlichen Befund wird hier die juristische Wertung ersetzt, aus dem Sein das Sollen gefolgert[368].

Die genannten Gründe haben Bestand auch für den Fall, daß sämtliche Gesellschafter sich nebenvertraglichen Bindungen unterworfen haben. Auch dies rechtfertigt grundsätzlich keinen "Durchgriff" auf die Gesellschaft, auch für den Fall der Einmütigkeit setzt das Gesetz auf eine Willensbildung durch Beschluß und nicht durch Vertrag (vgl. nur § 48 II aber auch III). Die Ansicht, daß kein Gesellschafter bei einmütiger vertraglicher Stimmbindung einen Nachteil habe[369], fußt auf dem bereits abgelehnten Gedanken, wonach das Gesellschaftsinteresse schlechterdings dem Interesse aller Gesellschafter gleichzusetzen sei[370], eine Trennung zwischen Gesellschaft und Gesellschaftern somit nicht stattfindet[371]. Stellt man mit dieser Auffassung alleine auf das Interesse der Gesellschafter der GmbH ab, so steht der Anwendung des Satzes "volenti non fit iniuria" nichts entgegen. Gesellschaft und Gesellschafter(-versammlung) sind jedoch voneinander verschiedene Rechtszuordnungssubjekte, auch und gerade nach dem GmbHG. Eine Gleichstellung oder Willenszurechnung ist nur bei Wahrung des Simultaneitätsprinzips möglich[372], d.h. beim uno actu erfolgenden, aktuellen, nicht aber beim "irgendwann" erklärten Verzicht auf ein abweichendes Vo-

---

367 Gerade der Fall BGHZ 48, 163 ist ja Beweis dafür, daß auch Mehrheitsgesellschafter ihre Meinung ändern (können).

368 Hierzu bereits in B.V.1.b, S. 59 m. Fn. 116; vgl. auch *Fischer* FS Kunze 1969, 95, 105. Zumal gerade an dieser auf die "normative Kraft des Faktischen" abstellenden Argumentation eine gewisse Unsicherheit des BGH in der Sache abgelesen werden kann, klingt in ihr doch die Beschwichtigung an, es werde durch das Urteil keine großen Veränderungen geben, als wolle man den Kritikern sagen, der Schaden sei im Vergleich zu den Einschränkungen, die man ansonsten der Privatautonomie zumute, gering.

369 *Overrath* S. 83f.

370 Vgl. A.III.3, S. 25, Rn. 4.

371 Zweifelnd auch *Priester* FS Werner 1984, 657, 676.

372 Diesem entspricht es auch, daß das Beschlußantragsrecht als Ausprägung des Teilnahmerechts in der Versammlung lediglich von dort anwesenden (bzw. gemäß § 47 III vertretenen) Gesellschaftern ausgeübt werden kann; näher Hachenburg/*Hüffer* § 47 Rn. 8f; Baumbach/Hueck/*Zöllner* § 47 Rn. 7.

tum; d.h. bei der Stimmabgabe selbst, nicht aber bei einer Verpflichtung hierzu. Dies ist der Gehalt des § 47 I, weshalb sämtliche, von den Gesellschaftern in den Angelegenheiten der Gesellschaft zu treffenden Bestimmungen durch Beschlußfassung und nicht durch Vertrag erfolgen. Der einzige Vertrag, für den das Gesetz eine Ausnahme hiervon vorsieht, ist der Gesellschaftsvertrag, § 45 I u. II[373].

g.) Die Bestimmung des § 54 III

Trotz des rigorosen Wortlautes, wonach Satzungsänderungen vor der Handelsregistereintragung "keine rechtliche Wirkung" zukommt, wird für § 54 III teilweise eine schuldrechtliche Bindung der Gesellschafter an den Beschluß über die Satzungsänderung bereits vor diesem Zeitpunkt befürwortet[374]. Der Fall liegt insofern schwierig, als gemäß §§ 53f durch einen Beschluß gerade eine Vertragsänderung, genauer: eine Änderung des Gesellschaftsstatuts, bewirkt werden soll. Deshalb aber dem Satzungsänderungsbeschluß eine schuldrechtliche Bindungswirkung unter den Gesellschaftern zukommen zu lassen, entspräche weder den bereits erörterten Unterschieden der beiden Rechtsgeschäfte noch den mit § 54 III verfolgten Intentionen. Zweck der Regelung ist es nicht, zu verhindern, daß diejenigen Gesellschafter, die für die Satzungsänderung gestimmt haben, vor der Eintragung eine erneute Änderung im Beschlußwege vornehmen[375] - noch weniger könnte eine derartige Pflicht für die übrigen Gesellschafter beansprucht werden.

Die Umdeutung eines Satzungsänderungsbeschlusses in einen schuldrechtlichen Vertrag impliziert eine Bindung der Gesellschafter nach allgemeinen Vertragsgrundsätzen. Sie entspricht damit aber weder dem Willen der mit "ja" stimmenden, noch kann dabei eine Bindung der mit "nein" stimmenden oder

---

373 Hierin ist auch der eigentliche Grund dafür zu sehen, warum, entgegen dem BGH, ein Nebenvertrag sich nicht gegenüber einem Beschluß durchsetzen kann, nicht dessen Anfechtung und Aufhebung durch das Gericht rechtfertigt.

374 Baumbach/Hueck/*Zöllner* § 54 Anm. 26; Scholz/*Priester* § 53 Rn. 29; *Roth* § 54 Anm. 4.1.

375 Zu den umstr. Voraussetzungen vgl. Scholz/*Priester* § 53 Rn. 183ff.

der sich des Votums enthaltenden Gesellschafter erklärt werden. Hieraus wird ersichtlich, daß es sich bei der Bindung der Gesellschafter nicht um eine schuldvertraglich-starre, sondern um eine flexible, gesellschaftsrechtlich begründete handeln muß: die Treupflicht. Diese bewirkt Gebundenheit der Gesellschafter, aber nicht unabhängig von etwaigen, zwischenzeitlich eingetretenen Änderungen der tatsächlichen, gesellschaftsrelevanten Umstände. Sie trägt dem Beschlußcharakter (§ 54 I) ebenso Rechnung wie der Tatsache, daß dessen Zweck die Änderung, - man könnte sagen - Angliederung an den Gesellschaftsvertrag ist, er somit Satzungsqualität und Einfluß auf die Treupflicht selbst hat[376].

h.) Die gesellschafterliche Treu- und Förderpflicht

Die grundlegende Bedeutung der Treu- und Förderpflicht für die Beziehungen sowohl zwischen Gesellschafter und Gesellschaft als auch ihre Konsequenzen für die Gesellschafter untereinander sind, insbesondere für die Ausübung von Mitverwaltungsrechten, im Recht der GmbH allgemein anerkannt[377]. Die Pflichtenbindung stellt die Kehrseite der mitgliedschaftlichen Berechtigung dar, sie wird demgemäß ebenso wie diese aus der Satzung selbst abgeleitet. Sie ist als Bestandteil der Mitgliedschaft, einem Inbegriff von Rechten und Pflichten, untrennbar - so die Kernaussage des Abspaltungsverbots - mit der Gesellschaftereigenschaft verbunden[378].

Diesen Zusammenhang zwischen mitgliedschaftlicher Bindung und Berechtigung[379], Herrschaft und Verantwortung[380], wie er sich in den §§ 1, 45, 47

---

376 Zu den Konsequenzen für die Anfechtungsfrist siehe C.III.1, S. 219f.

377 Grundlegend BGHZ 65, 15, 18f (ITT); umfassend *M. Winter*, Treubindungen; BGHZ 14, 25, 38; 80, 346, 349; BGH NJW 1985, 1901f; *Hüffer* FS Steindorff 1990, 59.

378 So auch *Ulmer* FS Werner 1984, S. 911, 925.

379 Zur Einheitlichkeit der Mitgliedschaft s. a. *Reuter* ZGR 1978, 633, 640; *Fleck* FS Fischer 1979, 107, 110f. Dieser steht, wie auch *Fleck* aaO, S. 114 darlegt, selbst die Regelung des § 18 keinesfalls entgegen. Zur Bedeutung der Neutralisierung verbandsfremder Sonderinteressen für die Funktionsfähigkeit wichtiger Institutionen des Privatrechts s. allg. *Reuter*, Schranken, S. 213, 154ff.

I, 50, 51 III, 51a, 53 I, 60 I Nr. 2 u. 4, 61 I, 62 I ...(die Reihe ist nahezu beliebig fortsetzbar) unmittelbar ableiten läßt, wie er überhaupt die Grundlage für die "schlanke, auf das unbedingt erforderliche beschränkte Regelung"[381] des GmbHG im Allgemeinen und des Stimmrechts im Besonderen[382] darstellt, wahrt der Simultangedanke[383]. Seine Konsequenzen gehen über den innergesellschaftlichen Bereich hinaus. Der Gestaltungsspielraum, den das Gesetz (§§ 1ff) den Gesellschaftern bei gleichzeitiger eigener Risikobegrenzung einräumt, versteht sich einerseits als Ausdruck der Privatautonomie, er erfordert aber zugleich eine tragfähige organisatorische Einheit, eine eindeutige Zuordnung der jeweiligen Einzelinteressen.

Aus der Sicht des Gesellschaftsrechts erfolgt diese Zuordnung (Zurechnung) über den Begriff der Mitgliedschaft. Danach besitzt nur derjenige (durchsetzbaren) Einfluß auf die gesellschaftliche Willensbildung, der auch der (durchsetzbaren) gesellschaftsrechtlichen Bindung unterliegt. Mitwirkung ohne Teilhabe an den gemeinsamen Interessen und den Risiken der Entscheidung würde die Verbandssouveränität beeinträchtigen[384], widerspräche auch grundlegenden Prinzipien und Mechanismen der Mitbestimmung[385]. Die bzw. der Gesellschafter definieren den Zweck des Verbandes, der eine Institutionalisierung, Ablösung gegenüber ihrer bloßen Verbundenheit untereinander darstellt. Sie (bzw. er etc.) geben ihm Gestalt, rechtliche Verfassung (Satzung) und bestimmen über deren Vollzug. Ihnen obliegt die innergesellschaftliche Willensbildung, sie - und nicht außenstehende Dritte - bestimmen über das Schicksal des Verbandes. Es sind damit nur solche Personen, die auch aus den Verpflichtungen und Risiken, die aus der Mitgliedschaft resultieren, die entsprechenden

---

380 BGH BB 1977, 10, 12; vgl. allgemein *Wiedemann* GesR I, 1980, S. 432ff, 543ff; *Blaurock* FS Stimpel 1985, 553, 557ff; als Antwort auf die Durchgriffsproblematik, s. *Wilhelm*, S. 335ff.

381 *Zöllner* FS GmbHG 1992, 85, 93.

382 Zu § 47 s. *Behrens* FS GmbHG 1992, 539, 541ff.

383 Zweifel an der Vereinbarkeit vollstreckbarer Stimmbindungen mit dem Abspaltungsverbot äußert auch Hachenburg/*Hüffer* § 47 Rn. 75.

384 *Wiedemann* FS Schilling 1973, 105, 111ff.

385 Vgl. v. Münch/*Schnapp* GG Art 20 Rn. 11ff, 30f.

Impulse für ihr Handeln empfangen[386]. Der gesetzlich verankerte Verbund von Verpflichtung und Berechtigung stellt sich dabei wie folgt verkettet dar: nur an Gesetz und Gesellschaftsvertrag wird die Treu- und Förderpflicht der Gesellschafter gemessen, diese bindet nur die Gesellschafter, nur die Gesellschafter sind die Parteien des Gesellschaftsvertrages und haben auf seine konkrete Gestaltung Einfluß, nur auf Gesellschaftsvertrag und Gesetz gründet sich auch deren die Gesellschaft steuerndes Stimmrecht. Dieser institutionalisiert-systematische Zusammenhalt gilt unabhängig davon, ob Gesellschafter nun eine oder mehrere natürliche Personen oder ihrerseits selbst wiederum Gesellschaften (z.B. GmbHs) sind. Am gmbh-rechtlichen Zurechnungskriterium des Gesellschafters ändert sich hierdurch nichts[387]. Hinsichtlich der hierbei möglichen "Staffelung" von Gesellschaften kann Rückgriff genommen werden auf die in B.V.1.b, S. 59f getroffene Feststellung, wonach es nicht darauf ankommt, wo der in der Gesellschafterversammlung geäußerte Wille "eigentlich" gebildet worden ist. Relevant ist unabhängig davon der in der Gesellschafterversammlung geäußerte und der Gesellschaft organschaftlich zugerechnete Wille[388]. Aus der tatsächlichen Bestimmung eines Dritten (z.B. dem Inhaber der Obergesellschaft) über diesen Willen erwachsen diesem grundsätzlich weder gesellschafterliche Rechte noch Pflichten[389].

---

386 So im Grundsatz auch *Priester* FS Werner 1984, 657, 665; *Westermann*, Vertragsfreiheit, S. 396ff; *Wiedemann*, Übertragung, S. 290f; *Teichmann* ZGR 1972, 1, 11f; *Reuter* ZGR 1978, 633, 640f; dort auch zu den Folgen betr. Treuhandverhältnisse.

387 Zur Abdingbarkeit der Treupflicht durch die Gesellschafter - auch gegenüber der Gesellschaft - vgl. *M. Winter*, Treubindungen, S. 191ff.

388 Dazu C.II.2.a, S. 164f.

389 Aus haftungsrechtlicher Sicht kann hierbei im Einzelfall etwa beim Einmanngesellschafter der Aspekt einer gem. § 826 BGB sittenwidrigen Schädigung näher liegen als bei Mehrpersonengesellschaften. Am beschriebenen Zurechnungs- bzw. Abgrenzungsgrundsatz ändert dies jedoch nichts.

i.) Die Stimmverbote des § 47 IV

Die in § 47 IV[390] genannten Stimmverbote sind nach dem damaligen aktienrechtlichen Vorbild des § 190 III HGB1884 auch für die GmbH geregelt worden. Zweck der Einführung des Stimmrechtsausschlusses im Falle von Interessenkonflikten war es, sicherzustellen, daß der Beschluß der Mitgliederversammlung "den wahren Willen der Gesellschaft unverfälscht zum Ausdruck bringt"[391]. Die Zielsetzung dieser seit 1892 für die GmbH unverändert geltenden Regelung[392] entspricht exakt der des Simultaneitätsprinzips.

Im einzelnen: Auch § 47 IV sieht die Ausübung des Stimmrechts durch einen Gesellschafter vor, behandelt lediglich die Konflikte zwischen der Gesellschaft und den ihr mitgliedschaftlich verbundenen Personen[393] [394], m.a.W. zwischen Teilhabe- und Eigeninteresse des Gesellschafters[395]. Bedenkt man etwa die Fallgruppe "Verbot des Insichgeschäfts"[396], mit der gewährleistet werden soll, daß nur solche Personen an der Willensbildung beteiligt sind, bei denen kollidierende eigenwirtschaftlichen Interessen nicht zu gewärtigen sind, so wird ersichtlich, daß das Gesetz einen außerhalb der Gesellschaft stehenden Dritten, der als "steinerner Gast"[397] mittels Gerichtsurteils an der Abstimmung teilnimmt, nicht kennt.

Wird die Stimme aufgrund einer Stimmbindungsvereinbarung gemäß § 894 ZPO durch das Gericht abgegeben, kann es zu einer unmittelbaren Interessenkollision beim Gesellschafter nicht kommen, der innergesellschaftliche Grund für die Suspension des Stimmrechts entfällt. Andererseits besteht gleich-

390 Eingehend *Zöllner*, Schranken, S. 195ff.

391 Begründung zum Aktiengesetz v. 1884; zitiert nach *Schubert/Hommelhoff* S. 404, 464f.

392 Zur historischen Entwicklung s. *Behrens* FS GmbHG 1992, 539, 543f.

393 S.a. § 47 IV 1 aE.

394 Ebenso § 51a, siehe bei C.II.2.1, S. 201ff. Nichts anderes gilt für die sog. beweglichen Stimmrechtsschranken, wie sie z.T. aus der Einbindung des Stimmrechts in die mitgliedschaftliche Pflichtenstellung abgeleitet werden; grundlegend hierzu *Zöllner*, Schranken, S. 97ff, 287ff, 318ff; *ders.* in Baumbach/Hueck § 47 Rn. 74, Anh. § 47 Rn. 50ff.

395 Vgl. dazu auch § 47 I und die Ausführungen hierzu unter C.II, S. 168ff.

396 § 47 IV S. 2 Alt 1; *Roth* § 47 Anm. 5.1.2.

397 *M. Wolff* JW 1929, 2115, 2116.

wohl eine gewisse Wahrscheinlichkeit, daß Bindender und Gebundener zumindest teilweise identische Interessen verfolgen[398] [399]; der geschilderte Interessenkonflikt kann durchaus auch bei dieser Fallkonstellation auftreten. Dafür spricht schon der bestehende Stimmbindungsvertrag, dagegen allerdings, daß immerhin ein Gerichtsurteil zu seiner Durchsetzung erforderlich wurde. Es wäre sodann in telelogischer Uminterpretation des § 47 IV zu untersuchen, inwieweit Interessenparallelität zwischen Gesellschafter und Gebundenem herrscht. Andererseits ließe sich aber auch fragen, ob ein Gesellschafter mehr Stimmrechte anderen zukommen lassen kann, als ihm selbst in der jeweiligen Abstimmung zustehen. Bedenkt man die hier notwendig werdenden komplexen Abwägungen bzw. weiterführenden Erwägungen angesichts des klaren Gesetzeswortlauts des § 47 IV, so erscheinen der erhebliche juristische Aufwand und die erforderlichen, teilweise gekünstelt wirkenden Konstruktionen[400] keineswegs im Gesetz selbst angelegt.

Welches Konfliktverhältnis durch § 47 IV geregelt werden soll, wird noch deutlicher an der weiteren Alternative dort genannter Stimmrechtsausschlußgründe. Hinter ihr wird das Prinzip des Verbots des "Richters in *eigener* Sache"[401] gesehen. Dies meint den in der Gesellschafterversammlung anwesenden Gesellschafter. Die Transposition des Normgehalts auf (formlos) bindende Dritte, falls über deren Befreiung von einer Verbindlichkeit gegenüber der Gesellschaft abgestimmt werden sollte, ist zwar möglich, wirft aber - hier wie oben - Erkennbarkeits- und Wertungsfragen auf, wie sie in der gesetzlichen Regelung nicht angelegt sind - wie sie die Norm durch die Einheit von Berechtigtem und Verpflichteten (i.S.d. Simultaneität) m.E. auch gerade verhindern will. Es zeigt sich, und die Schwierigkeiten der Anwendung des § 47 IV auf Fälle der Beteiligung einer GbR an einer GmbH mögen hierfür als Indiz

398 Siehe hierzu BGHZ 51, 209, 217; BGH GmbHR 1952, 113.

399 Davon geht auch § 47 IV 1 aE aus, der Vertreter und Vertretenen vom Stimmrecht ausschließt; *Roth* § 47 Anm. 5.4.4.

400 Siehe Hachenburg/*Hüffer* § 47 Rn. 119ff, 130ff; diese Einschätzung wird auch bei *Behrens* FS GmbHG 1992, 539, 549f erkennbar.

401 Vgl. § 47 IV S. 2 Alt. 2; s.a. *Dölle* S. 91.

dienen[402], daß die Berücksichtigung von unmittelbaren Dritteinflüssen auf die Willensbildung der Gesellschafterversammlung dem Gesetz fremd ist. Die in § 47 IV enthaltene Wertung lautet schlicht, daß im Kollisionsfalle das über das bloße Teilhabeinteresse[403] hinausgehende Individualinteresse eines Gesellschafters hinter das Gesellschaftsinteresse zurücktritt. Eine derartige Interessenkollision besteht jedoch bei nicht der Gesellschaft mitgliedschaftlich Verpflichteten nicht.

Erneut kann an dieser Stelle auf die Behandlung von Treuhandverhältnissen zurückgegriffen werden. Außer Zweifel steht hierbei, daß die Stimmverbote des § 47 IV durch eine interessengerechte Auslegung auch gegen Umgehungsfälle geschützt werden müssen. Noch vorab gilt es jedoch die Frage zu beantworten, welche Einflußrechte Treuhandverhältnisse überhaupt vermitteln können. Dies meint, es sei nochmals betont, nicht die Hinnahme oder Billigung von Umgehungsfällen. Durch Ermittlung der von Normtext und -systematik erfaßten Konstellationen gilt es vielmehr festzustellen, welchen Konflikt die Gesetzgebung überhaupt als von ihr zu bewältigende Aufgabe betrachtete, und was - wie man formulieren könnte - noch nicht einmal als Problem angesehen wurde. Insofern erlaubt auch eine Sanktion (wie § 47 IV) den Schluß auf die Legitimation (§ 47 I), ermöglicht eine spezielle Verbotsnorm wie § 47 IV Erkenntnisse darüber, welchen Konflikte vom GmbH-Recht erfaßt und geregelt und welche als außerhalb der gesetzlichen Systematik stehend bewertet wurden, insofern jedoch als a priori unzulässig anzusehen sind und damit gerade nicht gebilligt werden[404]. Der konstruktive Aufwand, um solche, nicht in der gesetzlichen Konzeption vorgesehenen Konstellationen den gesetzlichen Wertungen zuzuführen und unter die entsprechenden Schutznormen subsumierbar zu machen, ist insofern Gradmesser der damit umschriebenen "Gesetzesferne"[405].

---

402 Vgl. hierzu *Dölle* S. 91ff und Hachenburg/*Hüffer* § 47 Rn. 131ff jew. m.w.N.

403 Vgl. Baumbach/Hueck/*Zöllner* § 47 Rn. 44; *Roth* § 47 Anm. 5.2.1.

404 Man kann diesbezüglich auf § 9a IV, der ebenso wie § 243 II AktG oder § 51a II lediglich eine Sanktion darstellt, als Parallelfall verweisen, darf hierbei jedoch nicht Sanktion mit Legitimation gleichsetzen: Niemand würde auf die Idee kommen, aus der Norm des § 9a IV abzuleiten, daß Treuhändern, Stroh- und anderen Hintermännern dieselben gesellschaftlichen Rechte wie Gesellschaftern zustehen müssen.

405 Vgl. auch bei *Overrath* S. 38ff.

Betrachtet man unter diesem Gesichtspunkt die erforderlichen Erwägungen, um Treuhandverhältnisse z.B. im Rahmen von § 47 IV oder dem Wertungsgefüge des GmbHG insgesamt anzupassen, so sind die Friktionen offensichtlich. Das Gesetz differenziert eindeutig zwischen Gesellschaftern und Dritten, es sieht "Zwischenformen" nicht vor[406]. Allgemeine Grundsätze lassen solche zwar in gewissem Umfange zu (z.B. §§ 705ff BGB Unterbeteiligung, § 1069 II BGB Nießbrauch[407], § 1274 II BGB Verpfändung, § 857 ZPO Pfändung)[408], können aber nicht jenseits der gesellschaftsrechtlich vorgegebenen Differenzierung Einflußrechte auf die innergesellschaftliche Willensbildung gewähren[409] [410]. Inwieweit auf solche allgemeinen Rechtsformen zurückgegriffen werden kann, muß vielmehr vorrangig aus der lex specialis, dem Gesellschaftsrecht als dem *Sonder*recht privatrechtlicher Personenverbände, ermittelt werden[411]. Akzeptiert man umgekehrt aufgrund der (rechtlichen und tatsächlichen) Verbreitung solcher Institute im Allgemeinen diese auch "ohne weiteres" im Gesellschaftsrecht,

---

406 Ähnlich *Wiedemann*, Übertragung, S. 283ff; derartige Zwischen- und Zwitterwesen im Verhältnis zur Gesellschaft zu eliminieren dienen u.a. § 16 I (vgl. bei C.I.2.g, S. 145ff) und die §§ 17f; zu § 9a IV als Argument für die Zulässigkeit von Treuhandverhältnissen siehe die vorvorherige Fußnote. Zum Ganzen vgl. auch im Teil B unter V.1, S. 56f und *Teichmann* ZGR 1972, 1, 3, 11f.

407 Da das Gesetz jedoch keine spezielle Regelung enthält, besteht auch hier das Problem, die Normen des BGB mit den Strukturen des - vorrangigen - Gesellschaftsrechts in Einklang zu bringen; vgl. *Teichmann* ZGR 1972, 1, 3.

408 *Roth/Thöni* FS GmbHG 1992, 245f; *Fleck* FS Fischer 1979, 107, 120.

409 Vgl. *Roth* § 15 Anm. 4.2, 4.3.; str., s. § 129 III AktG einerseits, § 707 S. 1 BGB andererseits. Struktur (vgl. z.B. §§ 45, 37 I, 38 I, 22ff), Erscheinungsbild der GmbH (vgl. A.II.3, S. 6f) und die nur bedingte Verkehrsfähigkeit der Geschäftsanteile (§§ 15f), sprechen - bzgl. der GmbH-Interna - eher für eine Nähe zur Personengesellschaft; so auch BGHZ 65, 15, 19 (ITT) und die Amtl. Begründung zum GmbHG von 1891, S. 33ff.

410 Nach h.A. bleiben alle Verwaltungsrechte untrennbar mit der Mitgliedschaft verbunden; *Roth* § 15 Anm. 4.2.; a.A. etwa *Sudhoff* NJW 1974, 2205, 2207f. Zur gesellschaftsrechtlichen Problematik vgl. OLG Koblenz EWiR § 1068 BGB 1/92, 259f m. Anm. *Petzoldt*; zurückhaltend auch BGH LM HGB § 109 Nr. 10 u. 12. Teilweise Abweichendes gilt für gesetzliche Vertreter (z.B. Eltern, Vormund, Pfleger) oder Inhaber eines eigenen Amtes (Konkursverwalter, Testamentsvollstrecker), die jedoch keine eigennützigen Positionen wahrnehmen und jeweils bereits aus eigenem Recht einer besonderen Pflichtenbindung unterliegen; vgl. hierzu *Fleck* FS Fischer 1979, 107, 114; *Wiedemann*, Übertragung, S. 316ff; *Reuter* ZGR 1978, 633, 641; BGH NJW 1989, 3152, 3155 (zur KG).

411 Diese Hierarchie liegt auch dem Titel dieser Arbeit zugrunde; a.A. *Beuthien* ZGR 1974, 26, 41. Zu den unterschiedlichen Funktionen von Schuld- und Gesellschaftsrecht s.a. *Würdinger* S. 22f.

wie es bei der Zulassung (der Durchsetzung) von Treuhandverhältnissen geschah und geschieht[412] und stellt die spezialgesetzliche Regelung dahinter zurück, bedarf es anschließend ebenso komplexer wie - im Ergebnis - vager Konstruktionen, um Sinn und Zweck des Gesetzes, das auf der einfachen Differenzierung zwischen Mitgliedschafts- und anderen (beispielsweise reinen Ertrags-) Interessen basiert, noch einigermaßen zur Geltung zu verhelfen[413] [414].

Insofern kann man sowohl der über die Vollstreckbarkeit von Stimmbindungen befindenden Grundlagenentscheidung BGHZ 48, 163 als auch dem BGH im Kerbnägelfall mit ihrer Argumentation des "warum nicht?" bereits einen aus methodischen Gründen bedenklichen Ansatz attestieren. Ausgehend vom Gesellschaftsrecht als der spezielleren Materie besteht eine "Argumentationslast" für die *Zulassung* allgemeiner Prinzipien, so daß der Gang der Urteilsfindung eigentlich von einem "warum..?" geleitet werden müßte. Dies hat genaugenommen mit den jeweils in den Entscheidungen gefundenen Ergebnissen nichts zu tun, sondern lediglich mit dem Weg dorthin. Gleichwohl erklärt dieser jene[415].

k.) Die Stimmrechtsvollmacht, § 47 III

Die Regelung des § 47 III stellt unter Anlehnung an die entsprechende aktienrechtliche Regelung (§ 190 II HGB1884) klar, daß das Stimmrecht von seinem Inhaber nicht höchstpersönlich ausgeübt werden muß. Es steht dies der An-

---

412 Vgl. BGHZ 48, 163.

413 Zum Meinungsspektrum im Streit um die Anwendbarkeit des § 47 IV vgl. Hachenburg/-*Hüffer* § 53 Rn. 127f; Rowedder/*Koppensteiner* § 47 Rn. 50; Baumbach/Hueck/Zöllner § 47 Rn. 63ff; Scholz/*K. Schmidt* § 47 Rn. 158. Zu einer ganzen Palette von Streitfragen über Treuhandverhältnisse als Zurechnungskriterium gesellschaftsrechtlicher Normen sei weiterführend verwiesen auf die Bespr. des Urteils BGH NJW 1992, 2023 ("verschachtelte" Treuhand: A hält seinen Anteil treuhänderisch für B, ist dabei jedoch weisungsabhängig gegenüber C) von *Ulmer* in ZHR 156, 377, siehe insbes. S. 387ff.

414 So auch *Beuthien* ZGR 1974, 26, 45, 50ff, 78; s. hierzu bereits in Teil B unter III.2.a, S. 38ff; V.3.bb, S. 65ff und bd, S. 69ff.

415 Auch die unter C.II.2.d, S. 180ff formulierte Kritik an der nach "Kerbnägel" ergangenen Folgeentscheidung BGH NJW 1987, 1890 fügt sich hierin.

erkennung des hier vertretenen Ansatzes in keiner Weise entgegen, verpflichtet dieser doch nur dazu, auf den jeweils aktuellen Willen des Gesellschafters abzustellen, ohne diesem dadurch die Möglichkeiten der Stellvertretung nehmen zu wollen[416]. Unzulässig wäre danach jedoch - wie auch in Rechtsprechung und Literatur auf der Grundlage des Abspaltungsverbots überwiegend anerkannt[417] - eine unwiderrufliche Vollmacht, insofern diese die (aktuelle) persönliche Ausübung des Stimmrechts durch den Berechtigten ausschließen würde. Aus Sicht der Simultaneitätsthese gilt, daß eine Vollmacht zwar jederzeit erteilt, ebenso aber auch jederzeit widerrufen werden kann. Der Bevollmächtigte muß daher immer damit rechnen, daß der Gesellschafter trotz der Bevollmächtigung selbst an der Abstimmung teilnimmt. Die vereinbarte Unwiderruflichkeit kann dabei Auswirkungen schuldrechtlicher Art (z.B. Schadensersatz) auf das Innenverhältnis zwischen Bevollmächtigtem und Gesellschafter haben, zu keiner Zeit jedoch letzteren an der persönlichen Ausübung des Stimmrechts hindern[418].

Es wäre damit auch eine Rechtssicherheit und Rechtsklarheit gewährleistende Antwort auf die Probleme gegeben, welche man bislang mit dem - kaum mehr konturierten - Begriff des Abspaltungsverbots abzudecken versucht[419]. Die von diesem Institut vorausgesetzten Grenzen zwischen Stimmrechtsübertragung und Stimmrechtsausübungsübertragung sind fließend, d.h. letztlich nicht (willkürfrei) justitiabel[420]. Ob nun für den Nießbrauch, die (unwiderrufliche) Stimmrechtsvollmacht, die Legitimationszession, Treuhandfälle etc., eine überzeugende Systematisierung ist bisher nicht erfolgt[421]. Sie kann angesichts der Unklarheiten über die Grenzen des gesellschaftsrechtlichen Abspaltungsverbots einerseits und des Gestaltungsspielraums individueller Vertragsfreiheit andererseits

416 Es werden jedoch, wie in § 16, formale Barrieren zum Schutz der gesellschafterlichen Willensbildung errichtet.

417 *Roth* § 47 Anm. 4.2.2; BGHZ 3, 354, 357; 20, 363, 364ff; 43, 261, 267; BGH WM 1968, 96; BGH BB 1977, 10, 12; dazu *Reuter* ZGR 1978, 633, 641.

418 Eingehend zum Stimmrecht *Beuthien* ZGR 1974, 26, 52ff, 82f. Zu den - unklaren - Folgen solcher unwiderruflicher Vollmachten nach Literatur und Respr. siehe die Fundstellen der vorherigen Fußnote.

419 Vgl. *Fleck* FS Fischer 1979, S. 107ff.

420 Vgl. die Bespr. v. *Reuter* ZGR 1978, 633 zum Urteil des BGH BB 1977, 10ff = GmbHR 1977, 244ff = WM 1976, 1247ff = DB 1976, 2295ff; dagegen BGHZ 3, 354, 357.

421 So urteilt u.a. *Behrens* in FS GmbHG 1992, 539, 546f.

auch nicht gelingen. Das Simultaneitätsprinzip scheint hier ein brauchbarer, d.h. der gesetzlichen Wertung entsprechender, einfacher und praktikabler Ansatz.

l.) Das Informationsrecht des Gesellschafters, § 51a

Die durch die GmbH-Novelle 1980 in das Gesetz eingefügte Bestimmung des § 51a läßt sich als Bestätigung der bisherigen Überlegungen anführen. Sie normiert ein nahezu uneingeschränktes Recht auf Information, stellt dem Gesellschafter einen unabdingbaren (§ 51a III), individuellen Auskunfts- und Einsichtsanspruch zur Seite. Dem Gesellschafter - und nur ihm[422], aber auch jedem in gleichem Maße - wird dadurch die Möglichkeit eingeräumt, sich über die Verhältnisse der GmbH umfassend zu informieren.

Der Anspruch ist insbesondere im Zusammenhang mit den Rechten des Gesellschafters in der Gesellschafterversammlung zu sehen, ohne jedoch in seiner Verwirklichung - wie beim Aktionär gem. § 131 I 1 AktG - auf diese selbst beschränkt zu sein. Die Nähe zur Versammlung ist hierbei schon im ursprünglichen Wortsinne gegeben: § 51a folgt im GmbHG auf die Regeln über Aufgaben (§§ 45-48) und Einberufung (§§ 49-51) der Gesellschafterversammlung. Noch deutlicher wird der Zusammenhang angesichts des Wortlauts der Norm, der zum Gegenstand des Auskunftsanspruches die "Angelegenheiten der Gesellschaft" erhebt und damit - in einer Weite, die heftigster Kritik Anlaß bot[423] - unmittelbar an § 45 I und § 47 I anknüpft, die zwischen § 51a und der Willensbildung in der Gesellschaft bestehende Verbindung jedoch unübersehbar macht.

---

422 Was nicht ausschließt, daß er sich bei der Rechtsausübung - ebenso wie beim Stimmrecht, § 47 III - Bevollmächtigter und Dritter bedient; vgl. *Roth* § 51a Anm. 2.3.2.

423 *Mertens* FS Werner 1984, 557; *Lutter* ZGR 1982, 1, 9; Hachenburg/*Hüffer* § 51a Rn. 4; *Lutter/Hommelhoff* § 51a Rn. 25; *K. Schmidt* FS GmbHG 1992, 559ff; dort auch *Zöllner* S. 85, 93: mit dem Gedanken der Simultaneität wäre ein Sachgrund für die Weite des § 51a gegeben.

Als Individualrecht jedes Gesellschafters dient der Informationsanspruch einer sachgerechten Entscheidung und Beteiligung an der organschaftlichen Willensbildung. Seinen Einfluß in der Gesellschafterversammlung, sei es mittelbar im Wege von der Abstimmung vorgehenden Debatten oder unmittelbar durch das Stimmrecht selbst, kann der Gesellschafter so auf der Grundlage optimaler Kenntnis der Sachlage ausüben. Dies erhöht die "Richtigkeitsgewähr" der in der Versammlung gebrachten Beiträge und Voten und so zugleich des insgesamt gefundenen Abstimmungsergebnisses. Die damit einhergehende Festigung bewirkt, daß der Beschluß - wie er "steht und liegt" - erhöhte Bestandskraft erhält[424] [425]. Dies sorgt für Rechtssicherheit, kann zugleich aber auch als Bestätigung des Simultangedankens gewertet werden. Nachträgliche Änderungen eines Beschlusses setzen grundsätzlich eine erneute Abstimmung voraus, für die dann wiederum dieselben Bedingungen nach den §§ 47ff gelten.

Die Möglichkeit einer "Dissimultierung" von der Gesellschafterversammlung bleibt so auf wenige Ausnahmefälle beschränkt. Dies betrifft die grundlegenden Verstöße analog §§ 241ff AktG, wobei abhängig von der Schwere des Verstosses auch der Grad der Separierung ist: einfach rechtswidrige Beschlüsse, § 243 I AktG, führen zu rückwirkender Aufhebung, schwere Verstöße, § 241 AktG, zu anfänglicher Unwirksamkeit: erst auf dieser zuletzt genannten Stufe ist genaugenommen vom Gesetz ein unmittelbares Hineinwirken in die Gesellschafterversammlung vorgesehen. Ansonsten gilt der Obersatz, wie unter C.II.1 (S. 156ff) dargestellt: der Beschluß ist, wie in der Gesellschafterversammlung gefaßt, wirksam.

Der Bedeutung des gesellschafterlichen Informationsrechts entspricht es weiterhin, daß sowohl bei der Rechtseinräumung als auch bei der Beschränkungen der Informationsansprüche ausschließlich auf das Verhältnis von Gesellschafter und Gesellschaft abgestellt wird (§§ 51a Abs. 1-3, 51b)[426], gerade die Ver-

---

424 Diesem Zwecke unterordnen sich auch die Stimmverbote des § 47 IV; vgl. Scholz/-*K.Schmidt* § 47 Rn. 110ff; Hachenburg/*Hüffer* § 47 Rn. 150f; *Zöllner*, Schranken, S. 97f, 225ff, 318ff.

425 Dies korrespondiert mit den eingeschränkten Anfechtungsgründen nach § 243 I AktG analog (vgl. C.I.2.i, S. 148ff).

426 Vgl. hierzu die Ausführungen soeben zu § 47 IV, C.II.2.i, S. 195ff.

folgung außerhalb der Gesellschaft liegender Interessen als einzige Rechtfertigung für die Begrenzung des Auskunfts- und Einsichtsrechts im Gesetz genannt ist. Der damit dem Informationsempfänger in § 51a auferlegten Beschränkung wird eine Verschwiegenheitspflicht des Gesellschafters als Kehrseite seines Informationsanspruchs entnommen[427]. Die mitgeteilten Tatsachen dürfen nur für gesellschaftliche Zwecke, zur gesellschaftsinternen Willensbildung oder Ausübung individueller Gesellschafterrechte, nicht jedoch an Dritte weitergegeben werden.

In der durch das Informationsrecht bewirkten rein gesellschaftsinternen Publizität zeigt sich noch eine weitere Parallele zum Simultaneitätsprinzip. Die Informationen verschaffen, entsprechend der bekannten Gleichstellung von "Wissen" und "Macht", den Gesellschaftern - und, das sei wiederholt, nur ihnen - überhaupt erst die Grundlage, als oberstes Willensbildungsorgan fungieren können. Durch die bloße Kontrollmöglichkeit wird hierbei Machtmißbrauch und möglichen Treupflicht- oder sonstigen Rechtsverletzungen "abschreckend" vorgebeugt[428]. Dies entspricht der Intention des Simultaneitätsgedankens als Wahrung des mitgliedschaftsrechtlichen Zusammenhanges, der Einheit von Herrschaft und Verantwortung[429]. Das der umfassenden Herrschaft der Gesellschafter (§§ 45f, 53, 37 I, 38) angepaßte Informationsrecht stellt insofern ein wesentliches Bindeglied dar[430]. Zusammen mit den Bestimmungen über die Einberufung und Abhaltung der Gesellschafterversammlung begründet es ein unabdingbares mitgliedschaftliches Recht auf Kommunikation[431].

---

427 Näher *Roth* § 51a Anm. 3.1.2.

428 *Roth* § 51a Anm. 2.1.

429 Vgl. dazu unter C.II.2.h, S. 192ff.

430 Dessen Absicherung wiederum durch das Erfordernis einer Gesellschafterversammlung und Beschlußfassung gemäß § 51a II 2 erfolgt.

431 Näher hierzu bereits bei C.II.2.c, S. 171ff und C.II.2.f, S. 186ff. Auch hier kann auf den Anteilsinhaber verwiesen werde, der zwar vom Stimmrecht ausgeschlossen sein kann, jedoch nicht gegen seinen Willen von der Gesellschafterdebatte, § 48 II; vgl. C.II.2.b, S. 169f.

m.) Die Konsequenzen für Gesellschafterversammlung und Stimmrechtsausübung

Wie bereits unter C.II.2.b, S. 167ff dargelegt, zählt es nicht zum programmatischen Gehalt der hier vertretenen These, daß gleichsam ständig jeder Gesellschafter mit allem einverstanden sein müßte[432]. Der körperschaftlichen Verfassung der GmbH, ihrer rechtliche Eigenständigkeit, ist es vielmehr immanent, daß gerade nicht jeweils alle (stimmberechtigten) Gesellschafter einmütig die Träger des "Gesellschaftswillens" sind. Es herrscht nicht Identität zwischen Gesellschaftern und Gesellschaft - wie bei der Gesamthand - sondern das Trennungsprinzip, welches ermöglicht, daß auch andere, geringere Quoren zur Willensbildung genügen.

Die Bestimmung des "Gesellschaftswillens" über die Mehrheit in der Gesellschafterversammlung führt zu einer Unterwerfung eines Teils der Gesellschafter unter den Willen des anderen, dominierenden Teils. Diese Unterwerfung hinsichtlich des Abstimmungsergebnisses erfordert, betrachtet man die Gesellschafterversammlung als das organisierte und institutionalisierte Verfahren der Willensbildung, daß den (jedenfalls anfangs) mit ihrer Auffassung Unterlegenen die Möglichkeit nicht genommen werden darf, die Mehrheit zu beeinflussen und umzustimmen. Als Kehrseite hiervon muß die "Einsichtsfähigkeit" eines für die anfängliche Mehrheit eingenommenen Gesellschafters erhalten bleiben. Nur wenn die Gesellschafterversammlung dies leisten kann, ist die Bindung der Unterlegenen an das von der Mehrheit gefundene Ergebnis gerechtfertigt. Auch das oben angesprochene Recht auf Kommunikation ebenso wie die Bestimmung des § 51a I fügt sich hierin. Die danach praktisch jederzeit zur Verfügung stehenden, d.h. aktuellen Informationen über sämtliche Angelegenheiten der Gesellschaft wären deutlich entwertet, könnten sie, etwa weil ein "steinerner Gast" am Tische sitzt, nicht ebenso aktuell (simultan) zur Willensbildung in der Gesellschafterversammlung beitragen.

---

432 Konsensprinzip, vgl. A.II.6.c et seq., S. 16ff.

Die Wahrung des bereits behandelten Zusammenhangs zwischen Herrschaft und Verantwortung bedeutet dabei nicht erst den Ausschluß treupflichtwidriger Stimmen, wie dies von der h.M. befürwortet wird. Bereits vor dieser letzten Schranke folgt nach der hier vertretenen These aus der Gesellschaftsbezogenheit des Stimmrechts, daß den Gesellschaftern die Entscheidungsfreiheit in der Gesellschafterversammlung überhaupt gewahrt werden muß. Es bleibt ihnen damit - befähigt durch die nach § 51a zur Verfügung stehende, umfassende Information - die *Möglichkeit* einer akkuraten (und nicht nur nicht-rechtswidrigen) Orientierung am Gesellschaftsinteresse erhalten. Genau diesem Zweck dienen, wie der Umkehrschluß aus § 51a II 1 HS 1 ergibt, die Informationsansprüche nach § 51a I; nur so hat § 51a in seiner Weite und die Gesellschafterversammlung mit ihren Formalien und Funktionen Sinn und Wert.

Das Stimmrecht stellt dabei als Individualrecht - ebenso wie das Informationsrecht nach § 51a - eine Möglichkeit für den Gesellschafter dar, auch die Verfolgung von Eigen- oder sonstiger Interessen zu betreiben. Dies ist, solange nicht gegen Gesetz und Satzung verstoßen wird, legitim und unbedenklich. Hinsichtlich des Informationsrechts werden die Grenzen für den Gesellschafter durch § 51a II festgelegt. Die Information schafft den Entscheidungsspielraum, die Entscheidung muß jedoch der Gesellschafter mit der Stimmabgabe selbst treffen. Wie er dabei mit seiner hier postulierten Entscheidungsfreiheit konkret umgeht, ob er sich den Argumenten von Mitgesellschaftern zugänglich zeigt, sich von Dritt- oder sonstigen Interessen leiten läßt, ist grundsätzlich allein seine Sache. Über die Angelegenheiten der Gesellschaft bestimmt letztlich nicht irgendeine "Vernunft"[433], sondern die Mehrheit der abgegebenen Stimmen. Diese bilden kraft organschaftlicher Zurechnung den "Willen" der GmbH.

433 Auch nicht die Vernunft eines Richters; vgl. RGZ 68, 235, 245f (Hibernia); zutreffend *Windbichler* ZHR 140, 168, 170 entgegen *Overrath*.

n.) § 839 BGB als weiteres Beispiel eines Zurechnungsverbots gegenüber dem Innenbereich einer Körperschaft

Zurechnungsfragen angesichts der Existenz juristischer, per se willenloser Rechtssubjekte sind auch in anderen Rechtsbereichen ein bekanntes Phänomen. Für das Verhältnis von Körperschaft, Angehörigen und außenstehenden Dritten weist die Bestimmung zur Amtshaftung einige markante Querverbindungen auf, die im folgenden erörtert werden. Der Rückgriff auf das öffentliche Haftungsrecht mag dabei aus heutiger Sicht überraschen. Gerade die Regelung der Amtshaftung im BGB zeigt jedoch, daß nicht immer (bzw. noch immer nicht) trennscharf zwischen öffentlich-rechtlichem und privatrechtlichem Handeln unterschieden wird[434], anders gewendet: übergreifende Gemeinsamkeiten bestehen. Diese betont beispielsweise auch *Gierke*, indem er den Staat lediglich als eine - wenn auch die höchste - reale Verbandspersönlichkeit begreift und - neben anderem - ein Kapitel seines deutschen Genossenschaftsrechts den "genossenschaftlichen Elemente(n) des Staats" widmet[435].

Die Parallelen: Behandelt wird in der mit BGHZ 48, 163 eingeleiteten und den Urteilen in NJW 1983, 1910[436] und NJW 87, 1890[437] fortgeführten Rechtsprechung - ebenso wie in § 839 BGB - ein Verstoß gegen rechtliche Pflichten, gegenüber Außenstehenden begangen von Angehörigen einer Körperschaft. Dadurch kommt aus der Sicht des Betroffenen, d.h. des durch relative (Vertrag) oder absolute (z.B. Eigentum, Ehre[438]) Rechte Geschützten, zu einer Rechtsverletzung, es tritt ein Schaden ein. In BGHZ 34, 99, einer grundlegenden Entscheidung zu § 839 BGB, besteht dieser in einer Ehrbeeinträchtigung, im Falle des zweiten Zivilsenats des BGH in NJW 1987, 1890, liegt er im Verlust der

434 Zur historischen Entwicklung s. *Ossenbühl* S. 7f. Die aus heutige Sicht atavistische Erscheinung des § 839 BGB hat Folgen auch in anderen Rechtsbereichen, vgl. Art. 14 III 3 GG, § 40 II VwGO.

435 Band 1, S. 801ff.

436 Kerbnägelfall, s. A.III, S. 23ff.

437 Folgeentscheidung zum Kerbnägelfall, ausführlich dazu unter C.II.2.d, S. 180ff.

438 Wie im Falle des Großen Senats für Zivilsachen BGHZ 34, 99, wo ein Beamter ehrenrührige Behauptungen in Bezug auf einen Transportunternehmer verbreitet hatte; näher sogleich.

Geschäftsführerposition. Anspruchsgrundlagen sind nach Eintritt solcher Rechtsverletzungen - unabhängig von der Art des Schadens - die §§ 249ff BGB[439]. Danach kann der Geschädigte prinzipiell Naturalrestitution fordern, was ihm der Bundesgerichtshof in der Entscheidung NJW 1987, 1890 mit der Aufhebung des nebenvertragswidrigen Geschäftsführer-Abberufungsbeschlusses der Sache nach auch zugesprochen hat. Für § 839 BGB hingegen ist spätestens seit der Entscheidung des Großen Senats in BGHZ 34, 99[440] anerkannt, daß bei den durch Angehörige öffentlich-rechtlicher Körperschaften verursachten Verletzungen von Rechten Dritter, diesen kein Anspruch auf Schadensersatz in Form von Naturalrestitution entsteht. Die Geschädigten können sich in die Tätigkeit der Körperschaft nicht direkt einmischen und gegen diese vorgehen, haben gegen diese selbst keinen Anspruch[441]. Ausgehend von der persönlichen Haftbarkeit des Schädigers wird der Anspruch des Geschädigten vielmehr auf dasjenige beschränkt, was jener unabhängig von seiner Körperschaftszugehörigkeit zu leisten imstande ist[442]. Der Geschädigte erhält damit lediglich Schadenersatz in Geld[443].

Unverkennbar nimmt der als Leitentscheidung zum Staatshaftungsrecht anerkannte Beschluß des Großen Senats aus dem Jahre 1960 in seiner Argumentation Bezug auf öffentlich-rechtliche Besonderheiten des § 839 BGB. Andererseits sind die erwähnten Parallelen auffällig. Deren Kern liegt im körperschaftlichen Trennungsprinzip, der Sonderung der Körperschaft von den ihr zugehörigen Personen. Naheliegend auch, daß gegen die Argumentation des Großen Senats dieselben Bedenken wie vor BGHZ 48, 163 geäußert wurden, wonach bloßer Geldersatz gegenüber echter Wiedergutmachung eine unvertretbare Rechtsverkürzung darstellen würde[444]. Die Möglichkeit, ausschließlich Gelder-

---

439 Die vom BGH in den genannten Fällen freilich unerwähnt blieben; vgl. aber *Vomhof* GmbHR 1984, 181, 182. Zu Bedenken angesichts der Zurückhaltung des BGH bei der Angabe von Anspruchsgrundlagen s. a. *Ulmer* NJW 1987, 1849f, 1855.

440 Weitere Rechtsprechungsnachweise vgl. S. 104 aaO.

441 Ein solcher kann sich aus anderen Zurechnungsnormen, etwa Art. 34 GG, § 35 VwVfG (Verwaltungsakt) oder den §§ 54ff VwVfG (öffentlich-rechtlicher Vertrag), ergeben.

442 BGHZ 34, 99, 105ff.

443 Zur actio negatoria gegenüber der Behörde wegen Verletzung eines absoluten Rechts vgl. BGHZ 34, 99, 106ff.

444 Vgl. BGHZ 34, 99, 100 und BGHZ 48, 163, 170f.

satz zuzusprechen, ist jedoch sowohl in den §§ 249ff BGB selbst angelegt als auch in anderen Fällen aus Gründen der jeweils haftungsbegründenden Norm bzw. der Natur der Sache - z.B. in §§ 325, 326, 634, 1297[445] BGB, § 3 Nr. 1 S. 2 PflVG oder eben § 839 BGB - anerkannt[446]. Sie entspricht dem Umstand, daß ein Schuld- oder Nebenvertrag lediglich eine "Binnenregelung" unter den daran Beteiligten Vertragsparteien darstellt. Eine Zurechnung bzw. der Durchgriff gegenüber der rechtlich selbständigen Körperschaft würde insofern gegen das in § 13 verankerte Trennungsprinzip verstoßen[447].

Die gerade auf dem Trennungsgrundsatz aufbauende[448] Simultanthese geht demgegenüber davon aus, daß die Willensbildung in der Gesellschafterversammlung der GmbH eine sowohl insgesamt als auch en detail unveräußerliche Handlung darstellt[449]. Sie wirkt, analog den genannten Beispielsfällen, als ein aus der Natur der Sache - d.h. gesetzessystematischen Gründen - für schuldvertragliche Stimmbindungen geltendes Vollstreckungshindernis. Dem "Geschädigten" erwächst damit keine Möglichkeit der Einflußnahme auf den Bereich der Willensbildung der Körperschaft. Deren juristische Eigenständigkeit hat zur Folge, daß der "Schädigende" in der körperschaftlichen Sphäre insofern auch persönlich freigestellt wird[450]. Dem Geschädigten steht daher nur das zu, was

---

445 Die Sanktion der "Entschädigung in Geld" ergibt sich hierbei aus § 1300 BGB.

446 Vgl. Palandt/*Heinrichs* BGB § 249 Rn. 1f, § 251. Weitere Fälle sind etwa der Verstoß gegen § 137 BGB (die Verpflichtung ein Grundstück nicht zu veräußern, ist formlos möglich, bringt aber im Falle des Verstoßes nicht Schadensersatz im Sinne einer Naturalrestitution, d.h. das Grundstück, sondern lediglich Geldersatz). Gleiches gilt etwa beim Anspruch aus cic wegen grundlosem Abbrechen von Vertragsverhandlungen (aaO § 276 Rn. 72ff) oder bei Ansprüchen, die in Rechte Dritter eingreifen (aaO § 251 Rn. 3). Man kann analog dazu formulieren, daß die besondere Rechtsform der Gesellschafterversammlung (=formpflichtiges Rechtsgeschäft) es ausschließt, außenstehenden Dritten, die darin keine Rechte besitzen, diesbezüglich Erfüllungsansprüche einzuräumen; es bleibt ihnen lediglich Schadensersatz in Geld und damit keine Möglichkeit, unmittelbar in das Recht eines Dritten (der GmbH) einzugreifen.

447 In "krassen" Fällen, naheliegend etwa im Falle des Einmann-Gesellschafter-Geschäftsführers, wäre auch hier ggf. Hilfe durch Rückgriff auf § 826 BGB möglich.

448 Vgl. hierzu bei C.II.2.d und e, S. 177ff.

449 Vgl. C.II.2.k, S. 200. Dies entspricht zugleich der Kernaussage des sog. Abspaltungsverbots; näher hierzu in B.V.2.c, S. 61ff.

450 Danach gilt: Was in der Satzung steht, bestimmt die Geschicke der Gesellschaft, was nicht, höchstens die der Gesellschafter. Die Gesellschaft selbst kann es jedoch nicht (in durchsetzbarer Weise) beeinflussen.

der Schädiger als vertretbare Leistung zu erbringen vermag. Daß dadurch prinzipiell lediglich ein Geldanspruch entstehen kann, entnimmt die ü.M. auch bei sonstigen unvertretbaren Leistungen unmittelbar der Bestimmung des § 251 I BGB[451].

Die Lösung der in Teil B der Arbeit aufgeworfenen Frage lautet somit, daß ein nebenvertraglicher Anspruch auf Stimmabgabe in der Gesellschafterversammlung nicht zwangsweise durchsetzbar ist. Die Stimmbindung stellt dabei jedoch nicht lediglich eine sog. unvollkommene Verbindlichkeit (Naturalobligation oder Rechtsgrundabrede[452]) dar. Sie ist nicht nur Grundlage einer freiwilligen Leistung des Schuldners, die, wird sie erbracht, gleichwohl zur Vertragserfüllung führt. Gemeinsam ist Naturalobligation und Vollstreckungshindernis, daß eine zwangsweise Durchsetzung gegen den Willen des Schuldners nicht stattfindet. Die Naturalobligation hindert dabei jedoch bereits die prozessuale Durchsetzung. Ausgehend vom Simultaneitätsprinzip geht es jedoch weder - wie etwa bei der Verjährung - darum, daß der Schuldner im Prozeß dies einredehalber geltend macht, noch kommt es überhaupt auf die prozessuale Situation an, weshalb einer Leistungsklage aus der Stimmbindungsabrede grundsätzlich nichts entgegenstünde. Erst und nur *im Zeitpunkt der Vollstreckung*, d.h. dem Moment der eigentlichen Stimmabgabe wirkt sich der Simultaneitätsgedanke aus. Einem Leistungstitel würde somit alleine die vollstreckungsrechtliche Durchsetzbarkeit fehlen. Eine weitergehende Einschränkung privatautonomer Rechtsgestaltungsmöglichkeiten erfordert - d.h. mit Blick auf Art. 2 I GG: rechtfertigt - die hier entwickelte These an sich nicht. Wäre danach gegen eine Leistungsklage grundsätzlich nichts einzuwenden, so ist doch andererseits, sieht man einmal von den Fällen des § 888 II ZPO[453] ab, am Bestehen eines Rechtsschutzbedürfnisses für diese Klageform zu zweifeln. Um hoheitlichen Zwang möglichst aus der Gesellschafterversammlung fernzuhalten und zu verhindern, daß sich der Gesellschafter letztlich doch nur dem Urteil fügt, was gerade dem Simultange-

---

451 Palandt/*Heinrichs* BGB § 251 Rn. 1ff.

452 Wie z.B. verjährten Forderungen oder Ansprüche aus §§ 656, 762, 764, 1001, 1297 BGB und § 375 HGB. Zu Naturalobligationen und Formvorschriften vgl. auch *Häsemeyer* S. 96ff.

453 Siehe dazu bei B.VII.2, S. 83f.

danken zuwiderliefe - aber bei nicht auf Zahlung gerichteten Klagen[454] (schon angesichts der drastischen Zwangsmittel des § 888 ZPO nicht verwunderlich) die deutliche Mehrheit darstellt[455] - ist daher die Leistungsklage insgesamt abzulehnen[456]. Der Autorität des Gerichts angemessen und zugleich den Betroffenen frühzeitige Rechts-klarheit gewährleistend, erscheint die Feststellungsklage als hinreichende aber auch genügende Rechtsschutzform[457]. Die Parteien können damit klären, ob sie Gläubiger und Schuldner eines Nebenvertrages sind, ihnen also ggf. Schadenersatzforderungen bei Verstößen drohen können oder nicht, daneben, ob die Gegenpartei überhaupt Anspruch auf die Mitteilung des Abstimmungsergebnisses hat usw. Alleine für die zuletzt genannten Forderungen bleibt, nach in der Gesellschafterversammlung vollzogener Abstimmung, die Leistungsklage. Eine Klage auf die künftige Abgabe einer Willenserklärung wäre jedoch regelmäßig gemäß § 259 ZPO unzulässig. Der Schuldner entzieht sich dieser "Leistung" durch abredewidrige Stimmabgabe nicht. Der Geldanspruch des Gläubigers kann vielmehr erst nach der Abstimmung entstehen.

3. Fazit: Das Problem der Rechtsprechung

In Zusammenhang mit dem von mehreren Seiten kritisierten Unterlassen des BGH, präzise Anspruchsgrundlagen für seine Entscheidung anzugeben[458], ist

---

454 Da bei diesen die Titelvollstreckung oft wegen Liquiditätsproblemen erforderlich ist.

455 Dazu bereits *Isay* LZ 1928, 1295, 1299; ähnl. wie hier *Teichmann*, Gestaltungsfreiheit, S. 230f; dort auch zu den Unterschieden zur Konventionalstrafe.

456 Für ein solches Entweder/Oder auch *Overrath* S. 122.

457 A.A. *Peters* AcP 156, 311, 326, 334ff, dessen - prozessual begründetes - Abstellen auf die Entscheidungsfreiheit der Gesellschafter bei der Ablehnung einer Vollstreckung nach § 894 ZPO bei gleichzeitiger Zulassung eines Vorgehens nach den §§ 887, 888, 890 ZPO jedoch wertungswidersprüchlich ist, von diesem selbst in seiner Anm. zu BGHZ 48, 163 in JZ 1968, 27, 28 auch wieder aufgegeben wurde. Seine Abhandlung in AcP 156, 311 - die erste das Thema umfassend behandelnde - krankt jedoch bereits an dem Konstruktions- oder Aufbaufehler, die Vollstreckbarkeit der Stimmbindung vor ihrer gesellschaftsrechtlichen Zulässigkeit zu prüfen (vgl. aaO S. 313, 334ff; dazu C.II.2.i, S. 198f).

458 *Ulmer* NJW 1987, 1849, 1850; *Werner* WuB II C. § 46 1.87, S. 582.

auch das Nichteingehen auf §§ 249ff BGB[459] oder andere schuldrechtliche Anspruchsgrundlagen zu sehen. Diese Normen zu berücksichtigen, hieße den gegen das Trennungsprinzip verstoßenden Sprung vom Obligationenrecht zum Gesellschaftsrecht transparent zu machen[460]. Ein Nebenvertrag stellt definitionsgemäß keine gesellschaftsrechtliche, sondern lediglich eine schuldrechtliche Anspruchsgrundlage dar. Gleichwohl soll er nach der neuen Rechtsprechung des BGH originär gesellschaftsrechtliche Wirkungen, nämlich eine Beschlußanfechtung analog §§ 241ff AktG begründen können. Vernachlässigt bzw. ignoriert man diesen Systemwechsel und läßt eine unmittelbare Durchdringung des Gesellschaftsrechts mit schuldrechtlichen Mitteln ohne weiteres zu, so gefährdet dies die im GmbH-Recht getroffenen, spezifisch gesellschaftsrechtlichen Interessenbewertungen, setzt die dort in sich abgewogenen Schutzmechanismen außer kraft. Insbesondere die Entscheidung BGH NJW 1987, 1890 mit ihrer - nach der hier vertretenen Ansicht - doppelten Mißachtung gesellschaftsrechtlicher Schutzprinzipien[461] kann als Beispiel für diese Gefährdung angeführt werden.

Daß mit dem Außerachtlassen der Unterscheidung zwischen GmbH- und Schuldrecht auch die weiteren im GmbHG angelegten Schutzprinzipien nicht greifen[462], gilt jedenfalls dann, wenn man es nach erfolgtem Systemwechsel ("Durchgriff") für die entsprechenden Schutznormen bei einer bloß wörtlichen und nicht systematisch-interessenorientierten Auslegung beläßt[463]. Nach erstmaligem Überspringen der Systemgrenzen, der Betrachtung eines gesellschafts-

---

459 Vgl. C.II.2.n, S. 206ff und B.VIII.3.b, S. 107.

460 Vgl. dazu bereits B.VIII.3, S. 105ff.

461 Eine aus der anderen folgend, s.o., C.II.2.d, S. 180ff.

462 Auch die Erkenntnis der Literatur (vgl. Hachenburg/*Mertens*, 7. Aufl., § 35 Rn. 85ff, § 38 Rn. 32; Scholz/*U.H. Schneider* § 37 Rn. 34f, 56; *Werner* WuB II C. § 46 GmbHG 1.87 S. 581, 582), wonach eine nebenvertragliche Einschränkung der freien Widerruflichkeit der Geschäftsführerbestellung, so die Satzung hierzu schweigt, stets eine Abänderung derselben bedeutet (vgl. § 38, 47 I, 45 I und II: Satzungsinhalt ist, daß für die Abberufung einfache Mehrheit genügt) bleibt auf halbem Wege stehen. Sie erkennt, daß gesellschaftsrechtliche Schutzmechanismen auch gegenüber schuldrechtlichen Vereinbarungen eingreifen müssen, nicht aber, daß letzteren schon aus eben diesem Grunde dieselben Rechtsfolgen überhaupt nicht zukommen können.

463 Der Kritik von Hachenburg/*Mertens*, 7. Auflage § 38 Rn. 31, 32 wird dort gerade ein Satz gewidmet.

rechtlichen Problems aus einer schuldrechtlichen Perspektive, wird zugleich für die Erkennung dessen gesellschaftsrechtlicher Folgeprobleme der Blick verbaut. Hinter dieser Einsicht steht der allgemeine Gedanke, daß gesetzessystematische Ausgewogenheit und Bündigkeit bei derartigen Durchgriffen notwendig aus der Balance geraten. Dies zumindest kann man der Vielzahl von Problemen entnehmen, die bei der Frage der Zulassung der Vollstreckbarkeit von Stimmbindungen in Kapitel B.VII[464] herausgearbeitet wurden.

Es soll damit nicht einer hermetischen Abschottung beider Bereiche, Schuldrecht und Gesellschaftsrecht, das Wort geredet werden, im Gegenteil: Auf beiden Gebieten gilt es für den jeweils anderen "Sensibilität" zu entwickeln, um Kollisionsfälle als solche erkennen und systemgerechten Lösungen zuführen zu können[465]. Gerade die Argumentation des BGH im Kerbnägelfall, die zur auffälligen Zweiteilung des Urteils führt[466], läßt sich hier heranziehen: Innerhalb des jeweiligen Rechtssystems (A.III.1 und 2: Gesellschaftsrecht; A.III.3: Schuldrecht) wird jeweils stimmig und dogmatisch korrekt argumentiert, jedoch vernachlässigt, daß beide Systeme nicht unverbunden nebeneinander stehen und ein Durchgriff vom allgemeinen, schutzärmeren Schuldrecht auf das Gesellschaftsrecht die Gefahr der Verletzung dort spezifisch geschützter Interessen in sich birgt[467] [468].

Daß diese "Unsensibilität" ein generelles Problem beschreibt, mithin auch beim Systemwechsel in anderer Richtung existiert, zeigt sich m.E. im bedenkenlosen Zurückdrängen der Vertragsfreiheit bzw. der Ausweitung des § 138

---

464 S. 84ff.

465 Grundlegend *Schanze*, Durchgriffshaftung, S. 102ff; s.a. *Roth/Thöni* FS GmbHG 1992, 245, 257f, 265, 269; ähnlich wohl *Baumann/Reiss* ZGR 1989, 157, 213f; *Zöllner* FS GmbHG 1992, 83, 117; weiterhin *Ulmer* ZHR 156, 377ff (zu BGH NJW 1992, 2023 = EWiR § 19 GmbHG 4/92, 995 m. Anm. *Timm*). Als Beispiele hierfür kann verwiesen werden auf B.IV, S. 68f; § 9a IV; RGZ 103, 195, 199; BGH WM 1970, 904, 905; BGH NJW 1976, 713f; Scholz/*K. Schmidt* § 47 Rn. 148, 151ff; *Roth/Thöni* aaO S. 277f (zu § 51a); BGH BB 1992, 89.

466 Siehe C.I.1.a, S. 115, Fußnote 10; ebenso in der Entscheidung BGH NJW 1987, 1890 Absatz I.1 (Gesellschaftsrecht), Absatz II.1 (Schuldrecht).

467 Vgl. Geßler/*Eckardt* AktG § 136 Rn. 56.

468 Richtigerweise hätte der BGH der gesellschaftsrechtlichen lex specialis den Vorrang einräumen müssen; ebenso *Roth/Thöni* FS GmbHG 1992, 245, 288.

BGB[469] oder des § 134 BGB[470] zugunsten der gesellschafterlichen Abstimmungsfreiheit durch eine "schuldrechtliche" Interpretation von gesellschafterlichen Treupflichten, des § 53 oder des § 38 I[471]. Und dies, obwohl gerade mit § 38 I - wie in B.VI.2.c, S. 79ff und C.II.2.d, S. 180f ausgeführt - eine deutliche Abgrenzung des Gesellschaftsrechts von schuldvertraglichen Bindungen vollzogen wird[472] [473].

Das Simultaneitätsprinzip versucht mit systematischem Ansatz und seiner eindeutig definierten Trennung zwischen organschaftlichem und persönlichem Rechtsverhältnis die Probleme der einzelnen Verantwortungssphären (oder Zurechnungseinheiten) den jeweils spezifischen, d.h. normierten, elaborierten und erprobt-ausgewogenen Lösungen zuzuführen. Dies versteht sich zugleich als Beitrag zu Rechtssicherheit und Rechtsklarheit[474] [475] im Gesellschaftsrecht -

---

469 *Overrath* S. 48f, 53, 56, 73, 81; kritisch hierzu *Windbichler* ZHR 140, 168, 170.

470 Über die Fälle der § 405 III Nr. 6 u. 7 AktG hinaus. Eine entsprechende Norm existiert für die GmbH jedoch nicht.

471 So Scholz/*U.H. Schneider* § 37 Rn. 56; Fleck ZHR 149, 398; *ders.* ZGR 1988, 104, 136; ähnlich *Flume* I/2, § 10 I 3, S. 348ff. Auch der Versuch über § 138 BGB, wegen des der entgeltlichen Stimmbindung (wann und wann nicht?) anhaftenden Bestechungsmoments, führt nur zu ungenügenden Lösungen; dazu *Priester* FS Werner 1984, 657, 669.

472 Gleiches gilt für § 15 V, wo schuldvertragliche Verpflichtungen gleichfalls unangetastet bleiben; vgl. B.V.3.be, S. 72ff.

473 Auch der in B.VI.2, S. 78 dargestellte, von *Karsten Schmidt* (in Scholz § 47 Rn. 41) vollzogene Wechsel vom Gesellschafts- zum Schuldrecht, ein direkter Schluß von der Unzulässigkeit einer Organbindung auf ein Verbot einer Individualbindung, begegnet dem genannten Bedenken. Zu einer derartigen Grenzverwischung - "Durchgriff" - in einem haftungsrechtlichen Fall s. BGH NJW 1992, 2023 m. abl. Bespr. *Ulmer* ZHR 156, 377.

474 So entfällt etwa auch das Problem des bindungsgemäß abstimmenden Gesellschafters bei unwirksamer Stimmbindung. Bereits nach h.M. begründet ein derartiger Irrtum keine Beschlußanfechtung. Es liegt darin ebenso wie etwa im Falle falschen, vorher eingeholten Rates lediglich ein - von außen kaum je erkennbarer (Manipulationsgefahr!) - unbeachtlicher Motivirrtum (*Lübbert* S. 169ff; a.A. *Sieveking/Technau* AG 1989, 17, 22f: Nichtigkeit der Stimmabgabe; zum Interessengeflecht in der Abstimmung siehe B.II.3.b, S. 33f). Wird nicht der Bereich arglistiger Täuschung, Irrtum und Drohung erreicht, so hat gemäß § 243 I das Bestandsinteresse am gefaßten Beschluß Vorrang. Der Bindungsfreiheit des Gesellschafters in der Gesellschafterversammlung korrespondiert seine Eigenverantwortlichkeit. Zum Ganzen vgl. Scholz/*K.Schmidt* § 47 Rn. 52ff; KölnerKomm/*Zöllner* AktG § 136 Rn. 108; Geßler/*Eckardt* AktG § 136 Rn. 68ff und sogl. bei C.III.1, S. 217ff.

475 Zur Bedeutung der Rechtsklarheit bezgl. Stimmrechtsfragen vgl. auch § 47 II und § 5 III 2 GmbHG1892, der zur Vermeidung von Problemen bei der Durchführung der Abstimmung als niedrigste Stammeinlage ebenfalls hundert Mark vorschrieb (anders noch der Entwurf

in hohem Maße von Rechtsprechungsrecht, d.h. durch einzelfallorientierte Betrachtungsweise geprägten juristischen Materie[476]. Für Klarheit und Berechenbarkeit zu sorgen ist dabei gerade bei formal definierten Strukturen Sinn und Auslegungsmaßstab gesetzlicher Formen, vermag aber nur dann zu funktionieren, wenn es für die sie auferlegenden Normen selbst gleichermaßen gilt.

Beide genannten Aspekte verlangen, die Eigenständigkeit formalgesetzlicher Anforderungen anzuerkennen[477]. Danach folgt aus dem Anknüpfen des § 243 I AktG an den fest definierten (geschlossenen) Strukturtypus des Gesellschaftsvertrages[478] ein Ausschluß individueller Modifikationen[479]. Die Form verklammert in § 2 (Gründung) und § 243 I AktG (Ausübung), was inhaltlich die autonom begründete gemeinsame Zweckverfolgung der Gesellschafter darstellt, in rechtlich verfaßter Art und Weise. Zweckverfolgung und Form definieren so die GmbH. Das Simultaneitätsprinzip leitet sich daraus ab, es nimmt insofern an den ihm zugrundeliegenden Rechtsgewährleistungen teil. Insbesondere unter seinem formalen Aspekt steht es im Gegensatz zu "weichen" Modellen des Schutzes mitgliedschaftlicher Rechte, wie etwa dem Abspaltungsverbot[480], erfüllt jedoch dessen ursprüngliche Funktion, indem es die Unteilbarkeit der Mitgliedschaft als grundlegendes gesellschaftsrechtliches Ordnungsprinzip sicherstellt[481]. Konsequent angewendet vermeidet es trotz seines formalen und auf Rechtssicherheit ausgerichteten Gehalts Rigorismus, wie ihn der BGH seit "Kerbnägel" - man stelle dem Urteil einen Fall mit lediglich 99,99%iger Stimmbindung gegenüber - kaum wird ausschließen können[482].

GmbHG, Amtliche Ausgabe 1891, S. 99); auch heute ist, bei einer Mindesteinlage von DM 500,-- (§ 5 I HS 2), der Zusammenhang von § 47 II und § 5 III 2 evident.

476 Siehe *Ulmer*, Richterrechtliche Entwicklungen im Gesellschaftsrecht, 1971-1985, 1986, S. 34ff; FS Jur. Fak. HD; *Hesselberger* FS Kellermann 1991, 153 m.w.N.

477 Zu den formalen Aspekten vgl. *Häsemeyer* S. 209, 211ff u. passim.

478 Dieser gewährt in seinem Rahmen den Gesellschaftern inhaltliche, nicht aber formale Gestaltungsfreiheit (§ 45 I); dazu *Häsemeyer* S. 274ff.

479 Hierzu *Häsemeyer* S. 212ff.

480 Siehe dazu unter B.V.2.c.

481 Vgl. *Beuthien* ZGR 1974, 26, 30f.

482 So auch *Winter* ZHR 154, 259, 275. Daß der Rechtssicherheitsaspekt dabei gleichermaßen zu kurz kommt, demonstriert ebenfalls der BGH im Kerbnägelfall, der auf einen - angeblichen - formlosen, 40 Jahre zuvor zwischen den Erblassern der heutigen Gesellschafter geschlossenen Vertrag zurückgreifen muß. Ebenso aaO NJW 1983, 1910, 1911, wonach es

Beim vergleichsweisen Durchspielen noch geringerer %-Zahlen[483] wird erkennbar: Mißt man einem rein quantitativen Faktor - wie der Anzahl der Nebenvertragsbeteiligten - eine qualitative Bedeutung zu, so führt dies zwangsläufig zu Willkürerscheinungen. In einigen Bereichen ist dies aus der Natur der Sache unvermeidlich, z.T. entspricht es auch gerade dem Willen des Gesetzgebers (z.B. Höchstgeschwindigkeiten im Straßenverkehr, Volljährigkeit, § 56 BGB etc.). Hat der Gesetzgeber jedoch qualitative Kriterien normiert, wird eine quantitative Betrachtung bedenklich. Derart qualitative Kriterien liegen aber sowohl mit der Gesellschafterversammlung (hinsichtlich des Stimmrechtsausübung) als auch dem Satzungserfordernis (zur Begründung einer Beschlußanfechtung) vor.

Im Gegensatz zu diesen Erwägungen ist es dem Bundesgerichtshof in den Entscheidungen, die Anlaß zu dieser Arbeit gaben, ersichtlich an anderem gelegen. Im Vordergrund steht Prozeßökonomie, die effektive Sicherung und Durchsetzung wohlerworbener Rechte[484] [485]. Satzungsmäßige Gesellschafterrechte werden dabei gegenüber gesellschafterlichen Leistungen sowie tätigen Vertrauenserwartungen Einzelner relativiert, tatsächliche Umstände vom zweiten Zivilsenat des BGH "verrechtlicht". Auch unter diesen Aspekten erweist sich BGHZ 48, 163

---

darauf ankommen soll, ob und wie die Gesellschafter konkludent das Verhältnis von Treuepflichten in verschiedenen Gesellschaften festgelegt haben.

483 Vgl. oben, S. 118ff.

484 Ebenso im Beschluß II ZR 184/89 vom 19. Februar 1990: In den Gründen beurteilt der BGH einen Abberufungsbeschluß als unwirksam, "weil dem Kläger als dem einen der beiden gemeinsam hauptberuflich in dem Unternehmen tätigen Gründungsgesellschafter ein mitgliedschaftliches ("Sonder-")Recht auf die Geschäftsführung zusteht". Unter "Geschäftsführung und Vertretung" enthielt der betreffende Gesellschaftsvertrag in § 11 folgende Bestimmungen:

(1) Die Gesellschaft hat einen oder mehrere Geschäftsführer.
Sind mehrere Geschäftsführer bestellt, so wird die Gesellschaft von zwei Geschäftsführern gemeinschaftlich vertreten.

(2) Die Gesellschaft kann, auch wenn mehrere Geschäftsführer bestellt sind, allen oder einzelnen Geschäftsführern die Befugnis zur Alleinvertretung erteilen.

(3) Die Geschäftsführer können von den Beschränkungen des § 181 BGB befreit werden.

(4) Die Geschäftsführer G.M. und H.M. vertreten die Gesellschaft immer allein; sie sind von den Beschränkungen des § 181 BGB befreit.

485 Zum Thema "Bestandsschutz" vgl. auch BGHZ 71, 40 (Kali und Salz); 83, 102 (Holzmüller).

als Wegbereiter[486]. Die Vollstreckbarkeit wurde dort anhand eines langjährig funktionierenden Treuhandverhältnisses bejaht, damit zugleich die Auflösung der Mitgliedschaft als Status (im Sinne eines institutionellen Rechtsverständnisses) hin zum Contractus (der transaktorischen Stimmbindung) vollzogen[487] [488].

III. Schluß

1. Weitergehende Folgerungen

Da das Gesetz keine spezielle Regelung für Nebenabreden bzw. Stimmbindungen enthält, bestand die methodische Aufgabe, die allgemeinen zivilistischen Regeln über den Vertrag mit den Strukturen des Gesellschaftsrechts in Einklang zu bringen. Das in dieser Arbeit gefundene Ergebnis, wonach ein allgemeines zivilistisches Prinzip - wie die Vollstreckbarkeit von Schuldverträgen - im Kontext von Satzung und Gesellschafterversammlung der GmbH eine Veränderung erfährt, ist keineswegs neu. Es entspricht dem Grundsatz vom Vorrang der gesetzlichen Spezialmaterie, bewirkt etwa beim Aufeinandertreffen von Gesellschafts- und Erbrecht dort - wie inzwischen allgemein akzeptiert - ebenfalls erhebliche Abweichungen von den ansonsten geltenden Grundsätzen[489]. Solche

486 Sowohl die Kerbnägelentscheidung BGH NJW 1983, 1849, 1850 als auch BGH NJW 1986, 1890, 1892 enden in Beweisfragen. Ein neueres Beispiel für diese Abkehr von den Rechtsfragen bzw. "Flucht zu den Tatsachen" findet sich in BGH WM 1993, 687, 690ff (TBB), vgl. dazu *Schanze* AG 1993, 376, 379.

487 Eine "Auflösung", deren Folgen man durch die Aufwertung gesellschafterlicher Treupflichten sowie konzernrechtliche Analogien zu begegnen versucht.

488 Auch hierin schließt die rein quantitative Argumentation des BGH in A.III.3, S. 25, Rn. 4 an die Entscheidung BGHZ 48, 163 unmittelbar an.

489 BGHZ 22, 186, 192:"Angesichts der Besonderheiten der gesellschaftlichen Verhältnisse...liegt...die Annahme nahe, daß...zugunsten der Vererblichkeit des Gesellschäftsanteils die allgemein gefaßte erbrechtliche Regelung einer Gesamtnachfolge...zurücktreten muß." Zur dogmatischen Seite vgl. *Säcker* S. 71ff.

Modifikationen und Durchbrechungen allgemeiner Regeln, wie sie etwa auch die Lehre von der fehlerhaften Gesellschaft oder die Regeln bei rechtsfehlerhafter Anteilsübertragung darstellen, finden sich in zahllosen Bereichen und Einzelfragen. Bis zum Jahre 1967 wurde für die hier behandelten Stimmbindungen eine solche Sonderstellung auch in der Rechtsprechung durchgängig befürwortet.

Folgt man dem hier entwickelten Ansatz mit seinem Verbot der Vollstreckung aus Nebenverträgen hinein in die Gesellschafterversammlung, so ist dies einerseits der mildere Eingriff in die durch Art. 2 I GG garantierte Vertragsfreiheit, andererseits bleibt aus Gründen der Vertragstreue und wegen der drohenden Schadenersatzansprüche gleichwohl ein gewisser Erfüllungszwang und tatsächlicher Druck auf den Gesellschafter bestehen. Dies kann man als der Willensbildung in der Gesellschaft abträglich ansehen[490], ist jedoch als Preis einer Privatautonomie hinzunehmen, die es zuläßt, dem praktischen Bedürfnis nach Stimmbindungen Rechnung zu tragen[491]. Rein faktische, z.B. aus dem privaten oder sozialen Bereich herrührende Zwänge können denselben - oder stärkeren oder schwächeren - (schädlichen) Einfluß auf die Willensbildung in der Gesellschafterversammlung ausüben.

Auch hier gilt, daß man den Gesellschaftern letztlich nicht in den Kopf schauen kann, d.h. die dort herrschenden Kräfte weder erkennbar noch entwirrbar sind. Dies widerspräche zumal dem Wesen (oder: Inhalt) der Stimmabgabe, bei der zwischen Motiv und Votum klar zu trennen ist. Als Aussagegehalt läßt sie lediglich ein unbedingtes "ja" oder "nein" zu[492], darüber hinaus ist sie jedoch nicht geeignet, irgendwelche Meinungen, Ansichten (selbst wenn diese äußere Umstände beträfen) oder sonstige Subjektivismen und Bedeutungsgehalte (das "Warum" des Votums) in sich aufzunehmen und zu transportieren. Die beschlußspezifische Trennung in Antrag[493] und - lediglich - unbedingter Annahme oder Ablehnung läßt keine Rückschlüsse vom Ergebnis auf die jeweilige Stimm-

---

490 So *Behrens* FS GmbHG 1992, 539, 554.

491 *Zöllner* ZHR 155, 168, 172.

492 *Baltzer* S. 136ff, 144ff, 164ff; dort auch ausführlich zur Stimmenthaltung.

493 Wobei das Antragsrecht jedem, auch dem stimmrechtslosen, anwesenden Gesellschafter zusteht; Baumbach/Hueck/*Zöllner* § 47 Rn. 7. Ausführlich zu Begriff und Funktion des Antrags s. *Baltzer* S. 103ff.

motivation des Gesellschafters zu[494]. Dessen ablehnendes Votum mag sich etwa nur auf die Formulierung eines Antrags gründen, gegen den er inhaltlich keine Einwände hat und dem er nach entsprechender Antragsumstellung (ohne daß sich in der Sache etwas geändert hätte) zustimmen mag. In der Trennung von Votum und Motiv erklärt und artikuliert sich nicht zuletzt die dem formalisierten Beschlußverfahren immanente freiheitswahrende Funktion der Gesellschafterversammlung gegenüber der informellen aber bindenden eines Vertrages. Ebenso in der Tatsache, daß zur Aufhebung eines Beschlusses weder eine größere noch eine anders zusammengesetzte Mehrheit als zu seinem Zustandekommen erforderlich ist. Es gilt auch hier § 47 I, d.h. die ursprünglich dem Beschluß Zustimmenden sind an ihr damaliges Votum in keiner Weise gebunden. Sie müssen dieses also - ebensowenig wie den Beschluß insgesamt - nicht etwa in irgend einer Form verteidigen[495].

Der Beschluß ist demnach ebenso abstrakt gegenüber den Gesellschaftern wie die Satzung, die er exekutiert[496]. Auch er ist formgewordene Kollektiventscheidung, "objektivierter Wille"[497], der organschaftlich (erneut: objektiv) der juristischen Person zugerechnet wird. Beide Rechtsakte basieren auf der Trennung zwischen (subjektiver) Motivation und (objektiver) Erklärung, lassen ein Abstellen auf außerhalb ihrer selbst liegende Umstände - entgegen der von BGHZ 48, 163, 171 vertretenen Auffassung[498] - nicht zu[499] [500] [501].

---

494 Gleiches gilt für die Enthaltung, mit der ein Gesellschafter lediglich zu erkennen gibt, daß er mit dem Beschlußergebnis - wie immer es ausfallen möge - einverstanden ist; nicht entnommen werden kann ihr jedoch, warum.

495 Entsprechendes gilt für den Antrag zur Tagesordnung: Dieser zwingt den betreffenden Gesellschafter nicht, im Abstimmungsfalle positiv zu votieren. Motiv des antragsstellenden Gesellschafters kann z.B. sein, einen Streit zu beenden, ein Thema "vom Tisch" zu bekommen usw.

496 RGZ 68, 385, 386; anschaulich *Bartholomeyczik* AcP 144, 287, 289: "..daß die Körperschaft der Punkt ist, in dem sich die einzelnen Stimmen treffen."

497 Er vermag daher auch die Satzung zu modifizieren, vgl. § 53 I und die sog. satzungsdurchbrechenden Beschlüsse (oben C.I.2.c, S. 135ff).

498 Vgl. die Zitate auf S. 189.

499 Besonders deutlich wird dies bei der geheimen Abstimmung.

500 Gleiches gilt für den Kerbnägelfall; s.a. *Teichmann*, Gestaltungsfreiheit, S. 230, unter B.II.3.b, S. 33f und B.V.1.b, S. 59.

Folgende Schlüsse lassen sich hieraus ziehen: Zum einen verdeutlicht die "Objektivität" von Stimme und Beschluß die Notwendigkeit eines Forums für Aussprache und Diskurs der Gesellschafter. Nur eine effektive, d.h. nicht "versteinerte" Gesellschafterversammlung ermöglicht das "Abschleifen" der individuellen Interessen, trägt zu einer erhöhten Richtigkeitsgewähr der gefaßten Beschlüsse bei[502]. Damit geht einher, daß sich die Gesellschafter in der Gesellschafterversammlung zu nehmen haben "wie sie sind"[503]. Anhaltspunkte für diese relativ enge persönliche Verbundenheit ergeben sich neben den §§ 5, 17 IV, 9a II, 31 III insbesondere aus § 24, der für die Gesellschafter eine - gegenüber KG und AktG - einschneidende Änderung des Haftungsrisikos bewirkt, diese als eine Art Schicksalsgemeinschaft behandelt[504]. Auch der erhöhte Bestandsschutz, wie er in den §§ 60ff und dem Fehlen sowohl eines gesetzlichen Austrittsrechts[505] als auch in der stark eingeschränkten Marktgängigkeit von Geschäftsanteilen (§ 15 III) zum Ausdruck kommt, sind Beleg hierfür. Das bei Erhebung der Anfechtungsklage anerkannte Erfordernis der Einhaltung einer nicht starren Einmonats-, sondern lediglich "angemessenen" Frist liegt gleichfalls auf dieser Linie[506]. Verlangt wird hierbei nur eine "zumutbare Beschleunigung"; war der Gesellschafter jedoch "durch zwingende Umstände gehindert", die

501 Dies erklärt auch die lange in Streit stehende Frage, ob es sich bei der Einzelstimme überhaupt um eine Willenserklärung oder lediglich um einen unselbständigen Bestandteil des körperschaftlichen Aktes "Beschluß" handelt; s. hierzu mit zahlreichen Nachw. *Baltzer* S. 142ff.

502 "Richtig" ist die sachgerechte, d.h. unter Ausschaltung sachfremder Einflüsse stattfindende Erfüllung der übertragenen Aufgabe; vgl. *Baltzer* S. 31f, 50, 55, 89 sowie bei C.I.2.i, S. 151f; C.II.2.a, S. 163; C.II.2.1, S. 202.

503 So auch RGZ 143, 212, 215.

504 Ähnlich *Vogel* S. 142. Zum Aspekt der gesellschafterlichen Verbundenheit vgl. bereits die Begründung zum Entwurf eines Gesetzes betreffend die Gesellschaften mit beschränkter Haftung, Amtliche Ausgabe Berlin 1891, S. 31ff (vgl. das Zitat in Fußnote 272, S. 156: "nicht nothwendig eine so weitgehende Gleichgültigkeit gegenüber der Person der Gesellschafter.." und aE); in der Amtlichen Ausgabe (S. 31) auch - unter Hinweis auf die in A.II.5.a (Fußnote 35, S. 10) erwähnten Rübenzuckeraktiengesellschaften - zu der bei Nebenverträgen auftretenden Gefahr "die dem Zweck und der wahren Natur des [Gesellschafts-]Verhältnisses nicht entspricht und, wie neuere Erfahrungen gezeigt haben, auch praktisch zu fühlbaren Mißständen führt".

505 Vgl. A.II.6.c, S. 16 mit Nachw.

506 Vgl. BGH EWiR § 47 GmbHG 2/90, 701 m. Anm. *Fleck*.

Klage einzureichen, so wird eine Fristüberschreitung als unschädlich angesehen[507]. Wie BGHZ 111, 224 ausführt, ist die Monatsfrist als Leitbild zu verstehen, welches jedoch nicht gilt, wenn zur Vorbereitung schwierige tatsächliche oder rechtliche Fragen zu klären sind oder der Gesellschafter Verhandlungen mit anderen Gesellschaftern zur Beilegung des Streits zu führen hat[508].

Noch weiter geht *T. Raiser*[509], der im Anschluß an Arbeiten von *Zöllner* und *Noack*[510] überhaupt die Orientierung an der aktienrechtlichen kurzen Klagefrist zugunsten allgemeiner Grundsätze von Treu und Glauben und der Verwirkung aufgeben möchte[511]. Dem kann auch nach dem hier vertretenen Ansatz gefolgt werden. In diese Richtung geht bereits BGHZ 101, 113, wo die Einrede des Rechtsmißbrauchs auch nach Ablauf der Anfechtungsfrist zugelassen wurde. Die darin zum Ausdruck kommende stärkere Betonung der gesellschafterlichen Verbundenheit[512] ist zu begrüßen[513].

2. Beispiel und Ausblick

Anhand einer Konsortialbindung läßt sich das Funktionieren einer Stimmbindung unter der Ägide des Simultangedankens demonstrieren: Die nebenvertragliche Bindung mit ihrem Steuerungsmittel der "Vorabstimmung"[514], deren Nutzen für eine koordinierte Geschäftspolitik ja nicht von vornherein zu bestreiten ist, wird keineswegs funktionslos. Die Gebundenen können sich vorab

507 BGHZ 101, 113, 117.

508 Die jüngste Bestätigung dieser Rechtsprechung findet sich in BGH BB 1992, 2239f.

509 FS GmbHG 1992, 587, 597f.

510 ZGR 1989, 525, 529ff; *Noack*, Beschlüsse, S. 152ff.

511 Zustimmend auch *Reichard*, Anm. zu OLG Hamburg EWiR § 47 GmbHG 1/91, 899, 900.

512 S.a. B.VIII.1, S. 100.

513 Die Ersetzung der Anfechtungsklage durch eine bloße Einrede der Anfechtbarkeit wird jedoch gegen die genannten Stimmen - mit *K. Schmidt* GmbHR 1992, 9, 11 - aus Gründen der Rechtssicherheit abgelehnt.

514 Siehe A.II.3, S. 7.

koordinieren oder verpflichten, das Ergebnis dieser Bindung ist lediglich nicht vollstreckungsfähig. In der Gesellschafterversammlung haben sich die Gesellschafter auf der Grundlage von Gesetz und Satzung zu nehmen "wie sie sind". Der einzelne Gesellschafter muß lediglich wissen, welches Risiko er - für die Zukunft - mit einem "Ausscheren" eingeht; gegen die (GmbH-)gesellschafterliche Treu- und Förderpflicht verstößt er dadurch jedoch nicht. Diese definiert sich allein aus der Satzung der GmbH und aktualisiert sich gerade in der gemäß den §§ 45ff sich konstituierenden Gesellschafterversammlung[515]. *Dort* gilt es, um die "Richtigkeit" der über und für sie zu treffenden Bestimmungen zu gewährleisten, die "Angelegenheiten der Gesellschaft" (i.S.d. GmbHG, § 47 I) zu behandeln und definitiv darüber zu beschließen. Außerhalb in Nebenverträgen Vereinbartes und vorab in "Sonderversammlungen" Abgestimmtes ist, insofern ist dem BGH des Kerbnägelfalles beizupflichten, für die Treupflicht grundsätzlich ohne Belang[516]. Gleiches gilt jedoch für die am Nebenvertrag nicht beteiligte Gesellschaft. Deren Fähigkeit zur Adaption im Hinblick auf sich verändernde Umstände (d.h. für eine Unternehmensträgerin: Marktanpassungsfähigkeit) bleibt damit gewährleistet.

Um trotz der dadurch gewonnenen Flexibilität im Außenverhältnis zugleich Planungssicherheit und Verläßlichkeit zu gewährleisten, bleiben Ökonomen und Kautelarjurisprudenz gefordert, forciert auf sog. anreizkompatible Vertragsgestaltungen[517] bei Nebenverträgen zu achten bzw. derartige Sicherungsklauseln zu entwickeln. Bei Gemeinschaftsunternehmen erreicht man dies schon heute häufig durch korrelierend funktionierende Schutzmechanismen, wie etwa das wechselseitige Einbringen von Schutzrechten unter Verwertungsvorbehalt[518]. Neben der Vereinbarung einer Poenalen ohne erzwingbare Hauptverbindlichkeit (vgl. § 343 II BGB), dem sog. selbständigen Strafversprechen[519],

---

515 Rechtsfolgen im Bereich des Konsortiums sind natürlich gleichwohl möglich. Sie ergeben sich jedoch aus der Konsortialabrede.

516 A.III.1 und 2, S. 24f.

517 Allg. dazu siehe *Kern* Jus 1992, 13, f; *Schanze*, Investitionsverträge, S. 15, 18, 39f, 47, 169ff, 186; *ders.* JITE 144, 152, 165ff; *Fudenberg/Tirole* S. 243ff.

518 Vgl. hierzu *Schmieder* GRUR 1981, 241, 244ff, 249ff m. w. Nachw.

519 Palandt/*Heinrichs* BGB, Vorbem. v. § 339 Rn. 4; *Zluhan* AcP 128, 257, 299f. Hierbei muß jedoch, um ("erpressungsähnliche") Umgehungsfälle zu verhindern, die Wertung des Simultaneitätsprinzips (als von der lex specialis auferlegter Maxime) für die Auslegung des Gene-

wäre beispielsweise auch der Darlehensvertrag zu nennen, der bei Nichteinhaltung einer Stimmzusage - vereinbarungsgemäß - gekündigt werden kann[520].

Weitere Gestaltungsmöglichkeiten sind etwa beim Einstieg in bzw. der Erhöhung von Beteiligungen an einem Unternehmen denkbar: Die anteilig veräußernden, an der Gesellschaft aber möglicherweise weiterhin beteiligten Altgesellschafter können ihre Interessen etwa durch eine bedingte Rückabtretung der veräußerten Geschäftsanteile oder mittels finanzieller Hebel absichern. Beides wirkt jedoch unmittelbar nur gegenüber ihren jeweiligen Vertragspartnern, ermöglicht keinen direkten Zugriff auf die Gesellschaft. Auch in diesem Falle bleibt damit die jeweilige aktuelle Willensbildung innerhalb der Gesellschafterversammlung stärker gesellschaftsorientiert und die Gesellschaft nur mittelbar von den jeweiligen Privatinteressen bestimmt.

Besteht daneben ein Bedürfnis nach anderen Formen der Willensbildung, so besitzen die Gesellschafter auch hier erheblichen Gestaltungsspielraum. Neben den Möglichkeiten der §§ 48 II und 51 III steht der Gesellschaftsvertrag gem. § 45 als formaler Rahmen inhaltlich zu ihrer Disposition[521]. Durch qualifizierte Mehrheitserfordernisse kann bestimmten Beschlüssen etwa eine gesteigerte (gleichsam "vertragsähnliche") Bestandskraft zuerkannt werden, die eine technisch vereinfachte Abänderbarkeit (z.B. im Umlaufverfahren) gleichwohl nicht ausschließen muß. Derartige Regelungen bedürfen jedoch gem. §§ 45ff einer satzungsmäßigen Grundlage. Sie können nicht im Wege einer Nebenabrede oder sonstigen Bindung mit Wirkung für die GmbH festgelegt werden. Der vom Gesetz für derartige Regelungen vorgesehene Ort ist die mit erheblichen Formalien abgesicherte Satzung.

Damit bleibt die gmbh-rechtliche Hierarchie von Gesetz, Satzung und Beschluß gewahrt und eine Nebenabrede betrifft - getreu dem Trennungsprinzip - nur diejenigen, die sich durch sie gebunden haben: den oder die Gesellschafter.

---

ralklauselbegriffs der Angemessenheit innerhalb der richterlichen Herabsetzungsbefugnis gem. § 343 BGB herangezogen werden; vgl. Palandt/*Heinrichs* BGB § 343 Rn. 6.

520 Das Beispiel findet sich bei *Fleck* ZGR 1988, 104, 130, unter Hinweis auf Scholz/*U.H. Schneider* § 38 Rn. 25. De lege ferenda s. *Köhler* S. 96f und passim.

521 Vgl. die Zitate aus der amtlichen Begründung zum GmbHG unter C.II.2.c, S. 174.

Das Ergebnis der Arbeit

1. Stimmbindungen sind als Individualschuldverträge oder Konsortien unabhängig vom Gesellschaftsvertrag bestehende und unabhängig von Satzung und Stimmrecht zu beurteilende, rechtlich wirksame Vereinbarungen.

2. Sie wirken nur unter den Vertragsparteien, ihnen zuwider abgegebene Stimmen sind gültig, die darauf beruhenden Beschlüsse unanfechtbar. Dies gilt unabhängig von der Zahl der am Nebenvertrag beteiligten Gesellschafter.

3. Eine Zwangsvollstreckung aus Nebenverträgen in die Gesellschafterversammlung ist nicht zulässig. Bei Rechtsstreitigkeiten steht die Feststellungsklage zur Verfügung.